本书是张少华主持的国家自然科学基金面上项目"中国企业和城市
根源、形成机制与效率评估"（项目编号：72073038）和"中国的'中
实、形成机理及宏观后果"（项目编号：71673253）资助的成果之一。

中国城市规模和企业规模分布异化的影响研究

张少华◎著

经济管理出版社

ECONOMY & MANAGEMENT PUBLISHING HOUSE

图书在版编目（CIP）数据

中国城市规模和企业规模分布异化的影响研究/张少华著 . —北京：经济管理出版社，2024.3

ISBN 978-7-5096-9613-2

Ⅰ.①中… Ⅱ.①张… Ⅲ.①城市建设—研究—中国 ②企业规模—研究—中国 Ⅳ.①F299.2 ②F279.21

中国国家版本馆 CIP 数据核字（2024）第 037026 号

组稿编辑：王玉林
责任编辑：高 娅 王玉林
责任印制：许 艳
责任校对：陈 颖

出版发行：经济管理出版社
　　　　　（北京市海淀区北蜂窝 8 号中雅大厦 A 座 11 层　100038）
网　　　址：www.E-mp.com.cn
电　　　话：（010）51915602
印　　　刷：唐山昊达印刷有限公司
经　　　销：新华书店
开　　　本：720mm×1000mm/16
印　　　张：19.75
字　　　数：365 千字
版　　　次：2024 年 3 月第 1 版　　2024 年 3 月第 1 次印刷
书　　　号：ISBN 978-7-5096-9613-2
定　　　价：88.00 元

目　录

第一章 绪论

为什么中国城市规模偏小？为什么中国城市的首位度不合理？为什么中国城市规模分布呈现两极分化现象？为什么中国城市的规模分布不合理？由此导致的分布不合理对企业成长、产业发展、城市演化及总量生产率的提升，究竟造成了多大的影响？与此同时，为什么中国企业规模分布偏离"齐夫定律"（Zipf's Law）？为什么中国企业规模分布存在"间断幂律"（Broken Power Law）？城市规模分布不合理和企业规模分布不合理，这两种看似不相关的中国经济问题是否存在内在的因果关联，是否存在统一的政策制约？本书认为中国长期存在的户籍制度和人口政策是造成中国企业规模分布异化和中国城市规模分布异化的政策根源，这种长期存在的制度和政策不仅影响了中国企业的正常演化和城市的正常发展，进而影响了中国城市规模分布和中国企业规模分布，而且使中国企业、产业和城市在发展过程中无法实现高度融合，进而可能造成总量生产率损失（见图1-1）。

2018年出版的复杂科学的代表巨作《规模：复杂世界的简单法则》，给本书的研究诸多启发。正如该书作者、理论物理学家、圣塔菲研究所的前所长杰弗里·韦斯特（Geoffrey West）所述，尽管世界是复杂的，但是复杂世界的背后有一种不变的标准可以衡量看似毫无关联的世间万物，无论是生物体的体重与寿命，还是互联网的增长与链接，甚至是企业的生长与衰败，这个法则是标准而统一、客观而美丽的，这就是规模法则。韦斯特进一步指出，企业与城市同样符合规模法则，企业的规模法则是近乎线性的，而城市的产出与城市规模是超线性增长的。复杂科学的研究发现给本书的研究提供了新的启发、思路和方向。世间万物的复杂性和多样性背后，均存在一种简单的规模法则。中国城市规模分布异化和企业规模分布异化，实际上是特定政策背景下规模法则"主旋律"受到影响后衍生出来的两种"变奏曲"，因此，我们需要重新思考中国城市规模分布异化和企业规模分布异化之间的内在关系，需要深入挖掘造成中国城市规模分布异化和企业规模分布异化的政策根源，需要谨慎评估这两种规模分布异化可能带来的资源错配和总量生产率损失。

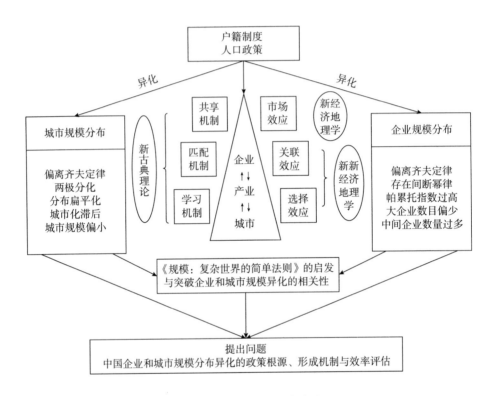

图 1-1　提出问题的逻辑框架

详细注解：

　　根据理论和国际经验，城市规模分布服从"齐夫定律"。中国城市规模分布异化是中国城市化进程中的一个伴生问题，事实上，本书所指的中国城市规模分布异化在文献中以不同表述和研究来呈现。例如，表述为"中国城市规模分布两极分化"的有魏后凯（2014a，2014b）、魏守华等（2018）；表述为"中国城市规模分布扁平化"的有李松林和刘修岩（2017）、唐为（2016）；表述为"中国城市化滞后"的有倪鹏飞等（2014）；表述为"中国城市规模偏小"的有 Au and Henderson（2006）、王小鲁（2010）、邓忠奇等（2019）；表述为"中国城市规模过大"的有孙久文等（2015）；表述为"中国城市规模中间偏大"的有王振波等（2015）；表述为"中国缺少中间城市"的有陆旸（2014）；等等。基于中国城市规模分布异化的基本事实，无论是采用传统的城市建成区面积、城市建设用地面积、城市常住人口数据、人口普查数据，还是采用最新流行的夜间灯光数据，运用任何实证方法，都能得出中国城市规模分布不服从"齐夫定律"或至少是上尾分布不服从"齐夫定律"的结论。基于本章研究框架和学术研究的简约式处理，本书将文献中存在的关于中国城市规模分布不合理的多样化结论概括为中国城市规模分布异化问题。

与此同时，中国企业规模分布异化也是一个学术界业已研究和发现的基本事实。目前关于中国企业规模分布异化的研究结论主要有两种：一种是中国企业规模分布总体上偏离"齐夫定律"；另一种则是中国企业规模分布存在"间断幂律"问题。关于第一种结论，方明月和聂辉华（2010）首次利用中国工业企业数据库分析了中国企业规模分布的特征事实，结果表明，中国企业规模分布偏离"齐夫定律"，且国有企业是中国企业分布偏离齐夫定律的主要原因，进入壁垒则是国有企业规模分布发生变异的主要原因。杨其静等（2010）进一步研究发现，国有企业比重、城市化水平、开放程度的提高会使企业规模分布更加偏离齐夫分布。高凌云等（2014）将2008年中国全样本工业企业作为研究对象，以就业和收入衡量企业规模，得到的帕累托指数分别为1.26和1.18。以上文献利用规模以上的企业数据，验证不同行业、不同地区间企业规模分布规律，均发现中国大企业规模分布偏离了最优"齐夫分布"。盛斌和毛其淋（2017）则从行业层面，以1999～2007年工业企业数据中两位码行业为单位进行测算，指出行业间齐夫系数存在较大差异，但系数均小于1。王永进等（2017）研究发现，竞争缺乏和差别化政策显著抑制了大企业的技术创新和成长，导致企业在发展到一定规模后，出现急剧的负增长，致使大企业数目偏少。而随着Rogerson and Restuccia（2004）微观企业资源错配开创性研究的发表，此研究为考察企业规模分布提供了新的框架。此模拟研究发现，错误的资源配置意味着高效率企业产出量更少、工人雇用量更少，进而使企业规模分布发生扭曲。Hsieh and Klenow（2009）实证研究表明，资源错配问题是导致美国、中国、印度等国家企业规模分布显著差异的重要原因。与其研究结论类似，李旭超等（2017）发现，中国生产率高的企业被"约束"而无法成长，生产率低的企业被"补贴"而不合理膨胀，正是由于两种企业规模分布扭曲，致使中国企业规模分布的帕累托指数过高。相比于最优齐夫分布，中国企业规模分布更集中，尾部更薄，大企业与小企业数量过少，而中间企业数量过多。关于第二种结论，已有研究一般都集中在考察企业规模分布的幂率参数问题上，考察企业规模分布的系统性平移偏离及造成分布偏离的原因。Garicano et al.（2016）利用法国企业数据，发现法国企业规模分布存在"间断幂率"，从而首次证实企业规模分布存在间断问题。张少华等（2019）借鉴 Garicano et al.（2016）的方法，利用格点搜索法识别出中国企业规模分布的间断点，同样研究发现：虽然中国工业企业基本符合"帕累托分布"，但逐渐在 300 人左右规模处呈现聚集、间断现象；基于 2008 年的经济普查数据的格点搜索法更是证实间断点为 309 人，间断区间为 309～331 人。同样基于本章研究框架和学术研究的简约式处理，本书将文献中存在的关于中国企业规模分布的总体偏离和"间断幂律"概括为中国企业规模分布异化问题。

在任何一个国家内部，城市和企业都不是孤立存在并发展的，城市是企业生产和经营活动的空间载体，企业则是城市进化与可持续发展的微观力量，成功的城市是那些提供更加多元就业机会和商业形态的城市，成功的企业则拥有多样化的产品及根据市场变化而做出灵活变通的人。《规模：复杂世界的简单法则》指出，城市并不仅仅是通过各种运输系统联系起来的建筑物和结构的物理体现，一座城市实质上是由生活在其中的人和分布在其中的企业组成的，它们为城市带来了活力、灵魂和精神。而且，城市中的每一种指标都是相互关联的，它们共同构成了重要的、多尺度的、典型的复杂适应系统，不断地处理并整合能源、资源和信息。换言之，城市是自发的自组织现象，源自需要交换能源、资源和信息的人类的互动和交流。城市越大，社会活动越丰富，机会越多，工资越高，多样性越丰富，人们之间的交往越密切。除了城市规模增大所带来的个人利益以外，系统性规模经济也将带来巨大的集体利益，两者加在一起，个人利益和集体利益随着城市规模的增大而系统性增加，这已经成为现代化城市保持繁荣和可持续发展的潜在驱动力量。在城市的社会经济动力学方面，社会网络和城市体系，最终将由个体、小企业和大公司相互之间的共享、学习及匹配等机制来决定。因此，一个国家的城市规模分布和企业规模分布服从齐夫定律，服从一定规模法则，本质上是各种要素高度集聚和各种内在机制发挥作用的企业、产业和城市演化和发展高度融合的幂律表现。

具体而言,合理的城市化和城市规模分布对企业发展至关重要。城市化既是一个人口由农村向城市迁移的过程,也是经济活动向城市聚集的过程。在城市化过程中,各种类型的企业不断聚集在一起,形成各种产业集群,集群内的企业在相互协作的同时提高交易效率,反过来促进企业专业化发展。因此,城市化需要从本质上解决的是进入城市人口的就业问题、企业的存续和发展问题、一个国家最终城市规模发展及城市体系分布问题,归根到底是一个国家城市内及城市之间的产业构建和企业发展问题,是企业规模分布合理化问题。而城市规模合理化是在生产要素自由流动的前提下,在企业自主选址和劳动者自由迁徙的条件下,在集聚效应和拥挤效应的权衡机制下实现的。

反过来,合理的企业发展和规模分布,直接决定了城市竞争力和城市规模分布。城市不仅是人口的聚集地,也存在着企业定位和企业分工问题。在给定不同城市的地理、自然及历史等条件下,人口和企业/产业在一定规模的城市中聚集能够带来集聚经济和规模报酬递增,促进城市经济发展,这一结论已经成为学术界的共识。新古典经济理论强调企业之间的共享(Sharing)、匹配(Matching)和学习(Learning)机制是实现城市经济增长的主要机制(Duranton and Puga,2004)。新经济地理学则强调规模经济导致的本地市场效应(Home Market Effect)进一步促进了产业集聚,以及对城市经济增长的作用(Fujita,1988;Krugman,1991)。而新新经济地理学打破了前两种理论的同质性厂商假设,强调异质性厂商在不同市场/城市会有不同的选址行为,而且大城市能够容纳多样化并且具有一定规模的各种行业,因此,异质性厂商在大城市中存在的产业关联效应(Industrial Correlation Effect)和市场选择效应(Market Selection Effect)是促进城市经济增长的关键因素(Behrens and Robert-Nicoud,2014)。可见,企业的成长和发展、企业形成良好的生态和规模分布,同样对提高城市多样化、专业化、生产率水平以及城市繁荣有着基础性的作用。

本书认为,中国长期存在的户籍制度和逐步演变的人口政策是造成中国企业规模分布异化和城市规模分布异化的政策根源。这种业已存在和不断演化的制度和政策,在中国城市化和企业成长过程中,不仅限制了城市和企业各自成长及发展过程中必须的劳动力要素,而且破坏了城市和企业成长及发展过程中进一步通过共享、匹配、学习、市场规模、产业关联和市场选择进行高度融合的机制,最终导致两种规模分布异化、要素资源错配和总量生产率损失。例如，网络上流行的一张 2016 年全国春运流动图颇为壮观，不仅描绘了人类迄今为止规模最大的迁徙活动（中国的城市化运动确实是 21 世纪最重要的事件之一），更重要的是，每个人都用自己的足迹和选择，描绘了中国各个城市的地位、等级、关系与纠葛。这幅引人注目和引人深思的图景背后，同样反映了中国长期存在的户籍制度和人口政策造成的劳动力不合理流动现状，以及劳动力资源无法迅速优化配置给企业发展和城市演化可能带来的巨大社会和经济影响。

在中国，户籍制度实际上是一种基础性制度，这是因为社会保障制度、教育制度、医疗制度等重要制度都是基于户籍制度而制定的。同时，户籍制度构筑了一个身份系统（公民资格系统），其他的资源分配制度都是以此为依据的（熊易寒，2017）。因此，在中国市场化和城市化进程中，中国的户籍制度逐步转化为管理人口政策，即外来人口申请在城市特别是大中城市（直辖市与省会城市）入户仍需经过城市政府的审核。这种根深蒂固的制度和政策从多个方面和维度造成中国城市化问题与企业发展问题：①城市化滞后于工业化。户籍制度带来的劳动力无法自由流动的后果非常严重，不仅导致中国城市化滞后于工业化，而且造成我国城市规模偏小、城市规模差距过小的不合理城市规模分布格局（陆铭等，2011）。②本地城市化特征明显，难以形成基于大城市和城市群的分工与协作关系。这种移民高度本地化的结果是城市化分散，使中国大多数城市的规模太小而不能有效利用城市集聚经济，限制了城市生产力的提高。③城市规模不合理与城市产业结构不合理和专业化程度不够。城市化是产业结构调整和城乡统筹发展的"助推器"。但是，产业结构调整和优化要由市场来主导，调整的结果必然是产业结构的空间分布发生变化，从以产业多样化为主到多样化城市与专业化城市并存，从强调城市自身全面发展到强调城市"功能专业化"发展（Duranton and Puga，2001）。Au and Henderson（2006）认为，限制移民自由流动的制度特别是户籍制度，不仅导致大量农村剩余劳动力继续留在农村，也使城市过于分散和城市规模过小，导致产业结构调整缓慢，城市难以发挥集聚经济效应，制约整个国家的经济增长。④各种人力资本无法匹配和相互支撑，产城无法融合导致城市生产率降低，而且导致生活成本、商务成本上升，最终使城市竞争力受到负面影响。陆铭等（2012）更是指出，采取城市人口规模的限制措施，并且特别针对低技能劳动力进行限制，将导致效率与公平兼失的局面，不利于实现包容性增长。⑤户籍制度和人口政策同样影响了企业成长和发展。中国近二十年出现在沿海发达地区的"招工难""用工荒""农民工欠薪"问题，从另一个侧面说明了户籍制度和人口政策对企业发展的负面影响。⑥城市新二元结构。陆铭（2019）指出，劳动力无法自由流动导致城市规模偏小和城市规模差距偏小的双重问题。中国的人口政策不仅固化了城乡二元结构，而且造成了城市新二元结构。

总之，中国长期存在的户籍制度和逐步演变的人口政策不仅阻碍了劳动力等生产要素的自由流动和优化配置，而且影响了中国的城市化进程和城市体系，造成中国经济集聚度不够高，大城市发展不足，城市化滞后于工业化，企业难以做强做大，城市化进程中城乡和区域间收入差距扩大和城市内部的社会分割。因此，当前中国应该通过户籍和人口等方面的一系列政策改革推进城市化和城市体系的调整，为企业做强做大提供更加广阔的市场空间和城市空间，这样不仅有利于改变长期存在的简单地依赖行政手段来引导资源配置的方式，而且优化资源配置的收益将大大覆盖改革的成本和解决城市化进程中的各种"城市病"。宋扬（2019）构建了刻画当前户籍制度特征的劳动力市场模型，政策模拟分析显示，当户籍制度全面放开后，会有 1.64 亿新增的高龄农民工进入城市，劳动力的优化配置会大幅增加 GDP，测算发现改革成本与 GDP 的增加基本上可以抵消。而且，该文计算的户籍改革经济收益并没有考虑农民工进城后带来的资本积累和溢出效应，比如城市户籍劳动力和农民工可能具有技能互补性，此时改革的经济收益也将增大。也就是说，户籍改革的经济收益全部来自劳动力流动障碍的降低带来的劳动力在二元市场中的重新配置。

因此，本书拟将"资源错配与总量生产率"（Resource Misallocation and Total Productivity）作为框架，来分析户籍制度和人口政策造成的两种异化以及由此带来的资源错配和总量生产率损失。"资源错配与总量生产率"分析是当今国际主流经济在经济增长领域最为重要的内容。在这个框架下，可以借助微观数据，巧妙地分析微观企业的宏观经济影响，从而打通宏微观联系。但是，本书认为，这个分析框架忽略了产业层面的分析，忽略了现代化经济体系中大量企业的存续和发展是以产业集聚和产业链等为基础的，因此不利于识别企业微观演进对产业分布、产业升级及产业结构演化的影响，进而对总量生产率的影响。本书也认为，这个分析框架忽略了城市层面的分析，忽略了城市才是企业生存和发展的空间载体，城市才是企业得以通过共享、匹配、学习、市场规模、产业关联和市场选择等机制进行高度融合和发展的活动基地，因此必须将微观企业的进入、退出、生存等优化配置过程镶嵌在城市和城市体系中，深入分析企业、产业及城市三者互动的综合效应和经济影响。

可见，在人为干预政策造成的城市规模分布异化和企业规模分布异化的背景下，从资源配置角度进一步理解城市和企业规模分布异化造成的总量生产率损失，一方面分析中国工业企业存在"规模偏好"的内在驱动力量，以及评估中国企业规模分布出现的"间断幂率"问题，另一方面评估中国城市规模分布偏差对微观企业进入、退出、资源配置效率、企业创新的影响，以及从资源错配角度来分析中国城市收缩问题显得至关重要。为此，本书立足于中国户籍制度和人口政策的经济影响，给定中国企业规模分布异化和城市规模分布异化的既定事实，借助中国工业企业数据库（1998~2014年）和中国国家知识产权局数据库以及2004年、2008年及2013年中国经济普查数据，量化中国企业规模分布异化的资源错配和总量生产率损失效应；分析中国企业存在的"规模偏好"的生产率驱动根源。同时，本书量化中国城市规模分布异化的资源错配和总量生产率损失程度；分析中国城市规模分布异化对城市创新的影响；从资源错配角度理解中国目前严重的城市收缩问题。

本书第二章对中国城市规模分布的研究现状进行了详细综述。本章首先综述了中国城市化的指导方针、发展战略及人口政策，其次综述了中国城市规模分布测度方面的研究，再次是关于中国城市蔓延、城市收缩及中国城市两极分化方面的研究，最后是从第一性和第二性两个方面梳理中国城市规模的主要决定因素。

第三章对中国企业规模分布研究现状进行了综述，同时重点综述了目前发展中国家出现的"中部迷失"（The Missing Middle）问题。"中部迷失"指的是发展中国家的不同规模企业的分布呈现"双峰分布"的特征，即小微企业和大企业的数量特别多，而中小企业的数量相对较少。学者们对"中部迷失"的研究逐渐经历了从个案研究到大型调查、从现象检验到原因纠察、从金融因素拓展至各种因素的由浅入深的阶段，并且发现"中部迷失"已经成为广大发展中国家的一个普遍现象，已经成为发展中国家经济发展水平较低的重要原因。我们认为，中国的"中部迷失"问题源自改革开放40多年来，与大批国有企业进入世界500强相比，对中国经济增长做出巨大贡献的广大民营企业，难以做强做大的现实困境。中国问题的根源在于这两类企业遭受的偏向性政策，偏向性政策不仅干扰了中国企业的动态演进过程，而且导致严重的资源错配和总量生产率损失。

第四章研究了中国工业企业"规模偏好"的生产率驱动根源。自20世纪90

年代中期以来，我国各级政府和各行业一直对大型企业怀有特殊偏爱，企业更是以进军中国 500 强和世界 500 强为奋斗目标。本章旨在揭示中国企业这种"规模偏好"背后的微观驱动机制。基于 1999~2013 年中国工业企业数据库，本章证实了企业规模越大生产率优势越明显这一基本事实。在追求规模过程中形成的学习效应和学习扩张效应是中国工业企业构筑生产率优势的主要来源，这种学习效应在技术密集型行业、西部地区、国有企业及存续年限较长的大型企业中表现更为突出，学习扩张效应则呈现"强者恒强"的发展态势。可见，中国工业企业的"规模偏好"是在特定历史发展阶段企业为应对当下发展困境，主动参与市场竞争的权宜之计和次优选择，是企业为构筑长期竞争优势所作的突围措施和占优策略。企业不仅借助一定规模克服了自身生存问题，而且通过规模扩张实现了动态发展问题，逐步走出一条适合自身的稳健发展之路，这也是一条自强不息、从量变到质变的蜕变之路。"规模偏好"是一把"双刃剑"，在促进发展的同时也带来了较为严重的"逆向选择"问题，即在诸多行业、技术密集型产业、东部和中部地区、5~15 年龄段企业和国有企业中存在较高比例的低效率大型企业，资源错配问题较为严重。本章研究澄清了对中国工业企业规模偏好的误解，发现中国企业渐进式成长模式，揭示了中国企业借助规模优势构筑生产率优势的微观机制。

第五章从中国企业规模分布的异化与效率损失估计这个角度来分析中国企业规模分布异化及其影响。企业规模分布间断是企业规模分布扭曲的新现象，因此本章借鉴 Garicano et al.（2016）的方法，利用格点搜索法识别出中国企业规模分布的间断点，并对企业分布间断的形成机制和宏观经济效率损失进行了估算。研究发现：①中国工业企业基本符合"帕累托分布"，但逐渐在 300 人左右规模处呈现聚集、间断现象。基于 2008 年的经济普查数据的格点搜索法更是证实间断点为 309 人，间断区间为 309~331 人。②间断点两侧的企业要素投入扭曲是造成企业分布间断的主要原因。中小企业过高的工资成本与中小企业、大企业间的福利支出差异更是间断点形成的直接原因。因此，企业分布间断本质上是企业人力资源配置扭曲，反映了不同规模企业应对政策干扰的响应策略。③分布间断通过均衡工资降低效应、小企业集聚效应及大企业收缩效应影响总量产出。分布间断不仅使总量经济下降 0.13%，而且造成小企业数量增加而大企业数量减少的局面。本章的主要贡献在于，首次发现中国工业企业规模分布存在间断现象，并估算这种分布扭曲造成的宏观经济损失。

第六章是中国城市规模分布的基本特征研究。城市规模分布能够度量一个国家城市之间的发育特征和反映该国城市化进程中存在的问题。基于第五次和第六次全国人口普查及 2015~2019 年 312 个城市和自治州常住人口数据，本章运用 Zipf 回归、首位度指数、空间基尼系数和马尔科夫转移矩阵的方法，测度了中国城市规模的分布特征。研究发现：①从城市规模分布的总体特征来看，当前中国城市规模分布较为分散，即低位序的中小城市发育更加突出，大城市发育不够充分；但城市规模分布的变化趋势整体是朝着集中化方向发展的，且集中化趋势在放缓。②从城市规模分布的区域特征来看，西部地区城市规模发育最为成熟，但集中度呈现下降趋势；而东部、中部地区城市规模分布都远低于理想水平，东部地区集中度呈现上升趋势，中部地区基本保持不变。③从城市规模的省域特征来看，绝大部分的省域内部城市结构不理想，有的省域城市体系具有"双核"或"三核"等特征，存在巨大的改善空间。④从城市规模分布的结构演化特征来看，中国城市规模是相对稳定的，同时存在着一条由中小城市逐步发展为大城市的成长路径。本章研究对认识当前中国城市化进程和未来中国城市体系格局如何调整有重要的参考价值。

第七章则进一步探讨中国城市规模分布异化造成的资源错配效应。如何在遵循城市规模分布规律基础上优化城市层面的资源配置效率，实现城市和产业的良性互动和共荣发展，是我国城镇化过程中的核心问题。为此，本章从城市规模分布的角度切入，利用 2010~2019 年 267 个地级市及以上的城市数据，探索城市规模分布偏离最优城市规模对城市资源错配的影响程度，考察产业专业化集聚和多样化集聚在其中的作用机制，分析不同产业集聚模式和不同级别城市规模的共荣发展形势。研究发现：①我国城市规模分布异化显著恶化了城市层面的资源错配情况，而且不合理的城市规模分布主要是造成了城市层面的资本错配而非劳动错配。这个结论同样适用于中部地区和收缩型城市。②从资源配置区域来看，中部地区、南方城市和收缩型城市的资源错配更为严重，形成城市和产业发展中的"中部塌陷效应"和"南北经济差异"；从资源配置程度来看，当存在资本配置过剩和劳动配置过剩时，不合理的城市规模分布将加剧城市层面的资源错配，说明城市层面的要素投入过度将导致城市的规模经济效应转变为拥挤效应，不利于城市和产业的共荣发展；从城市群规划来看，纳入城市群的城市因不合理的城市规模分布而造成的资源错配程度更大。③尽管不合理的城市规模分布会造成城市层面的资源错配，但是专业化集聚可以缓解这种效应。进一步分析表明，大城市更适合多样化集聚而非专业化集聚,而中小城市更适合专业化集聚而非多样化集聚。本章认为,优化城市规模分布进而改善我国资源错配状况,是新常态时期的城市经济高质量发展与区域协调发展的有效途径。

第八章旨在考察中国城市规模分布异化是否会抑制中国城市创新。为此,本章利用2010~2019年连续校正的夜间灯光数据和中国区域创新创业指数数据,结合产业集聚与交通条件实证检验城市规模分布异化对城市创新的因果关系和传导渠道,并进一步探讨不同城市区位、城市等级和城市生命周期对结果的影响。研究发现:①中国存在的城市规模分布异化显著抑制了城市创新。具体而言,城市规模分布异化对创新投入和创新产出均具有抑制效应。②从城市区位和城市等级来看,东部地区和中等城市在城市规模分布不合理的情况下,城市创新抑制效应更严重,说明"虹吸效应"的影响拉大了区域间和城市间的创新差距;从城市生命周期来看,老工业城市与非老工业城市相比,其城市规模分布异化的创新抑制效应更为明显。③机制分析表明,产业集聚和交通条件完善可以减少城市规模分布异化造成的城市创新效率损失。具体而言,多样化集聚、专业化集聚、产业协同集聚和交通基础设施对城市规模分布不合理与城市创新的关系均具有显著的正向调节效应,说明产城融合和完善交通基础设施建设可以提升和激励城市创新。本章基本结论经过稳健性检验、工具变量等处理后依旧成立,可为大中小城市建设创新型城市与智慧型城市、城市可持续发展提供借鉴。

第九章则是从资源错配角度来理解和分析目前中国存在的严重的城市收缩问题。中国快速城市化过程中的局部城市收缩问题,不仅是一个人口流失问题,而且是资本和劳动要素在城市层面进行配置后的结果。本章从"资源错配"这一新视角出发,利用2010~2019年287个地级市及以上的数据,系统分析了中国收缩城市和非收缩城市的资源配置情况,并且结合城市的地理区位、资源禀赋及产业升级情况进行了交互分析。研究发现:①城市收缩确实与资源在城市层面的配置有关。收缩城市的资源错配问题更加严重,而且收缩城市既存在资本配置过剩,也存在劳动配置过剩。②从资源错配的角度来分析城市收缩问题有助于深入理解为什么中国城市收缩在不同地区存在的现象,中西部是资本配置过剩问题,而东北则是劳动力配置过剩问题。③对于收缩城市而言,资本配置在东部、中部和西部全部过剩,而劳动配置则在东部和中部不足,在西部过剩;资本在非资源型城市的配置过剩更加严重,而劳动在资源型城市的配置过剩更加严重;资本在产业升级城市配置不足，在非产业升级城市配置过剩，而劳动在产业升级城市的配置过剩则更加严重。本章研究对中国今后城市收缩、城市可持续发展及城市资源配置等问题，具有启发意义。解决中国局部城市收缩问题是一个系统工程，需要在城市收缩问题背景下，根据不同城市的地理区位、资源禀赋及产业升级能力等因素，合理优化资本和劳动这两种要素的配置。

第二章 中国城市规模分布研究现状综述

关于中国城市规模研究，国内外学者主要是放在中国城市化这个历史事件环境下展开的。由于中国城市化相关的可研究范围比较广，本章主要围绕影响中国城市规模演化的政府指导方针和发展战略、与中国城市化相关的户籍制度和人口政策、中国城市规模分布的测度、中国城市规模分布的动态变化及中国城市规模的影响因素这几个方面综述。

一、中国城市化的指导方针和发展战略

（一）城市化的指导方针

中华人民共和国成立以来，我国城市化思想的变迁不断地反映和指导着我国城市化的实践，这种变迁经历了一个否定之否定过程。以改革开放为界，改革开放之前，我国城市化经历了从中华人民共和国成立之初的城乡人口自由流动、农村人口自发向城市集聚、城市的发展不受规模限制，到限制城乡人口自由流动、农民就地城市化、限制大城市发展的变迁；改革开放之后，我国城市化经历了一个反向过程，从限制农村人口向城市转移的僵化的城乡隔离户籍制度逐渐过渡到城乡人口按经济规律双向流动的一体化户籍制度，从限制大城市规模、小城镇遍地开花到大中小城市共同发展同时限制特大城市人口规模的城市化方针的变迁（张自然等，2014）。

欧美国家的城市化主要由经济发展推动，城市体系的发展受人口聚集程度和产业发展水平的影响。我国则不同，国家战略对城市和地区的城镇化起决定性作用。中华人民共和国成立以来，我国的城镇化发展就表现出很强的国家主导特征。从中华人民共和国成立初期到2020年，中国经历了十三个五年规划。每个五年规划时期，政府从国家层面上确立的路线、方针、政策，都直接或间接地对中国城市化发展产生了重要的或根本性的影响（见表2-1）。正是在国家政策的引导和宏观调控下，中国城市化发展才取得了举世瞩目的成就。但由于城市化方针与道路在不同时期表现出不同的特点，受历史条件和特定政治经济环境影响，城市化发展方针与道路体现出曲折性。具体表现为，1953~2015年，中国城市化发展先后历经了"一五"时期项目带动的自由城市化道路阶段、"二五"时期盲进盲降的无序城市化道路阶段、"三五""四五"时期动荡萧条的停滞城市化道路阶段、"五五"时期改革恢复的积极城市化道路阶段、"六五"时期抓小控大的农村城市化道路阶段、"七五"时期大中小并举的多元城市化道路阶段、"八五"时期大城市主导的多元城市化道路阶段、"九五"时期大中小并举的健康城市化道路阶段、"十五"时期大中小并进的协调城市化道路阶段、"十一五"时期中国特色的健康和谐城市化道路阶段、"十二五"时期符合国情的积极稳妥的城市化道路阶段。2016~2020年，中国城市化发展历经了"十三五"时期以城市综合承载能力为支撑、以体制机制创新为保障的加快新型城镇化步伐道路阶段。城市发展总方针历经数次调整，确保了中国城市化道路在曲折演变中总体朝着多样化、协调化和健康化方向发展。

表2-1　中国城市化发展总体方针演变历程与指导效果

发展时期	年份	城市化发展方针或政策的主要内容	对国家城市化进程的指导效果
"一五"	1953~1957年	项目带动、自由迁徙、稳步前进	项目带动的自由城市化进程
"二五"	1958~1962年	调整、巩固、充实、提高	盲进盲将的无序城市化进程
"三五""四五"	1966~1975年	控制大城市规模，搞小城市	动荡萧条的停滞城市化进程
"五五"	1976~1980年	严格控制大城市规模、合理发展中等市和小城市	改革恢复的积极城市化进程
"六五"	1981~1985年	严格控制大城市规模、积极发展小城镇	抓小控大的农村城市化进程
"七五"	1986~1990年	严格控制大城市规模、合理发展中等市和小城市	大中小并举的多元城市化进程

续表

发展时期	年份	城市化发展方针或政策的主要内容	对国家城市化进程的指导效果
"八五"	1991~1995年	开发区建设拉动大城市发展	大城市主导的多元城市化进程
"九五"	1996~2000年	严格控制大城市规模、突出发展小城镇	大中小并举的健康城市化进程
"十五"	2001~2005年	大中小城市和小城镇协调发展	大中小并进的协调城市化进程
"十一五"	2006~2010年	以城市群为主体、大中小城市和小城镇协调发展	中国特色的健康和谐城市化进程
"十二五"	2011~2015年	城市群与大中小城市和小城镇协调发展	符合国情的积极稳妥城市化进程
"十三五"	2016~2020年	坚持以人的城镇化为核心、以城市群为主体形态	以城市综合承载能力为支撑、以体制机制创新为保障,加快新型城镇化步伐

资料来源:笔者整理。

党的十八大以来,我国统筹推进新型城镇化建设,围绕新型城镇化提出了一些新论点,出台了一系列关于新型城镇化的文件(见表2-2)。其中,在新型城镇化道路界定方面,2012年12月,中央经济工作会议提出"要把生态文明理念和原则全面融入城镇化全过程,走集约、智能、绿色、低碳的新型城镇化道路";2014年3月出台的《国家新型城镇化规划(2014-2020年)》,进一步把中国特色新型城镇化道路概括为"以人为本、四化同步、优化布局、生态文明、文化传承"。以人为核心提高城镇化质量是新型城镇化的主题,这一主题在中央文件中被多次强调。其中,2012年12月的中央经济工作会议提出"着力提高城镇化质量"。2013年11月党的十八届三中全会通过的《中共中央关于全面深化改革若干重大问题的决定》,提出"推进以人为核心的城镇化"。2013年12月的中央城镇化工作会议把"有序推进农业转移人口市民化"作为新型城镇化的着力点之一。2015年12月的中央城市工作会议提出"坚持以人民为中心的发展思想,坚持人民城市为人民"。2016年2月国务院印发的《国务院关于深入推进新型城镇化建设的若干意见》,提出"以人的城镇化为核心,以提高质量为关键"。2017年10月党的十九大提出"以城市群为主体构建大中小城市和小城镇协调发展的城镇格局,加快农业转移人口市民化"。2017年12月的中央经济工作会议进一步要求"提高城市群质量"。在中央统一部署下,新型城镇化在实践层面取得积极进展。2019年3月31日,国家发展改革委印发了《2019年新型城镇化建设重点任务》,提出"推进市民化""落户逐级放开""协调城市群发展"三条主线。"推动1亿非户籍人口在城市落户目标取得决定性进展",延续了2014年国家新型城镇化规划的主旨，即推动农业转移人口市民化。"继续加大户籍制度改革力度"，加速推动不同层级城市逐步放开落户限制，延续了2016年《国务院关于深入推进新型城镇化建设的若干意见》的思路。"优化城镇化布局形态；推动大中小城市协调发展"，相比2014年及2016年文件重点提及"加快培育中小城市和特色小城镇"，此次文件政策思路重点转为培育城市群发展，强调城市定位与协同。这三条主线体现了"户籍放开力度、土改推进力度、财政统筹"三大亮点。2019年12月，中共中央办公厅、国务院办公厅印发《关于促进劳动力和人才社会性流动体制机制改革的意见》，提出全面取消城区常住人口300万以下的城市落户限制和全面放宽城区常住人口300万至500万的大城市落户条件；完善城区常住人口500万以上的超大特大城市积分落户政策；精简积分项目，确保社会保险缴纳年限和居住年限分数占主要比例。这一政策的出台，无疑将极大推动中国的户籍制度改革。

表2-2　党的十八大以来关于新型城镇化的论述及文件

时间	政策文件	论述要点
2012年11月	党的十八大报告	坚持走中国特色新型工业化、信息化、城镇化、农业现代化道路……促进工业化、信息化、城镇化、农业现代化同步发展
2012年12月	中央经济工作会议	积极稳妥推进城镇化，着力提高城镇化质量……要把生态文明理念和原则全面融入城镇化全过程，走集约、智能、绿色、低碳的新型城镇化道路
2013年11月	《中共中央关于全面深化改革若干重大问题的决定》	坚持走中国特色新型城镇化道路，推进以人为核心的城镇化，推动大中小城市和小城镇协调发展、产业和城镇融合发展，促进城镇化和新农村建设协调推进。优化城市空间格局和管理格局，增强城市综合承载能力
2013年12月	中央城镇化工作会议	新型城镇化要找准着力点，有序推进农村转移人口市民化，深入实施棚户区改造，注重中西部地区城镇化
2014年3月	《国家新型城镇化规划（2014-2020年）》	走以人为本、四化同步、优化布局、生态文明、文化传承的中国特色新型城镇化道路，促进经济转型升级和社会和谐进步，为全面建成小康社会、加快推进社会主义现代化、实现中华民族伟大复兴的中国梦奠定坚实基础
2015年12月	中央城市工作会议	提高新型城镇化水平，走出一条中国特色城市发展道路……坚持以人民为中心的发展思想，坚持人民城市为人民
2016年2月	《国务院关于深入推进新型城镇化建设的若干意见》	以人的城镇化为核心，以提高质量为关键，以体制机制改革为动力，紧紧围绕新型城镇化目标任务，加快推进户籍制度改革，提升城市综合承载能力，制定完善土地、财政、投融资等配套政策，充分释放新型城镇化蕴藏的巨大内需潜力，为经济持续健康发展提供持久强劲动力

续表

时间	政策文件	论述要点
2016 年 3 月	《中华人民共和国国民经济和社会发展第十三个五年规划纲要》	坚持以人的城镇化为核心、以城市群为主体形态、以城市综合承载能力为支撑、以体制机制创新为保障，加快新型城镇化步伐
2017 年 10 月	党的十九大报告	以城市群为主体构建大中小城市和小城镇协调发展的城镇格局，加快农业转移人口市民化
2017 年 12 月	中央经济工作会议	提高城市群质量，推进大中小城市网络化建设，增强对农业转移人口的引力和承载力，加快户籍制度改革落地步伐
2018 年 1 月	《中共中央　国务院关于实施乡村振兴战略的意见》	坚持城乡融合发展。坚决破除体制机制弊端，使市场在资源配置中起决定性作用，更好发挥政府作用，推动城乡要素自由流动、平等交换，推动新型工业化、信息化、城镇化、农业现代化同步发展，加快形成工农互促、城乡互补、全面融合、共同繁荣的新型工农城乡关系
2019 年 3 月	《2019 年新型城镇化建设重点任务》	推进市民化、落户逐级放开、协调城市群发展
2019 年 12 月	《关于促进劳动力和人才社会性流动体制机制改革的意见》	全面取消城区常住人口 300 万以下的城市落户限制，全面放宽城区常住人口 300 万至 500 万的大城市落户条件

资料来源：笔者整理。

在政府的指导方针下，中国城市化取得了举世瞩目的成就。中华人民共和国成立之初，城镇化水平起点很低，全国城镇人口仅 5765 万，常住人口城镇化率仅有 10.64%，共有 132 个城市，建制镇 2000 个左右。改革开放后，城镇化建设进入快速通道，大中小城市和小城镇持续协调发展，城市数量迅速增加。2018 年末，中国常住人口城镇化率达到 59.58%，户籍人口城镇化率达到 43.37%，已经非常接近《国家新型城镇化规划（2014-2020 年）》中提出的到 2020 年，常住人口城镇化率达到 60% 左右，户籍人口城镇化率达到 45% 左右的目标；城市个数达到 672 个，其中，地级以上城市 297 个、县级市 375 个，建制镇 21297 个。

（二）城市化的发展战略

中华人民共和国成立以来，我国城镇规模先后经历了以下发展阶段：重工业型城市优先发展阶段→沿海小城镇崛起、严格控制大城市规模阶段→积极发展大城市、合理发展小城镇阶段→大、中、小城市和小城镇协调发展阶段→以城市群为主体形态构建完整的城镇体系阶段。推进城市化最为重要的是发展思路与发展战略的确定和调整。从经济学的角度来看，城市化是各种生产要素向规模收益递增的空间集聚的过程，它不仅指农业人口转化为非农业人口，并向城市转移，而且随着城市在数量上的增多，在规模上的扩大，在职能和设施上的完善，是人们的生产、生活方式由乡村型向城市型转化的一种社会现象，是人类社会文明广泛向农村渗透和从传统社会向现代文明社会全面转型和变迁的过程，因此必然对一个国家的经济发展、社会变迁及文化演变等产生深刻的影响。

从国际经验来看，已经成功的城市化模式主要有欧洲模式、日韩模式和美国模式三种。欧洲模式是分散的城市化模式：每一个城市都不大，城市之间分工协作共同承担城市功能。分散的城市化模式优点在于实现了城市与自然的融合，保留了城市舒适的生活环境，城市居民通过就近城镇化避免了交通拥堵问题。日本和韩国采取的是集中型城市化发展模式：以超大城市为城市群中心，承担政治、经济、金融和教育中心功能，卫星城市环绕在中小城市周边，分担部分城市功能。实际上，卫星城市可能并未起到分散中心城市人口的作用，支付不起昂贵居住费用的居民会选择在卫星城市居住、在中心城市工作，反而加剧了中心城市的拥堵。美国的城市化模式介于集中和分散之间，既有纽约、洛杉矶这样的特大城市，也有像欧洲那样的中小型城市，大城市和中小型城市分别承担不同的城市功能。

然而，失败的城市化教训也不罕见，拉美的城市化模式一直广为经济学界所诟病。虽然目前拉美地区的城市化率已达80%，但是拉美国家并没有通过城市化拉动经济发展，而是最终使经济陷入中等收入陷阱。人口过度增长的城市化导致城市建设和工业增长的速度赶不上城市人口增长的速度，城市难以为新增城市人口提供就业机会，他们的生活条件得不到改善，农民进入城市以后只能搭建简易的住所，形成了大片的贫民窟。由于居住条件差，没有正式工作而缺乏收入来源，从农村迁移到城市的人口处在贫困线的边缘；贫民窟往往是滋生斗殴、吸毒贩毒的发源地，社会治安也成为问题。教育资源稀缺，导致社会底层居民受教育程度低，缺乏必要工作技能，整个社会的生产效率低下。

关于中国城市化发展模式的选择和发展战略的争议，主要是围绕走"大城市"还是"小城镇"道路的论点而展开的，即在城市化发展模式选择上究竟是优先发展大城市以带动小城市，还是重点发展小城镇以促进城市化。随着经济的发展和城市化的加速，政策界和学术界也随之提出了城市群发展战略、单中心和多中心并存发展战略及各级城市协同发展战略等。可以说，每一种发展战略都根据当时中国经济发展的阶段和城市化发展的需求，抓住了城市化发展中的主要矛盾，但是由于中国城市化是 21 世纪最重要的事件之一，因此，这些发展战略难免会有失偏颇，或多或少存在一定的滞后性和局限性（见表 2-3）。

表 2-3　中国城市化发展战略比较

政策试点	城市化模式	优点	缺点	代表文献
"三五"时期、"四五"时期、"六五"时期、"九五"时期	小城镇	就地解决就业压力	分散化、农村病	顾益康等（1989）
"八五"时期	大城市化	集聚效应	城市病	王小鲁（2010）
"五五"时期、"七五"时期、"十五"时期	各级城市协调发展	缓解城市病	影响集聚效应	伍晓鹰（1986）、周一星（1992）
"九五"时期、"十五"时期	单中心结构和多中心网络结构并存	借用规模	资源错配和低效率	刘修岩等（2017）、张亮靓和孙斌栋（2017）
"十一五"时期、"十二五"时期、"十三五"时期	城市群	集聚效应、功能分工	城市病	李京文（2008）

资料来源：笔者整理。

1. 小城镇战略

所谓小城镇战略，是指主要依靠发展小城镇以解决中国农村剩余劳动力的发展模式。20 世纪 50 年代中期，我国就曾采取过"控制大城市，发展小城镇"的做法；1980 年的城市规划工作会议再次明确提出发展小城镇；1984 年，费孝通先生发表《小城镇大问题》的文章，更提高了"小城镇道路"的影响。小城镇与广大农村在经济、文化上联系紧密，农民向小城镇转移的成本低，农民可以更好、更快地融入小城镇生活中。相对于大城市来说，小城镇不仅是缓冲人口压力的"蓄水池"，也是转移劳动力心理适应的"缓冲带"（官锡强，2007）。当然，小城镇更是联结城乡的桥梁，是大中城市生产力向外辐射扩散的承接基地。发展小城镇既可以推进农村现代化，又可以调节城市人口规模及生产力布局，从而形成以城带乡、以工促农、工农联动、城乡互动的新机制，增强城镇对县域经济发展的支撑作用和对农村发展的辐射作用，为农民提供更多的就业机会，这也是缩小城乡差别和解决"三农"问题的关键（许经勇，2006；段进军，2007）。

但是小城镇发展战略在解决问题的同时也带来了难以避免的问题。小城镇战略导致我国出现了以乡镇企业分散化、小城镇建设无序化和离农人口"两栖化"为特征的"农村病",农村病使人们开始重新评价小城镇战略。遍地开花式的中小城镇,造成土地资源大量浪费、能源利用效率低下,也带来严重的生态环境破坏。国际市场的变化,更使中小企业难以增加就业机会。人口达不到规模经济的要求,服务业也难以持续发展。伍晓鹰(1986)对发展小城镇以阻挡农村剩余劳动力流入大中城市的政策进行了批评。由于农民进入大中城市受到限制,农民只能进入小城镇,小城镇和大中城市都有其自身发展规律,发展小城镇如果以疏散人口压力为目的,必将造成资源的极大浪费。黄祖辉等(1989)认为,在强调"城市病"的同时不能忽视"农村病",如果把"离土不离乡"模式化、凝固化,势必造成大量农业劳动力滞留农村,导致农业副业化、工业乡土化,小城镇发展应包括城市和集镇两个方面,实践中却偏重于集镇而忽视了城市。发展小城镇的城市化有其时代背景,随着小城镇发展过程中一系列问题的出现,学者们开始对城市化途径的选择进行更为理性的思考。

2. 大城市化战略

所谓大城市化战略,是指主要依靠发展大城市和超大城市以带动周边小城市的发展模式。中国在 1978 年改革开放初期就沿用了 20 世纪 60 年代以来的发展思路,推行了严格限制大城市规模、适当发展中小城市、积极鼓励小城镇发展的政策,使城市化进程在相当大程度上受到了制约。王小鲁(2002)认为,限制城市的发展,在某种程度上就是限制了资源的优化配置,限制了生产率的提高。杨波等(2006)实证分析了大城市集聚效应所产生的规模经济对总产出的影响,结果表明,城市规模越大,人均产值和地均产出越高。例如,200 万人口以上城市的人均产值和地均产出分别是 20 万人口以下城市的 2.5 倍和 23 倍。进一步地,傅十和和洪俊杰(2008)利用 2004 年制造业企业普查数据,检验了不同规模的企业在不同规模的城市中,从集聚经济中享受到的好处。特别是在控制了人力资本的外部性和城市人口规模效应后,特大和超大城市里跨行业集聚经济效应显著,这为特大和超大城市的存在和发展提供了经验证据。总体来说,发展大城市可以通过聚集效应形成经济增长带,并通过扩散效应带动周边乃至整个国家的经济发展。随着这种经济优势的不断凸显以及农民工更多流向大城市的现实,城市化发展模式的重心逐渐转向了大城市化战略。在相当意义上,发展大城市符合我国人口基数大和土地资源稀缺的国情。人为控制大城市发展,会造成人地矛盾的激化和规模效益的损失,削弱大城市的扩散和辐射能力,导致我国城市化规模滞后于经济增长和工业化水平。

小城市化发展模式与大城市化发展模式的争议，本质上是在诸如日本式的集中化模式和德国式的分散化模式之间选择的问题上。实际上，发达国家的城市化进程大都经历了发展初期的"集中化"特征时期及发展到一定阶段后的"分散化"特征。在城市化发展初期，制造业向大城市集中，使制造业成为推动城市化发展的主要力量，并使一国在短期内获得正的规模经济和集聚效应，但是中长期可能会由于规模收益递减而遭遇负的规模经济。随着经济的发展，高附加值的服务业最终将成为推动城市化的主导力量，制造业则从大城市向中小城市或农村分散。

3. 各级城市协调发展战略

发展小城镇和大城市有合理的理由，同时也都存在着不足，对规模选择的争论并不能解决城市发展规模的选择问题。随着我国城市化的发展和市场化改革的推进，人们也意识到不同规模的城市同样需要不同发展空间。伍晓鹰（1986）认为，城市的发展规模应该由城市的资源条件、坐落区位、交通状况及消费者状况等众多因素决定。周一星（1988）利用我国1984年295个不同规模城市的经济产出数据，对不同规模等级城市的经济效益进行了比较和分析。研究发现，随着城市规模的提高，城市人均产出和城市职工人均产出存在逐级提高的趋势，但是城市产出水平和城市规模之间的关系并不紧密，城市的经济效益和城市规模之间存在弱正相关关系，并不存在稳定的因果关系。周一星（1992）明确提出，国家的城市体系永远都应该由不同规模的城镇组成，大中小城市都具有不可替代的作用。骆进仁和张琦（1991）发现我国小城镇（集镇和建制镇）的数量多，而20万人口规模的小城市数量很少，城市等级在小城市上出现明显断层。柯淑娥（1996）肯定了小城镇是制度约束下的最优选择，但小城镇不能担负起我国城市化的历史使命，只有大中小城市全面发展，形成科学合理、健全完备的城市体系，才能推动我国城市化健康发展。党的十六大报告更是明确"要逐步提高城镇化水平，坚持大中小城市和小城镇协调发展，走中国特色的城镇化道路"。

4. 城市群发展战略

由于大城市化战略和小城镇战略两种模式并不相互排斥，因此在城市化发展模式的选择上，一种比较折中的观点是城市群发展战略。也就是说，城市化推进应该在大中小城市和小城镇协调发展的基础上，充分发挥中心城市的带动与辐射作用，发展一批具有世界竞争力的大城市群或大都市圈，通过其强大的集聚功能和辐射功能有效带动农村工业化和城镇化发展，实现以城市群带动城市化的跨越（李京文，2008）。世界各国经验表明：城市化的初期，人口、资本和知识技术等资源向大城市集中，最终知识集聚导致更高的生产力。但是，随着城市化的推进，大城市的拥挤成本、环境成本、住房成本等不断攀升就会出现低效集聚和规模收益递减趋势而中小城市却由于具有租金和工资水平较低的成本优势而凸显增长潜力。这样，人口、资本和技术等资源将从大城市回到中小城市，制造业也随之从大城市转移到中小城市，分散城市化的过程将继续提高经济发展的效率。这实际上就是前面所提到的"集中化"的大城市战略向"分散化"小城市战略的转变，转变的实质是通过大城市的辐射作用带动周边地区的发展。

从根本上讲，城市化战略是一个有关城市最优规模的动态经济学问题，它牵涉到一系列经济社会和环境问题，也取决于各级政府的财力和管理能力，还与诸多政策和制度包括土地制度、住房制度、金融制度等密切相关。无论是小城市、大城市还是城市群发展战略，其关键都在于不同规模城市在地理上的合理布局、城市规模和人口规模的最优化以及成本与收益的权衡。虽然大城市化战略能够通过集聚经济带来规模收益，但会加剧城市住房、交通、水电等基础设施建设的供给矛盾并带来一系列环境问题。反过来说，发展小城镇的成本也不一定低，也会造成土地资源的浪费和生态环境的破坏，并且这个暂时的"缓冲带"和"蓄水池"还可能面临二次转移成本，从而带来人力和资金的浪费以及资源配置的低效甚至无效。

5. 单中心结构和多中心网络结构并存战略

单中心结构和多中心网络结构并存发展战略认为，中国未来的城镇化发展模式，应该是在严格控制大城市无序蔓延式发展的同时，鼓励农村转移人口进入中小城市，以提高这些中小城市的规模，并通过便利的基础设施（高铁、高速公路等）将这些中小城市与大城市相连接，进而形成多中心、网络化的城市空间结构。这不仅可以促进整个城市体系中的小城镇通过"借用规模"来享受邻近中心城市的好处，也能充分发挥大城市的集聚经济收益，也增加了大城市之间的区域竞争，从而可以有效地减轻资源在区域内部的错配和低效率所带来的负面影响。刘修岩等（2017）认为，对于中国城镇化发展道路的模式选择，并不是简单地优先发展大城市还是重点发展小城市的矛盾和权衡，而是应该针对不同的地理尺度制定更加具有空间指向的城市发展政策。在较大的地理尺度上，如全国或省域层面，应该发展和培育多中心的城市空间结构，而不应片面发展少数超大规模的城市从而形成区域内部唯有一两座城市独大的格局，这不仅不利于提高区域经济效率，也可能会造成区域发展差距的进一步扩大；而对于较小地理尺度上的空间经济组织，如城市或市域，则应该进一步促进要素的空间集聚，坚持紧凑式城市空间发展模式，从而最大限度上发挥集聚经济的好处。张亮靓和孙斌栋（2017）以国家尺度的城市规模分布来测度经济地理格局和城市化空间结构，综合运用截面和面板双重估计方法，探索了国家经济地理格局与国家规模的关系。本章的核心观点是国家规模是影响国家经济地理和城市化格局的重要因素，大国应该走适度均衡发展之路。其背后理论依据是地理学的核心思想之一，即地理或者更准确地说是距离对于生产力和城市化布局具有重要作用，也可以更直接地表述为，经济中心的辐射半径不是无限的。新经济地理学的市场潜力假说认为，距离市场中心一定距离后，交通成本的增加导致再发展一个中心是有利可图的；而且新中心的企业还会因面临较少的竞争而受益。本章的政策启示就是，大国的经济地理和城市化格局应该走适度均衡发展之路，国家采取空间干预政策促进中国不发达地区的发展有其合理性和必要性。

针对中国城市化发展战略或者选择路径造成的后果，陆铭（2015）指出了中国长期在其城市化路径选择上的困境。由于未能科学地认识城市化和城市体系的形成机理，长期以来，政府和社会各界对中国的城市化存在许多误解，主要有：①误把耕地减少与城市化简单对应；②误把城市病与城市扩张作简单对应；③错误地夸大了农民工市民化的成本。受这些认识误区影响，政府倾向于依赖行政手段，而不是市场机制，来指引城市化过程，导致城市化政策和现实情况之间存在大量矛盾，主要有：①人口向大城市流动的趋势和大城市户籍制度趋紧的矛盾；②人口向沿海城市集聚的趋势和政府行政力量将建设用地指标向中西部配置的矛盾；③都市圈集聚发展的趋势和新城、开发区分散发展的矛盾。由于政策存在误区，导致中国经济增长的动力受阻，效率恶化，地理劣势地区数量型扩张带来的债务负担加重，城乡和地区间收入差距扩大。同时，大城市内部的非户籍常住人口比重持续上升，社会风险加剧。针对以上认识和政策的误区，本章提出，在经济政策上，当前中国的城市化需要在五个方面进行政策调整：①户籍制度需在大城市和特大城市突破；②建设用地指标配置应与劳动力流动方向一致；③转移支付制度应从支持生产性投资转向支持公共服务；④经济增长和税收应与政府官员的激励和考核脱钩；⑤在大城市人口增长过程中，应注重都市圈和城市内部的科学规划，通过增加基础设施和公共服务的供给，有效应对城市病的挑战。

关于是否存在城市化演进的规律，国内学者也做了一些探索性研究。城镇化的过程实际上就是人口不断迁入和城市规模不断扩张的过程，而城市效率或工资收入水平则是决定人口流动方向的重要因素。因此，城市规模与效率之间的关系变化也必然会影响人口迁移的路径。尹虹潘和刘渝琳（2016）将城乡二元制度元素引入城市化普遍规律建立了一个数理模型，分别从城乡差距、乡城转移就业等动力来源和经济增长、产业结构演变等发展绩效入手，探讨了改革开放以来的"中国式"城市化演进机制和路径，发现基于理论模型的数值模拟结果与统计数据在改革开放至今的演进趋势和主要特征上相吻合；而未来情景模拟预示了多种可能的演进路径和均衡状态，在农民、农民工与市民三者的工资中，如果前两者趋同快于后两者收敛，将可能在未达到城乡均衡前落入城市化停滞陷阱，反之则可以最终实现城乡均衡。此研究认为，城市化仍将是未来经济发展的重要动力，但政策选择上应根据相关规律把握侧重点。本章研究认为，"中国式"城市化演进路径总体上仍然遵循城市化的一般规律：演进动力是城乡差距下为追求更高收入水平而发生的城乡人口转移，按照"农村富余人口向城市转移就业—农民工收入提高—农地流转促进农业规模经营—农民收入提高—缩小与市民收入差距"的动力链进行传导；演进轨迹符合城市化"S"型曲线的普遍趋势性特征；发展绩效包括促进经济增长和产业结构次第演变等；城乡差距随城市化水平提高呈倒"U"型变化。同时，"中国式"城市化也表现出很多具有城乡二元制度烙印的特征，如"半城市化"的农民工群体、非农产业部门内部的二元生产效率、农村家庭内部的二元就业、整个经济系统的三元工资等。这些特殊性并不局限于微观层面，也会影响到城市化演进路径和长期均衡状态，三元工资下农民工—农民的工资趋同与市民—农民工的工资收敛发生的时序先后会决定城市化的绩效优劣及最终能否实现城乡均衡。王业强和魏后凯（2018）认为，城市制度性特征对城市规模与效率的关系产生了重要影响，导致倒"U"型城市规模效率曲线的顶点后移，形成了大城市效率锁定区间。在大城市效率锁定的背景下，三种不同的中国城镇化路径表现出不同的特征，即以人口跨省迁入为特征的跨省城镇化是中国城镇化的主要路径，但解释偏差不断扩大，解释力度逐渐下降；以本省人口流入的就近城镇化的解释偏差已经转负为正，有可能成为"十三五"时期中国推进城镇化的主要路径；而以本县（市）人口流入为特征的就地城镇化的解释偏差偏离程度开始减小，对中国城镇化的影响将逐步提高。由此本章认为，未来中国城镇化路径将逐渐由跨省的异地城镇化路径为主，过渡到以就地就近城镇化为主，因此当前政策则应以积极推进省内就近城镇化为主，县（市）范围内的就地城镇化目前尚不具备大规模推广的基础。

二、中国城市化的人口政策

（一）长期存在的户籍制度

我国于 1958 年开始实施城乡二元户籍管理制度，这源于推进重工业战略和维持社会稳定等一系列政治、经济需要。作为传统体制的产物，这一制度一直维持至今。并且，户籍制度与其勾连的劳动就业、医疗、教育、住房、社会保障、公务服务等其他制度，以及衍生的许多具体规定，整体构成了一个利益向城市人口倾斜并涵盖社会生活多个领域、措施配套、组织严密的体系。户籍制度使我国城市人口享有一定特权，并且中国城市人口的特权几乎渗透到社会经济和文化生活的各个层面。随着改革开放和城市体制改革的不断深入，这种特权正在日益缩小，但户籍制度背后的城乡差异并未根本改变。不论是在增量投资水平上还是在存量基础条件上，大城市要优于中小城市、中小城市要优于城镇、城镇又要优于农村。在社会结构上，这种特权所带来的实惠又不断增加了城市生活的"天然优越感"。这是农村人口不断尝试通过各种途径涌入城市的根本原因。

户籍制度对中国城市化的影响主要表现在三个方面：其一，城市居民的准入门槛与城市规模正相关。其二，户籍制度改革的力度与城市规模负相关。小城镇户籍制度改革的力度最大，中小城市次之，大城市户籍制度改革的力度最小。这两者的现实结果是：中国城市规模普遍偏小，"大多城市人口太少"，100 万～1200 万人口城市不足，难以产生集聚经济（Au and Henderson，2006）。例如，2007 年，286 个地级市中仅有 3 个超过 1000 万人口；与国外相比，上海作为中国首位城市还不够大（陈钊和陆铭，2014）；从"富可敌国"的省域经济层面看，各省的城市首位度都偏低。其三，与城市规模挂钩的户籍制度与流动人口的意愿背道而驰。据统计，2014 年全国流动人口总量为 2.45 亿，超过总人口的 1/6，特大城市人口聚集态势还在加强，规模最大、户籍门槛最高的北京、上海吸纳跨省流入人口的趋势在增强。2010 年第六次全国人口普查数据显示，新生代流动人口总量达 1.18 亿，虽然流动距离更长、流动原因更趋多元，但更青睐于大城市，愿意落户城市者中仍有超过七成希望落户大城市。

（二）逐步演变的人口政策

中国的户籍制度逐步转化为各级地方政府及各个级别城市的人口政策。中华人民共和国成立后首先面临的是农业国如何实现工业化的发展任务，为此，国家建立了计划经济体制，并实施了一条高积累和重工业优先的发展战略，相应地也就逐步建立了全国统一的限制人口迁徙，特别是限制劳动人口向城市迁徙的户籍管理制度。这一方面是为了实现对劳动力流动和配置的计划管理，另一方面更重要的是为了防止因大量农村剩余劳动力自发向城市转移而给国家造成财政负担，以确保高积累优先发展重工业战略的实施。上述背景构成了独特的初始条件，使我国走上了在世界各国经济发展史上显得相对特殊的户籍制度变迁道路。首先，上述全国性的城市户籍限入制度在工业化的经济发展大背景下使城乡居民福利差距得以形成、巩固和扩大；其次，这种福利差距又使城市居民成为一个相对独立的既得利益群体，后者反过来又成为维护这种制度安排的力量。这一相互强化的"正反馈"机制在某种程度上构成了今天户籍制度改革的阻力。因此，即使改革开放后我国明确了市场化的经济体制改革方向，但为建立全国统一的人口自由流动的劳动力市场而必须进行的户籍制度改革只能沿着渐进而缓慢的路径行进。

改革开放以来，在市场化改革背景下，中央与地方的责权利关系也相应地进行了调整，集中表现为1994年的分税制改革及相应的中央与地方在事权上相对明确的划分。作为与地方公共福利相关的城市户籍政策也就开始由城市地方政府来主导。为配合市场经济改革的逐步展开和为加速工业化进程提供足够的劳动力资源，统一的户籍制度逐步转变为城市的人口政策，目前看到的所谓人口政策，主要是从以下几个方面考虑：一是控制外来人口的落户，这在北上广深已经是长期持续的政策；二是控制低学历人口，在居住证和落户条件上制定苛刻的限制性因素，如学历、年龄、职称等；三是控制所谓低端产业，把一些可能导致外来人口特别是农村人口大量进入城市的产业和行业限制住，从源头上控制劳动力就业人口的涌入；四是控制购房和贷款，严格区分本地和外来人口的公共服务差别；等等。

当然，户籍制度在体现出各级城市人口政策的同时，也逐渐体现出默许流动的特征。随着改革开放的深入，居民流动性不断提高，农村居民可以相对自由地迁入城市，城市发展的机制逐渐由政府控制型转变为市场主导型。1984 年，中央一号文件允许"务工、经商、办服务业的农民自理口粮到集镇落户"。1985 年，我国实行身份证制度。1994 年，国家取消按照商品粮为标准划分农业户口和非农业户口的"二元结构"，户籍按居住地和职业划分为农业户口和非农业户口，建立常住人口、暂住人口、寄住人口的户籍管理制度。1996 年 7 月 1 日，新常住人口登记表和居民户口簿正式启用，取消农业和非农业户口类型，改为家庭户和集体户。2000 年 5 月，我国正式取消了粮油迁移证制度，粮油供应关系和户籍迁移脱离。一系列户籍改革不断把流动的自由权利赋予居民，居民流动成本不断降低，居民选择城市居住的自主性越来越大。居民流动性使计划思维不再符合城市发展的新形势，对城市发展的分析必须着眼于城市对居民的吸引力，而城市的收入和生活水平是吸引居民的主要因素。

随着新一轮城市化进程的启动，"十二五"规划建议明确指出"要把符合落户条件的农业转移人口逐步转为城镇居民作为推进城镇化的重要任务""中小城市和小城镇要根据实际放宽外来人口落户条件""注重在制度上解决好农民工权益保护问题""合理确定城市开发边界，提高建成区人口密度"等政策举措。2013 年，党的十八届三中全会提出加快户籍制度改革，随后各省份在 2014~2015 年陆续开始推行放开中小城市的落户限制。这促使部分长期外出务工的非户籍流动人口，为了子女入学或者社会保障等需求，选择在工作地落户。2019 年 3 月，《2019 年新型城镇化建设重点任务》提出"推动 1 亿非户籍人口在城市落户目标取得决定性进展"，即推动农业转移人口市民化；"继续加大户籍制度改革力度"，加速推动不同城级城市逐步放开落户限制。2019 年 12 月，中共中央办公厅、国务院办公厅印发《关于促进劳动力和人才社会性流动体制机制改革的意见》，提出全面取消城区常住人口 300 万以下的城市落户限制，全面放宽城区常住人口 300 万至 500 万的大城市落户条件；完善城区常住人口 500 万以上的超大特大城市积分落户政策。这一政策的出台，无疑将极大推动中国的户籍制度改革。

（三）户籍制度和人口政策的经济影响

在过去的十年间，陆续有几篇文章构建了以户籍制度为基础的新的劳动力市场模型，试图分析当前户籍改革的经济影响。例如，Ito（2008）运用动态可度量的一般均衡模型和政策模拟的方法分析了取消户籍制度对中国收入分配的影响。模拟结果显示，取消户籍制度会使更多的劳动力从农村流向城市，并减小城乡差距。刘晓峰等（2010）构建了劳动力市场完全竞争模型，并假设只有城市户籍劳动者才能享受城市的公共服务。该模型认为，在城市化的初期，对于移民的公共服务歧视政策可能有利于城市居民；但当城市化达到一定规模后，公共服务歧视会增加收入差距和社会冲突，带来额外的社会成本，此时降低歧视有利于长期的经济增长，推动城市化进程。都阳等（2014）沿用了 Peri and Sparber（2009）分析美国各州移民对州生产率影响时使用的理论框架，推算出深化户籍制度改革将带来巨大的经济收益。陈钊和陆铭（2014）的研究证实，中国长期实施的户籍制度和人口管理政策导致中国的首位城市上海的城市规模不足，进而导致中国的城市体系不合理。此研究作者采用全球 142 个国家或地区的样本研究发现，仅仅通过国家人口规模（对数值）这个变量，便可以解释该国首位城市人口规模（对数值）的 84.64%。可见，一个国家总人口规模决定了其首位城市规模，进而根据 Zipf's Law 决定了一个国家的城市体系。而我国长期存在的人口政策不仅导致了首位城市规模不足，而且造成了中国城市规模分布不合理问题。

三、中国城市规模分布测度研究

国内外学者根据城市规模分布的齐夫定律及根据齐夫定律推演出来的位序—规模法则（Rank-Size Rule），通过计算比较中国城市规模分布与西方理论的偏离程度，得出中国城市人口分布整体上过于分散或过于集中等结论。

（一）齐夫定律

一个国家的城市体系中包含着数量众多、等级规模各异的城市，如何描述城市规模分布的特征，探讨城市规模分布的成因及其演进趋势，是国外学者长期关注的问题。早在 1913 年，Auerbach 就发现，城市规模分布可用帕累托分布函数（Pareto Distribution Function）来拟合，即 $R = AS^{-a}$ 或 $logR = logA - alogS$。式中，S 为某一特定的城市人口规模，R 为城市人口规模大于和等于 S 的城市个数，A 和 a 为常数，其中，a 被称作城市规模分布的帕累托指数，其大小可以用来衡量城市规模分布的均衡程度。a 越大，城市规模分布越均衡，当 a 趋于无穷大时，所有城市的规模相等；反之则反是。以 a=1 为基准，如果 a<1，则表明城市规模分布更为集中。例如，当 a=0.8 时，第二大城市的规模为最大城市规模的 42%，低于 a=1 时的 50%，这表明更多的人口集中在第一大规模城市里。反之，如果 a>1，则表明城市规模分布更加分散。例如，当 a=1.2 时，第二大城市的规模为最大城市规模的 56%，这表明第一大规模城市的人口相对较少。因此，经验研究如果发现 a 变大，则表明城市规模分布在向着分散化的方向发展；反之，如果 a 变小，则表明城市规模分布朝着集中化的方向发展。

后来，齐夫（Zipf）的研究进一步指出，城市规模分布的帕累托指数为 1。这样，式 R=AS⁻ᵃ 变为 R=A/S。这意味着人口规模排名第二的城市人口规模是最大城市人口规模的一半，人口规模排名第三的城市人口规模是最大城市人口规模的 1/3，依次类推。这便是著名的"齐夫定律"，该法则也称作"位序—规模法则"，满足这一法则的城市规模分布称作"齐夫分布"。

齐夫定律对实际城市规模分布的刻画吸引了诸多学者投入其理论研究中，学者们从不同角度试图解释城市规模分布符合齐夫定律的原因。Gabaix（1999）将对齐夫定律的理论分析划分成三种流派：一是基于随机增长的数理模型解释；二是基于经济理论（城市系统理论、中心地理论、城市内生形成与自组织理论、自然优势理论）的解释；三是将随机增长理论与经济理论结合起来，将经济因素与空间结构结合起来，构建综合性解释机制（见表2-4）。

表2-4　齐夫定律的理论解释

理论流派	代表理论	优点	缺点
随机增长模型	Simon 模型	数值上成功模拟了齐夫定律	没有对城市增长的形成机制做出较好的经济解释
经济理论	城市系统理论	可以在理论上较好地解释现实城市等级体系的形成	无法解释为何城市规模分布服从齐夫定律，无法被实证研究验证
	中心地理论	为实际城市规模分布提供理论解释，提出的预测可以被检验	仅限于对服务业空间分布的分析，无法对工业主导城市的规模分布给出完美解释
	城市内生形成与自组织理论	从内生因素出发对城市规模分布服从齐夫定律提供理论解释	较好的确定性，但无法详细解释现实中各种不同的城市规模分布情况，忽视外在驱动力影响

续表

理论流派	代表理论	优点	缺点
经济理论	自然优势理论	用自然优势所产生的幂次定律推导出城市规模分布的齐夫定律	现实自然优势如何引入幂律公式以及对该假说的验证需要进一步研究
综合性模型	Rozenfeld 模型	结合随机增长模型和经济理论推导出齐夫定律	理论上仍需进一步完善

资料来源：笔者整理。

自齐夫定律提出后，学者们也对这个定律的适用性进行了广泛检验。许多单个国家的城市规模分布研究及国际比较研究都为齐夫定律的成立提供了依据。其中，Rosen and Resnick（1980）、Soo（2005）的研究是最完整的跨国比较实证研究。Rosen and Resnick（1980）研究了 44 个国家 1970 年的城市规模分布，求得的平均幂律指数为 1.13，标准差为 0.19，几乎所有的国家都落在 0.8~1.5。Soo（2005）使用 OLS 和 Hill 估计法对 73 个国家的城市规模分布进行了实证研究，求得城市的幂律指数为 1.105，城市群的幂律指数为 0.854。总的来说，幂次定律很好地拟合了实际城市分布规律，求得的幂律指数一般都接近于 1。

国内外学者也对中国城市规模分布是否满足齐夫定律进行了大量检验。Song and Zhang（2002）研究发现，中国城市规模分布的帕累托指数从 1991 年的 0.92 上升到 1998 年的 1.04，基本符合齐夫定律的预测，从演进趋势上看，中国城市规模分布的帕累托指数显著提高了，这表明城市规模分布朝着均衡化的方向发展。张涛等（2007）利用中国 1984~2004 年的年度数据，研究了齐夫定律对中国的适用性问题，通过最小二乘法估计得出幂律指数的最大值为 1.1251（2001年），最小值为 0.8866（1984 年）。此研究认为，中国城市规模分布基本上服从相对均衡的齐夫定律。高鸿鹰和武康平（2007）分别应用城市人口规模和城市经济规模数据，对中国各省份、三大区域和全国城市规模分布的 Pareto 指数，对比分析了 Pareto 指数的变化规律。研究发现，中国的城市规模都显著地服从 Pareto 分布，城市人口规模分布和城市经济规模分布既有联系，又有明显区别；但是城市人口规模分布和城市经济规模分布 Pareto 指数的离散范围，都明显呈现出缩小的趋势，我国的城市经济规模分布 Pareto 指数绝大多数小于 1。闫永涛和冯长春（2009）根据 1994~2004 年中国城市规模位于前 200 位的地级及地级以上城市，分别采用人口和建成区面积来表征城市规模，借助分形理论进行研究发现，无论是从人口规模还是从用地规模来看，中国城市规模的分布符合齐夫定律；外来人口的增加和 2000 年之后城市规模的加速增长使城市发展表现出向高位次城市集聚的倾向；但由于中国城市体系规模结构比较成熟，其基本特征并没有因时间、外来人口和城市规模的变化而改变；高位次城市仍有较大的发展空间。

曹跃群和刘培森（2011）采用 1990～2008 年成渝都市群城市市区非农业人口规模时间序列样本数据，研究了成渝都市群城市体系规模分布特征。结果表明，成渝都市群城市体系规模分布基本符合城市齐夫定律。余吉祥等（2013）基于全国人口普查数据，在对城市人口统计口径进行详细探讨的基础上，使用齐夫回归方法研究发现，随着城市化政策在 2000 年前后的调整，中国城市规模分布的演进趋势经历了从分散化发展到集中化发展的转变。吕薇和刁承泰（2013）选择 2000～2010 年中国县级及县级以上城市为研究对象，以建成区面积来表征城市规模，基于齐夫定律分析了中国城市规模分布的变化规律。结果显示，各年的幂律指数系数都在 0.943 以上，位序—规模法则能较好地描述中国城市的规模分布。苗洪亮（2014）基于 1990～2011 年的中国地级市城市人口规模的数据，帕累托定律检验结果表明，中国地级市城市规模分布符合帕累托定律，位序规模法则对中国地级市的数据拟合较好，特别是对于规模排在前 100 位的地级市，因此，研究结论认为中国地级市规模分布并不符合齐夫定律。陆旸（2014）采用中国 287 个城市的人口数据研究发现，与美国标准的"位序—规模分布"不同，中国目前的城市规模分布位于"首位分布"和"位序—规模分布"之间。蔡之兵和张可云（2015）利用齐夫定律和城市就业提供能力指数对中国现有城市规模体系进行研究，发现中国城市体系总体规模偏小且缺乏足够的就业提供能力，而且中国城市规模的齐夫曲线拟合度较低，绝大部分城市都位于齐夫曲线以下，尤其是上海、北京、广州、深圳、天津等大城市，其规模更是远远低于齐夫曲线。唐为（2016）使用全面的城市样本和更为准确的衡量城市规模的人口指标，并基于空间基尼系数、齐夫定律和马尔科夫转换矩阵等方法，重新估计了我国 2000 年和 2010 年的城市规模分布体系，研究发现，尽管中国城市分布体系从 2000 年的扁平状态逐步转变为 2010 年的集中状态，但是城市集中度仍然低于世界平均水平。周文（2017）以我国 2013 年县级及以上城市、美国 2010 年大都市统计区与小都市统计区数据为样本，计算两国城市的数量占比或规模占比、城市规模分布的帕累托系数、城市集中的 HH 指数、首位城市比率发现，与美国相比，中国超大城市和特大城市规模占比相对偏低，大城市和中等城市数量占比相对偏高，小城市的数量则显著偏少；同时，中国城市之间规模变化不显著，城市集中度较低。

魏守华等（2018）在阐释齐夫定律和 Gibrat 定律的理论机制基础上，运用中国 646 个县级以上城市数据检验其在城市规模分布上的适用性。理论分析表明，齐夫定律服从 Pareto 分布，适合用 Simon 随机增长模型解释；Gibrat 定律服从对数正态分布，适合用 Gabaix 人口迁移模型解释；Gibrat 定律是齐夫定律的适用条件，近似 Gibrat 定律下可用修正的齐夫定律——上尾 Pareto 分布或双 Pareto 对数正态分布描述。此研究基于中国人口普查数据的研究表明，646 个县级以上城市总体不满足 Gibrat 定律，而表现为大城市和中小城市的两组对数正态分布；2000 年和 2010 年在节点分别为规模排序第 375 位和第 417 位的城市时，齐夫定律的拟合效果最好，Pareto 指数都在 1.30 左右，表明城市规模分布具有大城市主导特征；近似 Gibrat 定律下，双 Pareto 对数正态分布能较好地拟合中国城市规模分布律。魏守华等（2018）进一步指出，在评价城市规模分布合理性时，Gibrat 定律较齐夫定律的结论更为科学。此研究以齐夫定律考察上尾城市的分布特征，通常规模排序前几位城市在齐夫曲线的左下方，而一些中等城市在趋势线的右上方，往往得到"大城市偏小、中等城市偏大"的结论；Gibrat 定律拟合所有城市是否服从对数正态分布，不会单一地受上尾城市的影响，而是取决于城市规模及其频数的整体分布，能从总体上评价城市规模及其数量分布关系的合理性。以中国为例，按齐夫定律曲线的结果，意味着"北上广"等超大城市规模仍然相对偏小、众多中等城市规模偏大或数量偏多，而按 Gibrat 定律的核密度函数来判断，将得到把促进人口规模在 20 万～54 万人口的中小城市向中大型城市演进作为城镇体系发展重点的结论。因此，从理论上看，Gibrat 定律和齐夫定律的政策含义截然不同，而从实际国情看，Gibrat 定律的结论更能揭示中国城镇体系发展不协调的症结——中等规模城市偏少，没有承担特大城市和小城市"二传手"的功能，导致"大城市偏大、小城市偏小"的两极分化问题。万庆等（2018）根据第五次全国人口普查和第六次全国人口普查城镇常住人口统计数据，按照国际上常用的城市人口规模阈值标准筛选城市样本，采用统计分布检验、空间基尼系数、马尔科夫转移矩阵等方法，从全国、区域和省域层面考察中国城市规模的统计分布模式、空间分布特征和结构演化态势。结果表明，2000～2010 年，中国城市规模分布均符合位序—规模法则，但并不服从对数正态分布、帕累托分布和齐夫分布。

尽管齐夫定律能够很好地拟合各国的城市规模分布，但是实证研究中仍然存在一定问题。在城市规模分布实证研究中，传统的空间研究尺度常常由于其定义及划分过于主观武断而不断受到质疑。城市地域概念一般有行政地域、实体地域和功能地域三类。国外的社会经济统计单元一般是基于功能地域，如美国的大都市区（Metropolitan Area）。中国的人口统计主要基于行政单元，以市镇的行政区作为城乡的分界，导致城市规模统计往往偏离事实。在这种情况下，中国城市规模分布的估计可能出现偏差，同时国内外比较结果也会存在较大误差。相对于行政区的常住人口，城镇人口更加接近于实际城市的人口规模。因此，如何定义真实的城市边界成为需要人们进一步探索的问题。

近年来，采用夜间灯光数据研究中国城市规模分布成为一种重要方法。以城市夜间灯光值指代城市规模存在诸多优势：第一，其对边界的敏感性不强。夜间灯光主要来自城市地区，灯光数据提取虽然依赖于城市边界，但是只要边界大于实际城市边界，则边界对城市夜间灯光提取的影响不大。第二，全球灯光使用同一传感器探测，使不同地区夜间灯光具有可比性。第三，城市夜间灯光自 2012 年 4 月起每月发布一次数据，时间更新快，有利于实时监测全球城市发展情况，动态评估城市规模分布。吴健生等（2014）以夜间遥感数据测度中国城市体系等级结构及其空间格局，指出夜间遥感数据对城市体系的等级结构及其空间格局进行综合评估是可行与可信的。李松林和刘修岩（2017）针对中国城市规模分布研究中特有的困难，运用校正后的夜间灯光作为城市规模测度数据，在行政区域、随机区域及空间俱乐部区域三个细分维度上，考察了中国城市体系规模分布的特征及其动态演进。研究发现，中国城市规模分布并不服从齐夫定律，而是呈现典型的扁平化特征，且这一扁平化趋势在不断加剧。许伟攀等（2018）使用同源的城市夜间灯光数据代表城市规模，在国家尺度和省州尺度研究中美两国城市位序—规模分布，并比较其异同。研究表明，在国家尺度，2013~2016 年中美两国城市规模均变得集聚，而中国城市规模分布比美国更为分散，齐夫指数相差约 0.1；在省州尺度，不同省州的城市规模分布存在差异，中国和美国分别有 44% 和 84% 的省份或州的齐夫指数大于 1，中国城市规模分布分散型省份占一半以上，而美国集中型的州则占有 84%，总体而言，中国城市的规模分布更为分散。

纵览这些研究，中国越大的城市越偏离齐夫法则的预测，核心在于中国大型城市在发展过程中受到了人为的限制，主要包括：户籍制度、大城市土地供应控制，以及一直以来我国对于 500 万以上人口特大城市人口规模的限制，这些导致的直接结果就是特大城市人口发展速度比正常要慢，说明了当前重点一二线城市人口依然存在相当规模的提升空间，人口迁移的趋势仍将继续。

（二）首位度

一个国家的大城市人口，首先是由其首位城市（最大城市）人口规模决定的。这是因为，按照描述一国人口分布的齐夫定律，第二大城市人口将是首位城市人口的 1/2，依次类推，第 N 位城市的人口将是首位城市人口的 N 分之一。如果首位城市有规律可循，而其他城市的人口可以根据首位城市人口和城市的排序相应决定，那么，一个国家的城市体系也就决定了。可见，城市首位度是衡量城市规模分布的常用指标，代表着城市在区域的地位和作用，体现城市的影响力和辐射力。因此，学者们也采用首位度来判断中国城市规模分布的合理性。

谢小平和王贤彬（2012）指出，中国各地区的城市首位度大小不一，表现迥异。那些期初城市首位度较低的省份的城市居民倾向于进一步往首位城市集中，而那些期初城市首位度较高的省份则恰好相反。从我国城市体系的发展看，城市首位度与经济增长之间是一种倒"U"型关系。这意味着，存在着一个最优的城市首位度，偏离这一水平将导致效率损失。因此，要推进城市体系进一步的集聚，可能不是通过限制首位城市发展来实现，而是加大发展其他大城市发展的力度，形成一个具有更多大城市的布局。新的大城市的出现，将摊薄首位城市的原有份额，导致城市规模分布变得更为"均匀"。陈钊和陆铭（2014）采用全球142 个国家（经济体）的样本研究发现，仅通过国家人口规模（对数值）这个变量，便可以解释该国首位城市人口规模（对数值）的 84.64%。因此，一个国家总人口规模是决定其首位城市有多大的最为重要的因素。当首位城市的人口增长有规律可循时，中国的限制人口政策至少造成三个方面的危害：①导致大城市人口偏离合理规模和城市规模分布不合理；②低估城市人口增长造成城市基础设施和公共服务不足；③户籍制度造成城市内部的"新二元结构"，严重影响社会稳定和和谐。但是，此研究并没有进一步评估效率损失。刘学华等（2015）运用第六次全国人口普查等统计数据，阐释了我国城市住房、交通、户籍和人口等方面的制度或政策影响城市体系规模结构的路径模式，并研究了政府外部干预和市场内在驱动共同作用下中国城市体系规模结构演进的经验事实。研究结论表明，1985 年以来我国城市化进程呈现偏向"中心城市"增长、城市首位度偏低等典型特征；受城市行政层级、城市规模控制和户籍制度等政府干预因素影响，中国的城市化发展和大、中、小城市的路径选择有别于先发国家城市化实践和城市经济学文献的相关结论；因此中国城市化"数量增长"和"规模扩张"的传统模式亟须调整，未来的城市化道路选择及城市体系优化，需要以市场主导和政府引导相结合的方式加以磨合推进。

但是，需要强调的是，在使用首位度指标进行测度中国城市规模分布进而提出政策建议的同时，需要注意首位度的适用范围和计算方法：第一，城市首位度的计算必须在一个完整的城镇体系中才具有意义或可比性。只有在一个相对完整的区域单元中，首位城市的作用才能与其地位相一致。在中国的省级单元中，有些区域单元与省级行政单元相近或包含在省级行政单元内，比如珠三角城市群就位于广东省内，在这种情况下按省级行政单元测算首位度的结果和按照区域单元测算的结果基本一致。但有些区域单元则涉及多个省级单元，比如长三角城市群、京津冀城市群，在这种情况下，按省级行政单元测算首位度的结果和按照区域单元测算的结果就会存在较大差异，因此不加区别地按行政单元计算首位度是不合理的。例如，以河北省为单元计算以石家庄为首位城市的首位度就没有意义。同时，首位度不是两个城市经济总量之比，更不是首位城市经济或者人口总量占全区域经济或人口总量的比重。第二，首位度计算的是"实体城市"的规模之比，而不是"行政城市（行政区范围）"的规模之比。虽然都是"城市"两个字，但人们表达的内容常常不同，有的是指行政范围的城市，有的是指已经连片建设的实体的城市（我们称之为中心城区）。因此，计算首位度，采用城市实体集中连片的中心城区范围内的城市人口数据，才是符合城市首位度的内涵及意义的。第三，首位度不能层层往下分解。不是说一个区域的城镇体系算是一个首位度了，还可以把第一级首位城市去掉再从第二位的城市往下用第二位的城市规模去除以第三位的城市规模再计算首位度并依次类推的。当然，在一个大系统中还有若干小系统，尤其是在距离大系统的首位城市比较远的区域中，小系统还有相对的完整性，在小系统中可以计算首位度，但这样的首位度和大系统的首位度是不具可比性的。

四、中国城市规模分布动态变化研究

城市规模分布并不仅仅是一个个冷冰冰的数值，而是有着实际经济活动的动态演化过程，人类城市的进化史，是一部城市扩张和收缩交替的历史。从本质上看，城市的收缩和扩张其实很符合经济学理论的推断，要素（特别是劳动力）的自由流动能够带来国家或地区间经济发展水平差距的"收敛"，即"收缩"和"集聚"会走向平衡。只要一个国家存在人口的自由流动，就一定会有一些地方存在人口流出现象，这是劳动力资源在一个国家内部优化配置的过程。改革开放四十多年来，中国的城市化过程同样伴随着显著的城市蔓延和城市收缩现象。

（一）城市蔓延（扩张）

城市蔓延是一种常见的城市空间结构现象，是指城市面积超出人口需要的过度扩张，原先位于中心城区的大量人口和经济活动扩散到城郊或卫星城，土地利用强度下降，人口密度降低，城市形态变得分散、多中心化（洪世键和张京祥，2012）。城市蔓延可以说是一种全球城市化进程中的普遍现象，其典型特征表现为城市空间以低密度、高分散度和蛙跳式向外部扩张，导致原来聚集在城市中心的经济活动逐步向城市外围扩散。目前，关于城市蔓延对经济所产生的外部效应的研究相对较少，且主要集中在城市蔓延对城市劳动生产率的影响方面，所得结论也不尽一致。

秦蒙和刘修岩（2015）使用2000～2012年中国地级城市层面的面板数据，借助全球夜间灯光数据构造了专门的城市蔓延指数，并运用混合截面回归、面板随机效应回归和工具变量法进行了多角度的稳健性检验，最终证实：来自中国的证据明确地支持了城市蔓延不利于生产率提高的结论。刘修岩等（2016）进一步实证检验了市场不确定性对中国城市蔓延的影响。结果证实，市场不确定性的增加的确提高了中国城市的蔓延水平。这意味着，由经济波动带来的市场不确定性也是中国城市空间结构塑造的关键诱因。魏守华等（2016）首先指出水平的蔓延和立体的多中心集聚是城市空间扩张的两种形态，而现有文献仅停留在分析城市蔓延对生产率的影响，并认为蔓延不利于生产率提高。此研究作者运用1997～

2013 年中国 286 个城市数据进行实证分析发现，水平蔓延对城市生产率影响不显著，但不一定是负面影响；而多中心集聚显著提高城市生产率，主要源自制造业次中心集聚及其与生产性服务业的互动效应。结果还表明，多中心集聚效应在不同发展阶段、不同类型的城市间存在差异，因此加强多中心集聚并适度控制蔓延以优化空间结构是城市扩张中经济高效运行的关键。孙三百和万广华（2017）检验了城市蔓延对居民福利影响的空间异质性。研究发现，就居民平均福利水平而言，农村地区显著高于老城区和城郊，而老城区和城郊之间的平均福利水平并无显著差异；就福利差异而言，城市三类空间中不均等程度最高的是城郊，老城区次之，农村最低。进一步运用工具变量估计居民福利模型发现，城市蔓延与居民福利的关系在农村和老城区呈 "U" 型，在城郊则为倒 "U" 型。陈旭等（2018）借助外部性理论阐述城市蔓延对企业生产率的影响机制，并运用 2001～2011 年中国工业企业数据从微观层面系统探讨了城市蔓延的外部性对制造业企业生产率的动态影响。研究发现，中国制造业企业整体的全要素生产率随着城市蔓延水平的持续提高呈现先下降后上升的 "U" 型变化趋势，而且城市蔓延对不同地区、不同行业乃至不同规模企业全要素生产率的影响存在明显差异。秦蒙等（2019）采用校准后的夜间灯光数据度量了地区经济增长，用动态面板数据模型和工具变量法考察了城市规模和城市蔓延对经济增长的影响。研究发现：城市规模对经济增长具有显著的促进作用，但城市蔓延对经济增长存在明显的负效应；进一步的讨论表明，在规模较小、第二产业比重较高的城市，城市蔓延带来的负效应会更大。

同时，中国的城市扩张大量表现为建设新城新区。从 1996 年到 2018 年，我国的城镇常住人口从 3.7 亿人发展到 8.3 亿人，原有的老城无法容纳新增的城市人口，需要开辟新城新区。中国的新城建设具有区位导向特征，地方政府使用区位导向性政策（Place-Based Policy）的主要目的是促进经济结构转型升级和发展。区位导向性政策是政府通过行政干预引导资金、产业和就业等要素流向指定的空间，以促进本地经济增长（孙伟增等，2018），主要表现为产业（企业）特区政策、基础设施政策和具有明显空间指向性的政府干预三种形式。区位导向性政策的影响包括直接效应和间接效应。直接效应是指前期政府资金的投入，使区位的基础设施建设水平和公共便利性提高、运输成本降低；间接效应则是指吸引居民迁移、私人部门投资，形成一个发展中心。有学者认为，新城新区对促进城市经济发展产生影响（晁恒等，2018）。根据新区建设的主导项目类型，我国城市新区的发展可大致分为三个阶段，分别是以招商引资、产业集聚为主导的工业开发区建设，以地产开发为主导的新城建设，以及 2005 年以上海浦东新区综合配套改革试验区的设立而拉开的新一轮国家级城市新区建设（杨东峰和刘正莹，2017）

还有学者就中国城市建设用地增长率快于城镇人口增长率的现象，提出"土地城镇化快于人口城镇化"的观点。Gao et al.（2016）将国防气象卫星的（DMSP/OLS）夜间照明图像和中国人口普查数据相结合，对 1990~2010 年中国不同城市的城市扩张进行了量化。此文献作者发现，1990~2010 年，中国城市面积年增长率比中国城市人口增长率高 2.45%，这显示了中国城市扩张的总体趋势；随着时间的推移，西部的中小城市扩张程度最高，因此作者认为应该更加重视预防西部中小城市的过度城市扩张。Sorace and Hurst（2016）则揭露了当地政府、房地产开发商和私人投机者三者合谋推动着城市空间的扩张。资本流动的逻辑和模式实际上取代了城乡间迁移的逻辑，成为空间上飞速重组的原因。鬼城（Gost Citis）的产生最能证明那些"为了利润而不是人而去建立的城市"。

（二）城市收缩

通常意义上，城市收缩被认为是人口密集区域发生的持续人口流失现象。国际上城市收缩现象的研究始于德国。1988 年，德国学者 Häußermann 和 Siebel 首先提出"城市收缩"一词，用来描述城市发展过程中长期存在的人口大量流失现象。最著名的收缩城市群在美国的铁锈地带（Rust Belt）。19 世纪后期到 20 世纪初期，美国中西部因为水运便利、矿产丰富，所以成为重工业中心，钢铁、玻璃、化工、伐木、采矿、铁路等行业发达。匹兹堡、芝加哥、底特律等工业城市也一度空前繁荣。自从美国步入第三产业为主导的经济体系之后，这些地区的重工业纷纷衰败，很多工厂被废弃，厂房机器渐渐布满了铁锈，因此被称为铁锈地带。国外学者以德、英、美、日等国家的城市个案分析为主，描述了收缩城市引发的社会后果，如经济萎缩、就业率下降、住房空置率提高及人力资本流失等。

近年来，国内一些学者开始关注中国城市收缩现象。杨东峰和殷成志（2013）较早引入了"精明收缩"的城市治理理念；其后有学者从整体或局部区域范围内识别了中国的收缩城市，并做了初步分析（龙瀛等，2015；吴康等，

2015;张学良等,2016);张学良等(2016)虽然对比了收缩和非收缩县市(区)经济规模、人口年龄结构等指标的异同,但只是以描述性分析为主,未利用计量方法进行实证分析。清华大学建筑学院研究员、博士生导师龙瀛从三个尺度(小区、乡镇和城市)对中国城镇的局部收缩现象进行了研究。他与首都经济贸易大学教授吴康、中国科学院地理科学与资源研究所的王江浩博士合作,通过大数据技术,将中国5万多个乡镇和街道办事处的人口数据做对比,结果让人吃惊:2000~2010年,中国有1/3的国土人口密度在下降,有1万多个乡镇和街道办事处的人口在流失,有些甚至成了"空心街道办事处";中国行政意义上的600多个城市中,有180个城市的人口在流失。吴康也通过大数据调查发现,2007~2016年,中国有84座城市出现了"收缩"。吴康把这些收缩城市分成五类:一是结构性危机收缩类型。例如,原来像伊春这样的城市有很多人靠林业来发展就业,现在没有了;二是像义乌这样的城市,原来有很多的工厂(企业),现在受上一轮国际经济危机和产业升级影响,不需要这么多人了;三是大城市周边城市的收缩,如北京周边的三河、高碑店,成都周边的都江堰等;四是众多欠发达的县级市;五是一些边境城市等。2019年4月,国家发展改革委在其官网发布了《2019年新型城镇化建设重点任务》,首次提到了"收缩型城市"的说法。国家发展改革委指出,收缩型中小城市要瘦身强体,转变惯性的增量规划思维,严控增量、盘活存量,引导人口和公共资源向城区集中。文件出台以后,业界对收缩型城市进行了诸多解读,其中大多引用了同一组数据:2007~2016年,我国660个城市中,总计80个城市出现不同程度的收缩,占比高达12.1%。

总体而言,国内城市收缩现象长期被增长的主流所忽视,近几年才开始用定量和定性的方法探讨国内城市收缩现象与问题,并将国际收缩城市研究与实践的经验引入国内。李郇、龙瀛等学者还于2014年共同发起"中国收缩城市研究网络",对城市收缩进行了有益的探索。刘风豹等(2018)以转型期中国东北地区为例开展城市收缩典型地区研究,先基于人口、DMSP/OLS夜间灯光数据等多维度,从地级、县级等多尺度,采用ArcGIS、数理统计等方法量化识别收缩现象,发现东北地区收缩呈现全域性、非均衡性、发展悖论性和假性收缩等特征;然后结合转型期社会背景,从人口、经济、体制等的全域性衰退,地理环境及气候的局限性,"增长主义"政府及规划倾向和频繁的行政区划调整四个方面论述本地区收缩及其特征的具体成因。国内学者在对城市收缩研究的"识别和辨认"基础上，还对城市收缩引发的经济社会效应进行了有益探索。早期文献大多从宏观视角切入，关注人口流动整体上对地区经济社会发展状态的影响，如要素配置效率（吕昭河，2012；王子成，2015）、宏观经济增长（杜小敏和陈建宝，2010）、收入分配（彭国华，2015）等。后来，逐步有学者采用微观数据开展城市收缩的经济影响。刘玉博等（2017）利用两次人口普查数据，识别了我国的收缩城市，并利用2000~2007年工业企业数据库，从微观层面观察收缩城市企业TFP的变化。研究发现，与国外收缩案例的情况相反，我国收缩城市企业TFP高于非收缩城市，该文被称为我国收缩城市生产率的"悖论"。

关于城市收缩的原因，国外学者已经形成一系列解释：受全球化与去工业化的影响，制造业的衰落使欧美众多老工业城市难以适应经济转型的需求，出现人口收缩；伴随着经济体制的结构性转型，东欧城市中的国有企业在私有制浪潮中遭遇困境，引发工厂倒闭、人口外流等收缩现象；老龄化、低生育率等人口结构的变化，使日本城市出现严重的人口负增长；北美地区城市居民及产业逐渐向郊区集聚，导致内城衰败。由此可见，西方发达国家的增长与收缩是在土地完全产权的背景下形成的，产业结构的变化是导致城市发展出现差异的主要原因。

国内学者将中国城市收缩的成因大致划分为以下几类：一是结构危机型收缩。最明显的就是资源枯竭型城市的收缩，如甘肃玉门。除了资源依赖，产业结构过于单一也容易造成城市收缩。二是大城市周边的收缩。当今城市发展已由各城市之间的"单打独斗"发展为城市群、都市圈之间的"抱团"竞争，人口往区域中心城市流动的趋势也越发明显。大都市是进城务工人员的主要聚集地，这些城市的竞争力在落户政策放宽的条件下会进一步提升，这也成为一些城市人口外流的强大"拉力"。被北京、天津包裹的三河，成都的"隔壁"都江堰都属于这类城市。三是欠发达城市的收缩。欠发达城市主要分布于我国的中西部地区，如天长、汉中、洪湖。这类地区的人，尤其是年轻人，追寻外部相对好的生活环境、就业环境等，人口流失也就不可阻挡了。四是边境偏远型城市的收缩。边境偏远型城市由于位置偏远、环境不太宜居，也很容易造成人口流失，如额尔古纳、哈密、根河。总的来看，一个城市发生收缩的原因很复杂，也很多元。产业结构、地理位置、城市规模、政策因素等都可能造成城市收缩，而城市收缩也不都是负面的，前述积极转型升级的城市、走生态化道路的城市，从长远看反而有益于城市更好地发展。杜志威和李郇（2017）从新马克思主义城市理论视角出发,认为全球化背景下,城市收缩是伴随资本过度积累危机而产生的,由于资本要素和劳动力要素的外流,城市空间中出现以空置为标志的收缩现象,并伴随着企业外迁造成的空心化、城市经营环境导致的失业率上升、厂房和公共基础设施的闲置、传统产业衰败引发的人口大规模迁出等特征。

(三) 两极分化

城市是人类最重要的居住空间,随着生产力和人口聚集程度的提高,人类的城市化进程正在变得越来越快。为什么在中国城市化快速发展的过程中,中国出现了两极分化的现象?刘爱梅(2011)认为两极分化的形成与市场选择、干部考核任用和政治体制、自然历史因素有关;魏后凯(2014a,2014b)则认为两极分化倾向的形成主因是传统发展理念、资源配置偏向、市场极化效应、农民迁移意愿和权力分配不公。杨孟禹等(2018a)基于1995~2013年城市统计和夜间卫星灯光的匹配数据,对中国城市规模两极分化的原因进行研究,结果证实存在"大规模城市扩张快、小规模城市扩张慢"的两极分化现象;进一步分析表明,城市规模两极分化产生的根本原因是经济增长竞争对不同层次城市规模的粗放性激励差异。具体来说,城市规模协调战略的协调作用小于经济增长竞争的极化作用;经济增长竞争对城市规模有显著的引致效应,这主要通过粗放性扩张来体现,经济增长竞争对大城市的粗放性扩张激励比小城市强。此文献的稳健性分析和工具变量估计结果均支持以上结论。因此,新时代必须将城市规模无序竞争转向中央顶层协调,将城市经济粗放式增长转向集约式增长,将仅对单一层次规模城市进行约束的战略转向对不同层次规模城市进行协调的战略,以缓解城市规模两极分化,促进区域协调发展。杨孟禹等(2017)通过构建反映城市规模变动空间竞争的空间计量模型,对引起竞争的"水平方向(横向策略互动)"和"垂直方向(纵向共同反应)"两个来源进行了识别。结果显示:"水平方向"的竞争强度为正,且逐年递增,城市规模空间竞争表现为越来越强的模仿性;"垂直方向"的竞争强度也为正,官员晋升体制也能引起城市规模空间效仿现象;研究还发现,在晋升年份,以垂直方向的竞争为主,其他年份则以水平方向的竞争为主。过去十年来,中央政府"做对了(城市规模)激励",但"做对协调"却显不足,未来应加强"做对协调",实现两者统一。

五、中国城市规模决定因素

城市规模分布是由不同的集聚力和分散力相互作用形成的，在一定程度上反映了国家的经济地理和城市空间布局结构。城市规模分布的影响因素主要可以分成两类，即新经济地理学中所提到的"第一性"优势（First Nature，生产要素禀赋的空间差异，由城市自身因素决定）和"第二性"优势（Second Nature，经济空间集聚系统的内生力量，由城市间相互作用决定）。从对齐夫定律的演化机制总结可以看出，对城市规模分布的影响因素应该既包含内在驱动力（"第一性"优势），也包含外在驱动力（"第二性"优势），下一步有关影响因素的实证研究应该将这两方面因素结合起来进行综合考量。

（一）第一性优势

关于第一性优势：基于中国的经验研究发现，中国的城市规模分布基本符合齐夫分布（魏守华等，2015；邓智团和樊豪斌，2016）。影响城市规模分布的因素主要包括经济地理因素、新经济地理因素和经济政策因素（金煜等，2006）。新经济地理因素中，企业集聚带来的外部性和地区消费者购买力发挥了重要的作用（金煜等，2006；覃一冬，2012）。程开明和庄燕杰（2012）研究发现，要素集聚、产业调整和创新扩散影响城市体系的演化和位序—规模变动，使城市体系规模分布更趋均衡。但是上述研究存在的问题是，上述规律取决于研究所选取的空间范围大小，在不同的空间范围内其规律是存在较大差异的。同时，上述研究没有考虑集聚的空间结构，特别是不同类型产业集聚的空间结构。事实上，越来越多的文献发现，集聚结构对劳动生产率及人口的影响也是非常重要的。特别地，从现实来看，"中心—外围"地理空间是最具典型意义的空间结构，从这一空间层面来分析集聚与人口规模差异的关系更具有经济地理学意义。魏守华等（2015）有别于探讨单个城市最优（绝对）规模的研究，从城市体系角度，运用Gibrat对数正态分布定律，以2011年为例，检验中国287个地级以上城市的实际规模与理论规模偏差，并划分出偏大、合理和偏小三种类型：偏大城市集中在300万以上人口规模的特大城市，偏小城市集中在人口规模100万左右的中等城市，而通常以绝对规模衡量的人口 50 万以下的小城市却相对合理。进一步地，此研究构造居民效用最大化目标函数，分析市场机制下的集聚效应和政府引导下的公共服务对城市规模偏差的影响。多元 Logistic 回归结果表明，偏大城市由显著的集聚效应和优越的公共服务共同引致，其中，集聚效应通过提高生产效率、促进多样化就业和提升工资水平等途径推进城市规模过度增长，然而拥挤效应开始显现；相对偏小的中等城市尽管有一定的集聚效应，但滞后的教育、医疗等公共服务却制约了城市规模的合理增长。该结果间接表明，绝对规模小的城市因具有的公共服务功能超越了经济发展功能而相对合理。因此，中国城市体系优化的重点是加快发展具有一定集聚效应而公共服务相对滞后的中等城市。刘秉镰和杨晨（2016）认为，交通基础设施和信息基础设施会通过降低运输成本、优化空间布局及重塑企业内外部网络关系等机制进一步加强城市体系各节点之间的联系，推动城市规模分布向多中心和分散化发展，最终促进城市体系网络化发展；各地区城市规模分布之间存在较强的空间相关性，相邻地区城市规模分布单中心程度和集聚程度的提高，会对本地区的城市规模分布造成"虹吸效应"。Christensen and McCord（2016）利用卫星等空间遥感数据，包括土地质量、水域河流、港口和地形地势等一系列指标，研究了中国 20 世纪 90 年代快速城市化进程中市场准入和农业土地适宜性的作用。1990～2000 年，中国有超过 1.5 亿人进入城市生活，预计在 2000～2030 年，将会有另外 4.5 亿人进城，而中国 2000 年时的城区面积仅占全国面积的 1.74%（美国 1992 年为 1.92%），因此中国的城市化进程将会对城市增长的空间结构产生很大影响。此研究作者使用卫星数据来识别城区面积，使用中国土地覆盖数据集来测度土地对农业的适宜性，使用 NASA 航天飞机雷达地形测绘任务数据来识别坡度，到港口的距离则是每个地理单元到港口城市的距离。在回归中，作者还检验了区域异质性的情况下三个因素对城市化的影响。实证结果表明，地理因素可以解释大约一半的中国城市化水平差异，土壤肥沃的地方城区面积更大，而到港口的距离及地理坡度则与城区面积负相关。从较长时期来看地理因素对城区面积增长速度的影响，农业土地适宜性、到港口的距离与城市扩张速度之间存在较弱的负相关，同时在不同区域上这种影响存在显著的异质性影响。李威等（2017）从城市初始规模的视角入手，探讨和检验了国际贸易和区域内城市间运输成本对城市规模分布的影响。基于 1998～2013 年中国 23 个省份的 DMSP/OLS 夜间灯光数据等面板数据，文章发现国际贸易更有利于大城市发挥其规模经济的优势，获取更强的规模增长动力，从而推动城市规模分布趋于集中。进一步的研究还发现，省区内城市间的运输水平会影响国际贸易对城市规模分布的影响，在运输成本较高的省份，贸易开放会促使城市规模集中，而在运输成本较低的省份，贸易开放则会令城市规模分布趋于分散。赵果庆和吴雪萍（2017）利用我国第六次人口普查的 2869 个区县域单元（县、区、市）城镇化率数据，通过构造空间动态计量模型揭示我国城镇化的空间动力机制。结果显示，以城市人口、人口迁入、工业化、地理位置为控制变量，我国城镇化具有稳健的二阶空间滞后动力机制。这表明，城镇化形成空间动力系统，一个县域单元的城镇化受周边两县域单元城镇化的促进。在城镇化空间动力效应作用下，我国已形成北部与东南部两个高城镇化区域，大西南区域的城镇化水平仍较低。因此，我国要加大力度促进"南方丝绸之路"城市群建设，重塑城镇化经济地理，促进城镇化的区域协调发展。

（二）第二性优势

第二性优势为影响城市规模的行政级别及其他因素。行政级别与城市规模关系的研究具有中国特色。Henderson et al.（2005）认为，行政等级因素对中国城市发展产生了深刻的影响，高行政等级城市在发展中明显优于较低行政等级的城市。政府行政等级偏向会导致大城市过大、小城市发展不足，从而导致城市体系的不合理。魏后凯（2014b）认为，中国普遍存在的城市等级化倾向是导致城市规模两极化发展的重要因素。城市规模及增长的分异，受到政府资源配置行政中心偏向的影响，不同行政等级城市在权限设置、资源配置、制度安排等方面的差异，是造成这种城际分异的重要原因。在现有城镇体系下，行政中心偏向也是一种大城市偏向，二者起到了相互强化的作用，这种相互强化效应导致近年来行政等级较高的大城市过度膨胀和城市规模控制政策的失效。魏守华等（2015）检验了中国 287 个城市的实际规模与理论规模偏差，集聚效应和公共服务质量是引起大城市偏大、小城市偏小的主要原因。刘修岩和宋萍（2015）研究发现，国内市场潜能对城市规模增长呈现显著的正效应。市场潜能的另一个相关的概念是腹地人口。王垚等（2017）、王垚和年猛（2015）的研究表明，城市行政等级越高，城市人口规模越大；城市行政等级越高，城市人口增长速度就越快，城市达到人口规模门槛值的时间就越早。覃成林和刘佩婷（2016）利用 2003~2013 年中国城市数据的实证研究发现，行政等级越高的城市配置公共服务资源的权力越大，越能集中公共资源，从而导致不同行政等级城市间的公共服务差异，进一步导致城市人口出现向大城市集中的偏态分布。这类文献尽管捕捉到了中国的特色制度内涵，也具有一定的解释力，但是在中国制度背景中，城市行政等级内嵌于行政等级，即高一等级的城市更多地对同一行政辖区的城市具有影响力，而对非同一行政辖区的城市的影响可能并不大。因此，城市行政等级体系对人口规模的影响大小，主要受行政区划关系的影响。例如，某个省内省会城市对本省地级市可能具有显著的影响，但是对不属于同一行政辖区的其他城市，其影响力则可能有限。长期以来，中国政府倾向于对整个国家的经济社会领域实施全面的控制，在地域广阔与人口众多的国情之下，这种全面控制的管理思路内生出了过度分散的城市规模分布。王贤彬等（2014）探讨了导致中国城市体系过度分散的体制原因，基于城市经济学理论将中国各省份看成城市体系，采用 2000～2009 年的省区面板数据，将国有经济比重作为国家管制程度的代理变量，对上述理论假说进行了验证。实证发现，国有经济比重显著降低了大城市居民数比重，这一发现说明，放松与减少政府管制是构造更加有效合理的城市体系的重要途径。李力行和申广军（2019）从"资本技能互补"假设出发，从理论和实证两个方面研究了金融发展与城市规模的关系。理论分析指出，金融发展程度较高的城市易于使用资本进行生产，因而对技能劳动的相对需求较大，这在短期内会提高技能溢价、长期将扩大城市规模。实证研究发现，金融发展确实与城市规模正相关，并且这一结果十分稳健。金融发展提高了教育回报率，而后者对扩大城市规模有积极作用，因此教育回报率被认为是金融发展影响城市规模的渠道。

但是，刘妙龙等（2008）引入国际著名城市地理学家 M. Batty 提出的"城市规模等级钟"、"等级距离钟"和"半生命周期"理论；利用地级以上城市的人口—等级数据，测算了表征中国城市规模等级演化特点的"等级钟"、"等级距离钟"和"半生命周期"，探讨了演化过程与机制；利用历史人口数据，研究了若干历史城市近 2000 年的"等级钟"演化特征。"等级钟"研究表明，中国特大城市的规模等级钟变化较小，城市位序稳定；在区域空间差异上，东部沿海城市等级钟变化明显，位序上升迅速；东北地区城市等级钟呈现较大变化，但演化方向与东部沿海城市相反，城市位序逐渐下降；西部和内陆城市等级钟变化缓慢，位序难以进入顶级序列之中。"等级距离钟"表明，中国高位序城市等级距离变化较小，低位序和新设立城市的等级距离变化明显，整个城市系统的变化较为平缓，仅在 1980～1985 年和 2000～2005 年出现较大变化，体现了中国在改革开放初期与 21 世纪开始的两次较为迅速的城市化发展历程。"半生命周期"研究表明，中国城市体系在生命周期现象不明显的总体背景下，以 20 世纪 80 年代为时间界标，百位城市的前、后半生命周期仍然显现有较为明显的时间尺度差异，自该时间界标以后，新兴城市替代传统城市的速度开始加快。中国历史城市"等级钟"表明，城市位序等级的变化是多种动因的叠加，以政治职能为主的城市位序与其政治地位密切相关；沿海、沿江城市的位序则更多地与地理区位条件和经济政策相关联。

第三章 中国企业规模分布研究现状及"中部迷失"问题

一、中国企业规模分布的相关研究

（一）企业规模分布研究

国内学者开展中国企业规模分布的研究相对较晚，其中主要原因可能在于微观数据的缺乏。因此，直到中国工业企业数据库在学术市场上流行后，关于中国企业的规模分布研究才如火如荼地开展起来。现有研究主要关注中国企业规模分布状况及影响企业规模分布的因素两个方面。

学者们对企业规模分布的传统认识是建立在 Gibrat 定律基础上的。Gibrat（1931）使用 1896~1921 年法国农业和商业等部门的企业层面数据，考察了企业规模与企业成长之间的关系，发现企业的规模变化是一个随机游走过程，即企业成长不受自身规模的影响。这一经验结论就是 Gibrat 定律，又被称为比例效应法则（Law of Proportional Effect），其基本思想是，企业的成长是一个随机过程，独立于初始规模。就企业规模分布的法则而言，企业规模至少在上尾遵循帕累托分布，特别地，幂指数为 1。不过，随后的研究从不同的方面对此提出了质疑（Lucas，1978；Tybout，2000）。这些研究包括从企业寿命、财务约束和外部技术冲击等方面来解释企业规模分布及演化。Cabral and Mata（2003）研究表明，企业规模分布不是对数正态分布而是向右偏峰（Right Skewed），偏向小规模企业，但是随着企业年龄增加向对数正态分布演化。

后来，学术界对企业规模分布的经验研究主要是围绕齐夫定律展开的。齐夫定律肇始于 Pareto（1897）对收入分配状态的考察，该文献研究发现，收入 Y 不小于某个临界值，y* 的概率与 y* 的常数次幂成反比，这一关系被称为 Pareto 法则（Pareto's Law）。随后，Pareto 法则在诸多领域得到了广泛的应用和发展，特别是 Zipf（1949）对美国企业的研究发现，企业资产规模不仅服从 Pareto 分布，而且幂指数（或 Pareto 指数）接近于 1，这一经典发现则为齐夫定律。在这之后，尤其是 20 世纪 90 年代以来，有大量经验研究文献以 Zipf 法则为依据对不同国家不同时期的企业规模分布状态进行了考察。

方明月和聂辉华（2010）利用 1999~2005 年的工业企业微观数据，首次对中国企业的规模分布进行检验，结果发现工业企业总体规模分布偏离了 Zipf 分布，并认为国有企业是导致偏离的主要原因。使用相同的样本数据，杨其静等（2010）不仅通过测算 Pareto 指数对工业企业规模分布状态进行考察，还在此基础上从市场和政府的角度，对企业规模分布的影响因素进行了实证分析。

高凌云等（2014）利用 2004 年和 2008 年的中国经济普查数据中的全样本工业企业数据库重新研究了中国工业企业的规模与生产率分布特征，研究表明，中国企业整体上仍面临扩张约束，较大规模企业所占比重略小于目标状态，且部分规模较大企业的生产率水平实际并不高，存在明显的资源错配问题，即中国工业企业不仅难以做大、大而不强，而且导致了严重的资源错配问题。但是，企业规模分布与生产率分布之间的差异，是由什么原因造成的？而且，依据中国普查数据得到的结论，是否具有普遍性？等等重要问题，此研究并没有解释。

（二）影响因素研究

（1）环境规制。孙学敏和王杰（2014）基于中国工业企业数据库（1999~2011 年）测度了企业规模分布，发现中国工业企业规模分布的帕累托指数逐年提高。此研究者认为是环境规制通过成本效应、创新补偿效应、学习效应和竞争效应提高了企业规模分布的帕累托指数，使企业规模分布变得更加均匀。

（2）融资约束。方宇惟等（2014）以 1999~2007 年制造业各行业规模以上企业为样本，研究所有制结构对企业外部融资约束进而对企业成长的影响。研究发现，不同所有制企业面临的外部融资约束也截然不同。具体来讲，国有企业显然不存在实际融资约束，而集体企业和私营企业不论在长期的稳定增长路径上，还是在短期增长上都面临较大的外部融资约束。李洪亚等（2014）实证研究表明，中国制造业上市公司企业规模分布存在"年龄依赖"和"规模依赖"，并非完全遵循 Gibrat 定律；融资约束制约企业成长，尤其显著影响了中国制造业上市公司中小企业的成长率；从总体上看，融资约束并不能决定中国制造业上市公司整体企业规模分布状况，然而融资约束却显著影响了中国制造业上市公司中小企业规模分布。刘斌等（2015）采用 1998～2009 年中国工业企业数据发现，我国企业规模分布严重偏离 Zipf 法则的均匀分布；而融资约束对不同规模企业的成长具有非均衡性影响，导致企业规模分布的不均匀；Oaxaca-Blinder 分解进一步证实了不同规模企业间融资约束差异主要还是源于融资的"规模歧视"。

（3）贸易自由化。盛斌和毛其淋（2015）以中国加入 WTO 所引发的大范围关税减免为背景，使用 1998～2007 年高度细化的关税数据和工业企业大样本微观数据，首次实证考察了贸易自由化对中国制造业企业成长及规模分布的影响。此研究从最终产品关税减让与中间投入品关税减让两个方面来刻画贸易自由化水平，研究发现：①最终产品关税减让引致的竞争效应对企业成长没有明显的影响，而中间投入品关税减让引致的成本节约及多样化优质要素获得效应显著地促进了企业成长，贸易自由化在总体上是有利于企业规模扩张的。此外，贸易自由化对不同所有制企业及不同出口状态企业成长的影响具有显著的差异性。②中国制造业企业的规模分布状态严重地偏离 Zipf 分布，不过随着时间的推移，企业规模分布的 Pareto 指数呈现上升的趋势，这一特征普遍地存在于不同行业和不同地区之中。③贸易自由化提高了企业规模分布的 Pareto 指数，有助于使企业的规模分布变得更加均匀，进而缓解对 Zipf 分布的偏离程度。④贸易自由化对不同规模组别企业的成长率具有非对称的影响效应，即中小型企业从贸易自由化进程中获得了相对更快的成长机会，这也就进一步解释了贸易自由化与企业规模分布状态之间的关系。

（4）政治关联。于蔚等（2012）研究了政治关联对中国民营企业发展的影响。研究发现，政治关联具有资源效应，可以帮助企业进入高利润行业，使越来越多的企业扩张和做大规模，但是由于建立和维持政治关联会对企业家的生产性活动产生挤出效应，因此加重企业政策性负担并抑制了企业创新。简言之，政治关联在帮助中国民营企业做大的同时减损了其效率。

二、"中部迷失"的国外研究现状

"中部迷失"（The Missing Middle）指的是，相比于发达国家，发展中国家的不同规模企业的分布呈现"双峰分布"（Bimodal Size Distribution）的特征，即小微企业和大企业的数量特别多，而中小企业的数量（Small and Medium-sized Enterprises，SMEs）相对较少（见图3-1）。而且，"中部迷失"已经成为广大发展中国家的一个普遍现象，已经成为发展中国家经济发展水平较低的重要证据（Hsieh and Olken，2014）。

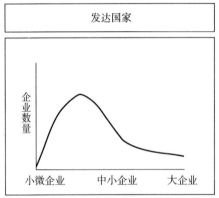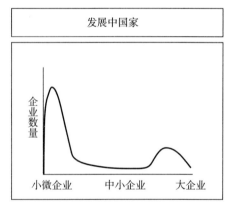

图3-1　发展中国家的"The Missing Middle"现象

资料来源：哈佛大学国际发展中心。

理论上讲，一个国家保持一个良好的企业生态系统，对该国经济增长和发展至关重要。自熊彼特的开创性工作以来，经济学家就已经对企业规模与经济增长之间的关系展开了广泛讨论，认识到企业规模对经济增长的重要性。具体而言，不同规模企业对一国经济增长发挥着各自特有的作用：大企业（Large Enterprises）是创新之源（Schumpeter，1934；Peretto，1999a，1999b），随着企业规模的扩张，创新活动会以更大比例展开，创新潜力会以更快速度挖掘；小微企业（Micro Enterprises）是活力之水，更小、更年轻及更灵活的小微企业，可以通过激烈的市场竞争、新产品的引入及创业创新人才的选择而保持经济发展的活力；中小企业不仅是解决就业的主要场所（Beck et al.，2008a）和保持创新活力的主要群体（Hallberg，2000；Snodgrass and Biggs，1996），而且是经济增长的发动机（Beck et al.，2005a；Beck and Demirgüç-Kunt，2006）和减少贫困的主力军，在经济全球化时代，中小企业还有着很强的国际竞争力，通过积极参与全球价值链取得开放红利（ADB，2013）。

可见，一个国家的企业规模分布对经济增长和发展至关重要。尤其值得强调的是，广大中小企业在整个企业生态系统中扮演着媒介和脊梁的角色，是小微企业成长为大企业的必然阶段，是一国经济增长与发展的顶梁柱，俗话说得好："腰部要硬"，就是对广大中小企业作用的生动刻画。但是在广大的发展中国家，相比于大量的大企业和小微企业，中小企业的成长却遭遇了各种现实困境，本书中称之为"中部迷失"。

国外学者对"The Missing Middle"现象的普遍性及产生根源进行了广泛研究，国内学者则主要采用中国工业企业数据库对中国工业企业的规模分布进行了检验与识别（参考本章第一部分），但由于微观普查数据的缺乏，至今没有学者检验中国是否存在"The Missing Middle"现象。

相比于发达国家，发展中国家的企业规模分布有着更少的中小企业，即存在"The Missing Middle"现象。学者们对"The Missing Middle"的研究也逐渐经历了从个案研究到大型调查、从现象检验到原因纠察、从金融因素拓展至各种因素的由浅入深的阶段，并且发现"The Missing Middle"已经成为广大发展中国家的一个普遍现象，已经成为发展中国家为什么经济发展水平较低的重要原因（Hsieh and Olken，2014）。

（一）从个案研究到大型调查

Dhar and Lydall（1961）是第一篇观察到印度企业存在规模分布的二元特征，即后来文献称之为"The Missing Middle"现象的文献。随后，Little et al.（1987）进一步证实了印度制造业存在的"The Missing Middle"现象。Mazumdar and Sarkar（2013）发现，即到2005年，6~49个雇员的小企业占比仍将超过55%，500个雇员以上的大企业占比仍达到20%，与此同时，50~499个雇员的中型企业占比却不足25%。Hasan and Jandoc（2013）同样证实2005年有将近85%的人在少于50个雇员的小企业就业。这些数据表明，印度制造业的这种"The Missing Middle"现象不仅存在而且持续了二十多年。

起源于印度制造业的这种"The Missing Middle"现象引发了学者们的极大兴趣，许多学者对其他发展中国家也进行了检验。Phillips and Bhatia-Panthaki（2007）分析了赞比亚的"The Missing Middle"问题，发现在赞比亚，占所有企业比例94%的大量小微企业提供了68%的就业，小企业占比是5%，而中型企业和大型企业占比分别只有0.4%和0.6%。Badrul and Akhter（2014）发现，尽管孟加拉国的中小企业贡献了大部分的就业机会，但是中小企业面临的融资约束仍然导致孟加拉国严重的"The Missing Middle"现象。Goyette（2014）研究了乌干达的"The Missing Middle"现象，发现乌干达的企业规模分布相比发达国家更加右偏，有着大量的小企业，而中型企业和大企业相对较少。而乌干达的"The Missing Middle"问题根源在于有利于小企业生存与成长的税收环境与制度环境，而中型企业则要上交更多的税收和支付更多的贿赂。因此，乌干达的企业规模分布的特征是企业家为了规避税收和管制成本理性选择的结果。

据笔者所知，Tybout（2000）可能是第一篇研究多个发展中国家是否存在"The Missing Middle"现象的文献。此研究发现，与美国等发达国家相比，很多发展中国家的企业规模分布确实存在"The Missing Middle"现象。Alfaro et al.（2008）的实证研究发现，相比发达国家，发展中国家的企业规模分布更加偏左，说明在发展中国家存在大量的小微企业。Goyette（2014）采用世界银行企业调查数据中的43个新兴经济体和发展中国家样本发现，中型企业比重与国家的人均收入呈正相关，小企业比重与国家的人均收入呈负相关，而大企业比重与国家的人均收入呈正相关。进一步的观察发现，穷国有更多的小企业，其中型企业的出现与政策环境有关，而发达国家有更多的大企业。Hsieh and Olken（2014）基于印度尼西亚、印度和墨西哥的数据样本发现，不仅中型公司迷失了，而且大企业也迷失了。换言之，相比于发达国家，发展中国家的企业规模分布有着左分布"肥尾"的特征。

随着"The Missing Middle"现象在越来越多的发展中国家得到证实，一些著名的国际金融机构，如世界银行、亚洲开发银行及欧洲中央银行等，甚至私人部门也开始开展大型调查研究，研究"The Missing Middle"现象的普遍性及造成"The Missing Middle"现象的原因（见表3-1）。

国际著名经济学家Hsieh和Olken于2014年发表在重要国际期刊《经济展望期刊》（Journal of Economic Perspectives）上的论文"The Missing 'Missing Middle'"无疑是一篇该研究领域的集大成之作。他们采用印度、印度尼西亚和墨西

表 3-1　关于"The Missing Middle"现象的大型调查研究

序号	来源	名称和年份	调查范围	前四大障碍因素
1	Edinburgh Group（2012）	IFAC SMP Quick Poll，2012	世界范围	管制负担；经济不确定性；上升的成本；融资约束
2	Pasadilla（2010）	The Business Environment and Enterprise Performance Survey（BEEPS），2010	27 个国家（主要是东欧和中亚）	税率；税收管制；融资成本；腐败
3	Shinozaki（2012）	（IFC）2010 Stocktaking Report on SMEs to the Group of Twenty（G20）	亚洲	限制获得融资；其他因素；缺乏熟练工人；脆弱内部控制和管理文化
4	Kuntchev et al.（2012）	The World Bank Enterprise Survey，2012	世界范围内 116 个国家	中小企业比大企业更容易受到信贷约束；信贷约束状态；完全信贷约束：17%；没有信贷约束：38%
5	European Central Bank	Survey on the Access to Finance of SMEs in the Euro Area（SAFE），2013. 10—2014. 03	欧盟的 7520 个企业	客户资源；生产成本；劳动力成本；融资约束
6	Ardic et al.（2013）	Financial Access Survey（FAS）Information Taken Financial Access Survey，2013	186 个国家的年度数据（2004~2012 年）	融资约束；投资补贴；防范风险；基础设施
7	Rocha（2010）	A Joint Survey of the Union of Arab Banks and the World Bank，2010	中东和北非（曼娜）地区	薄弱金融基础设施；信用信息薄弱；债权保护不力；薄弱的基础设施
8	IFC and The World Bank	The World Bank，Doing Business，2013	南亚	执行合同效力；跨越国界的交易；获得电力能力；登记财产
9	Schiffer and Weder（2001）	Private Sector Survey，2001	世界范围内 80 个国家	融资约束；税收法规；通货膨胀；腐败

资料来源：笔者整理。

哥三个国家的微观企业数据，从企业的规模分布、"The Missing Middle"的理论基础、税收和管制对企业规模分布的影响、"The Missing Middle"误解的根源四个方面对"The Missing Middle"进行了系统分析。研究发现：①企业规模分布并不存在文献中所谓的"The Missing Middle"，三个国家的企业规模分布呈右偏特征，即存在大量的小企业，不仅中型企业迷失，而且大企业也迷失。②资本和劳动的平均回报也没有呈现"双峰分布"的特征，中间投入的平均回报是右偏的。同时，大企业的资本边际成本和劳动生产率都比中小企业高。而根据"The Missing Middle"的理论预测，大企业和小企业的资本回报应该相对较低，而中等企业的资本回报应该相对较高。③即使考虑税收和管制对企业规模分布的影响，这三个国家的企业规模分布也没有出现分布的不连续现象，也没有出现企业分布的群聚现象。④ "The Missing Middle" 产生的根源在于错误地将 "就业份额的分布"（Employment Share Distribution）当作 "企业规模分布"（Firm Size Distribution）。Tybout（2000）提出的 "The Missing Middle" 现象，实际上指的是这样一种事实：在大多数的发展中国家，中型企业（企业雇员在10~49个）的就业份额与大型企业（50个或者更多的雇员）和小型企业（少于10个雇员的企业）的就业份额相比相对较低。如果拿印度、印度尼西亚和墨西哥三个国家的企业数据来刻画就业份额分布的话，同样可以得出 "The Missing Middle" 的结论，即就业份额分布呈现 "双峰分布" 的特征。

（二）从现象检验到原因纠察

学者们对 "The Missing Middle" 现象的 "痴迷" 并没有仅停留在简单的现象检验上，而是进一步深入挖掘造成 "The Missing Middle" 现象的原因，无论是从早期的个案研究，还是从后来的多国经验研究及最近十几年的大型调查研究。

对于最早产生于印度的 "The Missing Middle" 现象，学者们分别从就业保护政策、劳动管制、小规模产业变化政策及财政激励等方面进行了解释（Mazumdar and Sarkar，2008；Chari，2011；Ramaswamy，2013；Alfaro and Chari，2014）。Badrul and Akhter（2014）发现，中小企业面临的融资约束是导致孟加拉国出现严重 "The Missing Middle" 现象的主要原因。Goyette（2014）发现，乌干达的 "The Missing Middle" 问题根源在于有利于小企业生存与成长的税收环境与制度环境，而中型企业则要上交更多的税收和支付更多的贿赂。因此，乌干达的企业规模分布的特征是企业家为了规避税收和管制成本理性选择的结果。

后来的大型调查也主要致力于寻找制约 "The Missing Middle" 的主要因素（见表3-1）。表3-1是基于专家和学者承担的10项调查得出的结论，研究了世界各地对中小企业成长和发展的制约因素。在这些调查中，受访者既有来自发达国家也有来自发展中国家的不同地区，包括亚洲、欧洲、中东和北非的国家。这些调查给中小企业成长的制约因素提供了一个非常有用的快照。从表3-1可以看出，各种调查得出的阻碍中小企业成长和发展的主要因素有：①限制获得融资和金融基础设施；②政府法规和税收；③接入电力（特别是能源）的限制；④经济和政治不确定性；⑤缺乏劳动力技能和非正式的竞争。

(三) 从金融因素拓展到各种因素

什么因素驱动了企业规模分布的演变，一直是学者们关注的重要话题。几篇理论文章强调融资约束对企业规模分布演化的重要影响（Cabral and Mata，2003）。Beck 等（2005b）的实证研究切实证明了融资障碍对企业成长有负面作用。Angelini and Generale（2008）研究表明这种负面作用在发展中国家表现得尤其明显。遵循类似的思路，法律制度的发展，能够保护企业家和外部投资者的财产权利，鼓励有形资本和无形资本的投资，促进资本市场的深度，而这些因素都使企业获得更多的成长机会（Rajan and Zingales，2001；La Porta et al.，1998）。一个更大的市场规模通常被认为是允许一个国家拥有更大的企业的。专业化的好处容易被专家活动的协调成本所抵消，而这些协调成本限制了公司的规模，这种限制的根源在于一国市场规模的限制。还有的学者强调税制、劳动力市场管制及产品市场的黏性会影响企业平均规模及总量生产率。Guner et al.（2008）构建了一个理论模型来演示政策导致的国家之间的企业平均规模差异是怎样影响国家之间生产率的差异的。可见，学者们对驱动企业规模分布演化的因素已经从理论和实证方面做出了广泛的研究。

而对于发展中国家特有的企业规模分布的"The Missing Middle"现象，学者们也进行了大量深入研究，起初研究还是更多强调企业融资约束对企业规模分布的影响，后续研究逐步深化扩展至各种管制政策及其他更多因素。

（1）融资约束。中小企业的融资问题一直是困扰学术界和实务界的国际性难题。这方面的分析文献浩如烟海。无论是在发达国家还是发展中国家，中小企业因为一系列的因素（缺乏抵押物、资信证明的困难，小的现金流，信用不足的历史，较高的风险溢价，欠缺的银行借款关系和较高的交易成本），被发现难以取得商业银行的融资，尤其是长期贷款，影响了它们的运营和发展（IFC，2009），这一点已经被大量的研究所证实（Scholtens，1999；Schiffer and Weder，2001；Beck and Demirgüç-Kunt，2006）。尤其是 Beck et al.（2008a）基于 48 个国家的调查数据得出，规模较小的企业和金融与法律制度欠发达国家的企业获得外部融资的可能性更小。Beck et al.，（2005b）发现，支持中小企业发展的政策可谓很多，然而中小企业的成长仍然是一个重要问题，其中起关键作用的可能是企业规模本身，即不同规模的企业对这些政策、制度及环境的影响差异很大。通俗地讲，小企业之所以小，就是因为它们是小企业，所以无法分享各种因素的好处。此研究采用 54 个国家的企业调查样本分析了金融、法律及腐败等问题对企业增长的影响是否与企业规模有关。研究表明，企业规模会严重影响这些因素对企业增长的关系，其中小企业更容易受到影响，而反过来金融和机构的发展会减弱这些因素对小企业的影响从而使小企业受益最大。

Berger and Udell（2006）提出了一个较为完整的关于中小企业融资的概念性框架。基于这个框架，此研究者分析了各种政府政策和本国金融结构是如何通过各种贷款技术（具体包括财务报表贷款、小企业信用评分、以资产为基础的贷款、保理业务、固定资产贷款、租赁、关系借贷及贸易信贷等）影响中小企业的信贷可得性的，他们尤其重视和强调从政策到金融机构的这个因果链条对影响不同贷款技术的可行性和利润率的重要性。Beck and Demirgüç-Kunt（2006）指出，尽管中小企业无论在发展中国家还是发达国家，都是私人部门的重要组成部分，大量跨国经验也表明中小企业对一国经济增长存在显著的因果效应，但是大量证据表明中小企业无法进入正规的金融体系进行融资，这种增长约束不仅扭曲了企业规模分布，而且会危害一国经济的长期增长。此研究者进一步指出金融和制度发展能够缓解广大中小企业面临的这种增长约束，而且即使在一些欠发达的制度环境中，一些特殊的融资工具，如租赁和保理业务等，仍然对便利中小企业的融资起着重要作用。

Luís and José（2003）基于葡萄牙制造业数据发现，企业规模分布严重向右偏移，随着时间推移才演变为对数正态分布，而融资约束是解释葡萄牙制造业企业规模分布向右偏移的重要因素。Angelini and Generale（2008）研究了意大利企业的融资约束和企业规模分布的关系，发现融资约束和企业规模之间的负向关系得到证实，受到融资约束的企业平均规模要小于没有受到融资约束企业的平均规模，而且受到融资约束的企业规模分布向右倾斜；融资约束对小企业和年轻企业的规模扩张影响更大。

金融和机构的发展有助于创造小企业和大企业之间的公平竞争的环境，而缺乏一个有效的金融体系，解释了在许多发展中国家观察到的"The Missing Middle"现象。Beck et al.（2005b）研究表明，金融发展对由更多小企业构成的产业发展起了更大比例的正激励作用。这实际上暗示金融发展对小企业的助推作用大于大企业，克服金融市场摩擦能够为不同规模的企业创造一个公平竞争的环境。更多研究表明，金融发展不仅能够创造一个公平的竞争环境，而且能够帮助获得金融服务的新企业在市场上存活超过 1 年（Demirgüç-Kunt et al.，2007），并且帮助企业能够以更快的速度创新（Ayyagari et al.，2007b）。Didier et al.（2014）通过构造一个全新的数据库研究了企业资本市场融资对企业增长和规模分布的影响研究发现，能够进入资本市场发行证券的企业要比非发行者增长得更快，这种特征体现在企业发行年度、小企业和年轻企业，以及以资本市场为主的金融系统的国家。发行者的企业规模分布与非发行者的企业规模分布也明显不同，对于发行者，小企业比大企业增长得更快，这种收敛机制导致发行者的企业规模分布倾向于收紧；对于非发行者，大企业比小企业增长得更快，这种发散机制导致非发行者的企业规模分布倾向于变宽。

（2）各种管制。各种管制对于立志于做强做大的企业而言，就如同需要事先支付的一种沉没成本或者隐性税收。Krueger（2007）在分析了印度企业规模分布特征和经营环境之后，认为管制环境无疑是解释印度"The Missing Middle"的一种因素，去除管制是修复"The Missing Middle"的必由之路。Besley and Burgess（2004）认为，严重的劳动管制可以解释为什么印度一些州的正式制造业部门的企业规模较小。Garicano et al.（2016）研究了法国劳动规制对企业规模分布的影响。由于管制增加了雇员超过50人企业的劳动成本，因此管制会扭曲企业规模分布，进而影响企业的生产率水平。具体而言，此研究在Lucas（1978）基础上分析了法国劳动规制对生产率和福利的影响。研究表明，如果工资可以灵活调整的话，管制造成的效率损失仅占GDP的1%；而如果存在工资黏性的话，管制造成的效率损失则会超过5%。并且发现，无论工资是否可以灵活调整，大企业的工人是管制损失的主要受害者，而小企业的工人是管制的主要受益者。

Gourio and Roys（2014）同样研究发现，法国的劳动管制对企业成长及效率提升的影响巨大。在法国，超过50个雇员的企业将不得不接受更多的规制，结果导致法国企业规模分布呈现明显的扭曲特征，即存在大量只有49个雇员的企业。Gourio and Roys（2014）认为，企业一旦达到50名雇员的规模，需要支付的沉没成本相对于该企业一年的工作总额，由此限制了新企业的进入和现有企业规模的扩张，导致劳动力资源的错配；而去除这种劳动管制不仅可以提高劳动力的跨企业配置，而且可以提高全要素生产率0.3%；在企业规模分布上，去除管制最明显的结果就是中型企业更快速的规模扩张和成长。

需要指出的是，Garicano et al.（2016）和Gourio and Roys（2014）都是研究法国劳动规制对企业规模分布的影响的，但是Garicano et al.（2016）侧重于研究规制的劳动税效应和总体规模分布，而Gourio and Roys（2014）强调规制的沉没成本特征以及侧重门槛上的企业分布特征。与上面两篇文献强调管制政策对企业规模分布与生产率的影响不同，Chari（2011）研究了20世纪80年代中期印度实行的解除企业规模与进入约束政策带来的经济效应。研究发现，解除对企业规模的限制可以提高总量生产率5%～6%，解除进入限制可以提高总量生产率15%～16%；而生产率的分解分析表明，这种改革的短期经济效应来自在位企业对规模的调整，长期经济效应来自新进入者带来的扩张效应。

无独有偶，Alfaro and Chari（2014）同样研究了印度1991年实行的新产业政策对企业规模动态和产业之间的资源配置的影响。研究发现，随着管制的放松，资源错配的程度大大下降；企业规模分布的左边呈现"肥尾"特征，说明放松管制导致小企业的数量大大增加，但是大型在位企业的主导地位和增长贡献还是无可争议的。分位数回归分析表明，放松管制对企业规模分布的影响是非线性的，印度制造业的企业规模分布仍然表现为"The Missing Middle"特征，即大量的小微企业和大企业，说明小企业仍然面临着成长的约束。

（3）其他因素。大量研究还发现其他扭曲企业规模分布的各种因素。Brunetti et al.（1998）基于世界范围内的管理人员调查研究发现，越不发达国家的企业通常越会面临各种体制上的障碍，如价格管制、外汇和贸易法规、政策不稳定和不确定性的法规成本等，这些制度因素都会形成对某一类特定企业的偏爱与歧视，从而扭曲企业规模分布。Kumar et al.（1999）发现，在一些所有权和专利保护更好的国家，人力资本密集型产业和研发密集型产业的企业平均规模更大。同样地，Beck and Demirgüç-Kunt（2006）提供了在良好的金融发展和法律系统下通常会出现更大规模企业的跨国证据。Laeven and Woodruff（2003）基于墨西哥各州的数据证明法律体系的效率和企业规模高度相关。Krueger（2007）强调基础设施瓶颈（Infrastructure Bottlenecks）对企业规模扩张与成长的影响。Ramaswamy（2013）认为，印度广泛存在的对小企业的就业保护政策和财政激励政策会影响企业的规模扩张策略，小企业如果发现扩张规模带来的收益小于现在的各种保护补贴，就会维持现状，而"The Missing Middle"现象无非是小企业在政策带来的成本和收益之间进行权衡后的结果。Goyette and Gallipoli（2015）通过建立模型分析了税收环境和信贷约束对企业投入选择和规模分布的影响。研究表明，所谓的企业规模分布方面的"The Missing Middle"现象只不过是有前瞻性的企业应对税收环境下的最优选择，是税收扭曲导致的副产品，会导致一定程度的效率损失。

传统理论认为，企业之间的生产率差异可以解释它们之间的规模差异（Lucas, 1978; Jovanovic, 1982), 但是 Holmes and Stevens (2014) 认为企业之间在功能上的差异才是解释企业规模差异的重要因素。具体而言, 大企业生产标准化产品, 而小企业生产消费品或者专业品。这种功能差异导致企业规模分布高度倾斜, 即小企业的数量远远超过大企业。大量研究还表明财政因素是解释 "The Missing Middle" 现象的重要因素。例如, 很多文献证明许多小企业之所以不愿意扩张是为了避免税收成本 (Johnson et al., 2000)。Keen and Mintz (2004) 还分析了基于成本和效率选择的企业上缴增值税的门槛值, 研究模型为发展中国家观察到的企业规模分布陷阱提供了一种理论解释。

三、"中部迷失"的中国问题

尽管 Hsieh and Olken (2014) 基于印度、印度尼西亚和墨西哥三个国家的微观企业数据, 从企业的规模分布、"The Missing Middle" 的理论基础、税收和管制对企业规模分布的影响及 "The Missing Middle" 的误解根源等方面质疑了 "The Missing Middle" 问题, 然而, 由于 "The Missing Middle" 问题背后反映着一个国家企业规模分布的特征、企业动态演化的效率及国富国穷等重大问题, 因此分析中国工业企业规模分布的典型事实, 同时检验中国是否存在 "The Missing Middle" 现象, 依然意义重大。

国内大多数文献基于中国工业企业数据库 (1998~2007 年) 来分析中国企业的规模分布 (杨其静等, 2010; 方明月和聂辉华, 2010), 但是中国工业企业数据库 (1998~2007 年) 统计的企业对象是全部国有企业与规模以上非国有企业, 因此基于该数据库研究中国企业的规模分布就容易得出企业分布右偏的结论。这一数据库实际上截除了大部分处于分布左边的、规模较小和生产率较低的样本企业 (高凌云等, 2014)。Hsieh and Olken (2014) 也指出, 由于中国缺乏微观普查数据, 因此无法直接检验中国的企业规模分布是否存在 "中部迷失" 现象。

但是, 本章认为, 从事社会科学研究的科研工作者, 必须将研究触角深入本土情境中去, 形成自己的问题意识和与之相对应的理论和研究方法。在中国, 由于受意识形态及当时具体历史情境的影响, 中国企业的建立和动态演进是以披着各种"所有制外衣"的形式进行的，即带着不同所有制标签进入、退出市场，以及在市场中展开竞争、壮大发展的（张少华和张天华，2015）。也就是说，市场中竞争与生存的中国企业，不仅存在规模上的异质性，而且存在所有制上的异质性，单就中国本土企业而言，不同所有制企业的规模差异巨大。根据《财富》公布的 2014 年世界 500 强排行榜，2014 年中国上榜企业创纪录地达到 100 家，连续三年超过日本，稳居世界第二，距离世界第一的美国仅仅差 28 家。但是，其中国有企业占据 87 家，港台企业占据 7 家，民营企业只有 6 家。这种反差极大的数据对比说明：经过 40 多年的改革开放，与大批国有企业已经进入世界 500 强形成鲜明对照的是，对中国经济增长做出巨大贡献的广大民营企业难以做强做大已经成为不争事实。

因此，本章认为，中国的"中部迷失"问题是，经过 40 多年的改革开放，与大批国有企业进入世界 500 强相比，对中国经济增长做出巨大贡献的广大民营企业，难以做强做大的现实困境。换言之，"The Missing Middle"折射到中国大地反映的就是，相对于国有企业，民营企业难以做强做大的现实困境。而且，国际前沿和热点问题一旦放到中国情境下，将会涉及一系列需要仔细回答的问题：中国企业规模分布的典型事实是什么？在不同所有制企业之间如何体现？困扰中国民营企业的多年的"先做强还是先做大"是否有解？中国本土企业在特定发展阶段究竟应该先做强还是先做大？是什么因素导致中国国有企业和民营企业在规模上的巨大差距？这种因素产生的历史根源与表现形式是什么？这种因素又是怎样影响企业的成长、规模与效率，怎样影响资源在不同规模企业及不同所有制企业之间配置的？这种因素对微观企业动态演化的影响与资源的再配置最终是如何影响总量生产率的？等等。

本章认为，中国国有企业和民营企业追求做强做大的迥异结果，是因为这两类企业受来自政府不同的偏向性政策指引。偏向性政策不仅包括直接的干预、帮扶与进入壁垒等，而且包括金融抑制、资源低税费与市场垄断等方式的暗补（张天华和张少华，2016）。大量报道显示，尽管国务院分别于 2005 年和 2010 年出台了旨在鼓励民营经济发展和民营企业投资的"非公经济 36 条"和"新 36 条"，但是民营企业的准入难问题仍然没有得到实质性缓解，企业在行业准入上频繁遭遇"铁门"、"玻璃门"和"弹簧门"现象，准入矛盾依然非常突出。注意，这种遭遇还仅仅是市场准入方面的。同时，在中国的商业环境中，有一个非常耐人寻味的现象，民营企业只有达到了一定的规模、占据了一定的市场份额、在行业中具有了相当的影响力，才会得到政府的认同。这从大量民营企业家通过各种方式建立政商关系可见一斑。

四、结论与意义

大量证据表明，不发达国家或者发展中国家的企业规模分布，比发达经济体要么更偏向右侧，要么更偏向左侧。许多学者证实，相比发达经济体，企业规模分布在越不发达国家表现出越少的中小企业，这一现象已被学术界广泛称为"The Missing Middle"现象。与此同时，自熊彼特以来，经济学家一直重视企业规模在企业创新与经济增长中的重要作用，新一代熊彼特增长理论（Aghion and Howitt，1992；Aghion et al.，2014）对企业规模、创新与经济增长的经验事实与理论建模等方面更是做了大量研究。

本章认为，发展中国家的"The Missing Middle"现象，本质上反映的是学者们对发展中国家存在的这种不合理的企业规模分布，对长期经济增长与发展可能造成严重影响的一种担忧。因此，"The Missing Middle"不仅是一个发展中国家面临的企业规模分布问题，而是折射出发展中国家在转型发展过程中，如何实现微观企业在规模分布上的动态演化，如何解除束缚在微观企业身上的各种约束，以及如何实现企业演化过程中的资源有效配置与效率提升的问题。换言之，企业规模分布的形态反映了一国经济中稀缺资源在不同规模企业之间的配置效率，以及影响企业规模分布与资源配置效率的各种因素。

因此，研究发展中国家的"The Missing Middle"现象及"The Missing Middle"的中国问题，有着特别的意义。

（1）从企业层面，打通中国企业成长通道，突破中等规模陷阱。企业竞争力是宏观经济持续健康增长的微观经济基础，倘若失去了企业这个微观基础，宏观经济的增长也就如同无源之水、无木之木。对中国而言，民营企业一直是中国增量改革的主要力量，而且在增量上对中国总量生产率的贡献大于国有企业（张少华和张天华，2015），但是中国民营企业在发展过程中一直遭受着各种制度性和政策性的障碍。因此，如果不尽快改革现有的要素分配体制、扫除民营企业发展的制度性障碍，那么中国的民营企业将会难以担负起实现中国经济赶超的重担。本书研究有利于发现制约中国民营企业的隐性因素，打通中小企业成长为大型企业的通道，建立生生不息、富有活力的企业生态系统。

（2）从国家层面，改善资源配置，提高全要素生产率，突破中等收入陷阱。经过40多年的改革开放，中国已经成功跨越贫困陷阱，进入上中等收入国家，直接面对所谓的中等收入陷阱（Middle-Income Trap，MIT）。World Bank（2012）揭示了目前至少已经有30个国家掉入了中等收入陷阱，尤其是那些收入增长显著放缓的上中等收入国家或者收入水平达到美国的20%～30%的国家，更容易掉入中等收入陷阱。而原中国财政部部长楼继伟2015年在"清华中国经济高层讲坛"上也表示，中国在未来的5年或10年有50%以上的可能性会滑入中等收入陷阱。中等收入陷阱指的是中等收入国家因为它们的工资水平太高而难以和低工资的出口国竞争，但它们的技术水平太低难以和发达国家竞争，而被困在低工资的制造国和高工资的创新国家中从而导致经济增长放缓的一种状态（Lin，2012；Williamson，2012；World Bank，2012）。总之，中等收入陷阱本质上是一个因为创新乏力导致经济增长放缓的问题，而中国目前正处于这种窘境。同时，中国经济新常态下的要素成本上升、人口红利消失及既得利益固化等约束，加大了中国经济掉入中等收入陷阱的可能性。因此，中国经济必须依靠提高全要素生产率、优化企业之间的资源配置效率、促进企业的有效动态演化过程，才可能为突破中等收入陷阱建立坚实的微观基础。

（3）从政府层面，将对不同所有制企业的偏向性政策调整为中立性政策（对外适度保护，对内公平竞争），供给侧结构性改革必须伴有有效的政策调整改革。经济学文献早就指出了大企业的崛起和经济起飞的关系。Schumpeter（1934，1962）和Chandler（1959，1977，1990）强调，大型企业在19世纪和20世纪早期的美国和德国所扮演的重要角色。全球化强化了大型企业的重要性，传统的中小企业会发现在全球化下难以独立生存。因此，大型企业的伞形网络所创造的外包机会增加了国家的出口，进而提升经济增长。Chandler（1990）也表明，大型企业通过将中小企业集成到复杂的大规模生产过程中能够促进它们的发展。纵观世界发达国家及成功跨越中等收入陷阱的国家，无不有着傲视全球的世界级的大企业。日本和韩国的大企业在其经济高速增长中所扮演的重要角色，对我国经济学界和决策部门也有着重要的借鉴意义和示范效应。因此，本书研究就是希望厘清影响中国企业做强做大的关键因素，尤其是从政策层面为中国企业跨越中等规模陷阱寻找突破口，构建一整套有利于不同所有制企业成长和公平竞争的中立性政策体系。

第四章 中国工业企业"规模偏好"的生产率驱动：学习效应还是选择效应

一、引言

20 世纪 90 年代中期以来，中国工业界一直存在强烈的"规模偏好①"，越来越多的企业将进入中国 500 强和世界 500 强作为发展目标②。500 强的入选指标虽是规模变量③而非效率变量，但不可否认的是，进入榜单的企业竞争力都非常

① "规模偏好"的两个典型案例：一个是华为企业。20 世纪 90 年代，任正非就洞察到华为公司必须走大军团作战的路线，这是因为公司规模不做大、不能成为行业的世界第一，就没有竞争力，就没有办法生存。在竞争激烈的通信产业，只有企业规模足够大，才能保证公司获得足够的利润和有优势去支撑发展。参见任正非于 1998 年 2 月 20 日发表在《华为人》第 63 期的《我们该向美国人民学什么?》。另一个是一个企业家的讲话："我无论是在企业内部讨论，还是参加外面组织的论坛，都只讲一件事。对于我们企业而言，'十二五'是一个大发展的机会，是企业更上一个台阶的机会。我们所需做的只有一件事，那就是在五年内从银行再获得 1500 亿贷款，通过投资或者收购兼并进一步扩大产能。只要做到这一点，我们企业的产量和销售就能大幅增加，我们在'十二五'期间就能跻身全球 55 强的行列。企业只有做大了，才能更好地生存，才能增加在国际市场上的影响力和竞争力。所以，讲到'十二五'期间我们企业该做什么，就一件事，做大规模"。参见刘俏的著作《从大到伟大 2.0：重塑中国高质量发展的微观基础》。

② 2019 年，中国公司达到 129 家，首次超越美国（121 家），远超第三位的日本（52 家），且本次榜单中，在互联网、工程、汽车、房地产等领域，上榜的中国企业数量均超越美国企业。华为、京东、腾讯、阿里巴巴等中国企业排名均有进步。首入榜单的小米则脱鳞化龙，成为本次最年轻的全球 500 强企业。自 1995 年《财富》世界 500 强排行榜同时涵盖了工业企业和服务性企业以来，还没有任何一个其他国家的企业数量增长得如此迅速。实际上，世界 500 强的中国公司只不过是整个工业界追求规模的一个缩影。

③ 例如，《财富》500 强关注的企业指标主要是营业收入、资产总额、雇员人数及利润。福布斯全球企业 2000 强关注的企业指标主要是销售额、资产总额、利润及市值。《商业周刊》(Business Week) 每年以当年 5 月最后一个交易日的全球各大股票交易市场的股票收市价为基准，计算出全球发达国家市场市值最高的 1000 家上市公司。需要强调的是，这些所谓"强"的指标实际上是规模指标，并不是效率指标。

强大。相关理论和经验证据表明，企业规模越大，企业生产率越高，特别是在制造业行业（Leung et al.，2008）。具体到我国，企业无以复加地追求规模的合理性在哪儿？工业企业的规模与生产率之间存在怎样的稳健关系？不同规模企业之间的生产率是否存在显著差异？差异的根源又是什么？为什么规模大的企业能长期保持足够的竞争优势？它们如何将规模优势转变为市场竞争优势？客观揭示和回答上述问题，对于深刻认识企业规模与企业全要素生产率之间的关系，促进企业做强做大，优化资源配置和提高宏观经济增长质量有着重要的理论和现实意义。

从现实角度来看，中国工业界的"规模偏好"有着特定的驱动背景。中央政府通过"抓大放小"、公司制改革及企业上市等一系列措施逐步建立了国有大型企业，这些国有大型企业不仅主导着国民经济命脉和控制着战略制高点，而且保障了宏观经济的稳健运行和改革开放的平稳过渡。对于地方政府而言，大型企业不仅是当地经济发展的响亮"名片"，可以提高本省知名度，而且是当地财政收入的主要来源，是税基的保证，更是解决就业和保障民生的主力军。随着改革开放的深入，大型企业还代表当地经济参与省份之间的竞争和国际竞争。至于改革开放中日益成长起来的民营企业，保有一定的规模更是其申请银行贷款、获取税收优惠、赢得土地使用权、争取经营许可证等一系列基本经营条件的前提，甚至随着企业规模的不断增大，大型民营企业还会获得"太大而不能倒"的隐含担保。总之，中国企业的"规模偏好"不是一种孤立的现象，而是特定背景和发展过程中由一系列经济主体和因素共同促成的重要经济现象。

从经济理论角度来看，企业规模一直是经济学中一个非常重要的概念，它不仅关乎企业的生存和发展，而且决定市场演进和经济增长。早在亚当·斯密的《国富论》中，斯密就从别针工厂的角度论述了"大规模企业—劳动分工/劳动社会化（中间品）—生产率提升"的经济机制。马克思更是清晰地指出，劳动分工/劳动社会化可以通过市场或单个生产单位两种不同的机制发生，而且生产单位规模越大、劳动分工越细化，生产率就越高，即规模较大的生产单位的生产率高于规模较小的生产单位的生产率。而现代经济学理论对企业规模的关注和研究以"熊彼特假说"最具代表性。熊彼特关注到企业规模差异对创新及经济增长的影响，认为经济增长的本质为创造性破坏，而只有具有垄断势力的大型企业才能实现创新，大型企业是推动生产进步和长期增加总产出的引擎。随着"新新国际贸易理论"的兴起，有关企业异质性的研究逐渐从企业规模转移到企业生产率上（Melitz，2003；Bernard and Jensen，2004；Helpman et al.，2004）。"新新国际贸易理论"将企业异质性抽象为生产率异质性来解释企业贸易行为的差异性，提出"企业异质性由生产率异质性唯一表示的假设"（Melitz et al.，2003），这一重要观点对国际贸易理论和新增长理论及其实证研究产生了重要影响。随后，Hsieh and Klenow（2009）在 Melitz（2003）开创的异质性企业模型基础上进一步将宏观层面的经济增长源泉分析深入到微观企业层面的生产率差异和资源错配上，从而引发了对"资源错配和生产率"（Misallocation and Productivity）研究的大量文献（Restuccia and Rogerson，2008）。虽然学者们根据不同研究内容的需要对企业异质性内容进行了广度延伸，但都将生产率异质性作为企业异质性内容最基本的构成要素。在理论演进上，Aghion and Howitt（1992）和 Aghion et al.（2014）将熊彼特的创造性破坏思想具体化到内生经济增长模型中，发展为新一代熊彼特增长理论。该理论主要关注企业规模变化和发展动态对经济增长的影响，认为企业兴衰即企业进入或者退出一个行业是资源重新配置的过程，这一过程是经济增长的重要来源。可见，该理论虽仍然强调企业在经济增长中的重要作用，但是已经将研究视角从企业规模转向企业动态演化过程及创造性破坏的内生化机制。

纵览文献发现，无论是早期的熊彼特假说，还是以生产率异质性企业模型为基础的"新新国际贸易理论"，以及内生化创造性破坏的新一代熊彼特增长理论，都没能正面回答企业规模和企业生产率之间的关系，尤其是无法从理论上解释为什么现实中大型企业保持着良好的竞争优势。随着中国工业企业数据库的开放和使用，国内学者对企业规模和生产率之间的关系进行了大量有价值的探讨。杨其静等（2010）就指出，企业规模和生产率的分布可以在很大程度上反映出经济中的生态特征和健康状态，对它们的正确认识可以为经济政策的制定提供参考。章韬和孙楚仁（2012）发现，企业规模分布是否和生产率分布一致，在一定程度上反映了现实经济中的扭曲情况。而高凌云等（2014）采用 2008 年第二次经济普查数据库中全样本工业企业分别检验了中国工业企业的规模分布与生产率分布，指出企业规模分布的右尾比生产率分布的右尾更厚，规模分布的差异程度明显高于生产率分布，中国仍然存在明显的资源错配问题。近几年，在"资源错配和生产率"分析框架下，李旭超等（2017）从资源错置视角分析中国企业规模分布特征及其形成机制，发现中国的资源错置导致中间规模企业过多，大企业和小企业数量不足。王永进等（2017）研究发现，竞争缺乏和差别化政策显著抑制了大企业的技术创新和成长，导致企业在发展到一定规模后出现急剧的负增长，致使大企业数目偏少。

综上所述，尽管已有研究成果比较丰富，但是为什么自20世纪90年代中期以来中国工业界长期存在"规模偏好"？为什么规模大的企业能够长期保持足够的竞争优势？大型企业凭什么能够将这种规模上的优势转变为市场上的竞争优势？却像一个未被解开的黑箱。因此，本章在综合现有文献研究基础上，采取如下检验策略对中国工业企业规模和生产率关系进行更加稳健的检验，对中国大型工业企业的生产率优势来源进行更加科学的识别和分解：①在样本使用上，本章使用目前最新的中国工业企业数据库（1999~2013年），针对数据库不同年份的不同指标存在的问题，从数据库匹配、行业调整、缺省值与缺失指标处理等方面进行了精细处理，力求为后续特征性事实揭示和实证检验打下坚实可靠的数据基础。②企业规模分类标准和企业生产率测度方法上，关于企业规模分类，本章既采用了国家统计局标准，也采用了文献中通常遵循的统计意义上的分位数标准；鉴于企业生产率的估计方法有多种，且各有侧重，本章结合现有文献贡献，对比了不同估计方法的优劣，选取比较稳健的LP方法进行基准分析。③在识别和分解效应上，本章在异质性企业模型基础上，构建了不同规模企业的生产率决定模型，进而基于Combes et al.（2012）的分解方法，对比大型企业和中小型企业的生产率分布差异，通过两类企业的相对平移、伸缩和截断形态，分离出学习效应、学习扩张效应和选择效应，进而可以识别大型企业的生产率优势来源。④在异质性分析上，本章对比分析了不同行业、不同要素密集度、不同所有制、不同地区及不同年龄等情形下不同规模企业的生产率差异，从多个侧面来分析大型企业的生产率优势来源。

本章研究发现：①企业规模和生产率之间存在显著的正相关关系，而且大型企业的TFP的均值都明显高于中小型企业的TFP，随着分位点的提高，中小型企业的TFP较大型企业的TFP的差距越来越大。②从总体样本来看，学习效应是解释我国不同规模企业生产率差距的主要原因，学习效应差异直接导致大型企业生产率比中小型企业生产率高1.55倍；且学习能力更强的大型企业能够通过学习效应获得更大的生产率提高，产生学习扩张效应；选择效应对不同规模企业生产率差异影响不显著。③大型企业的生产率优势在不同行业、不同要素密集度、不同地区、不同年龄及不同所有制方面表现出很强的异质性：学习效应在技术密集型、我国西部地区、存续年限较长及国有大型企业中表现更强。但是，很多行业、技术密集型、东部和中部、5～15岁年龄段及国有企业的大型企业存在"逆向选择"问题，即存在较高比例的低效率企业。④大型企业学习效应的行业差异很大，而且大多数行业的大型企业中的低效率企业比例更高，因此可以从提高行业的学习效应和淘汰大型企业的低效率企业两个方面来优化资源配置和提高总量生产率水平。因此，中国企业对规模的追求是特定背景下的一种次优选择，是通过一定规模来构建长期竞争优势的占优策略。

总之，在中国改革开放肇始，作为中国微观经济基础的企业，由于并不存在真正意义上的现代企业，因此伴随着中国经济的快速发展和经济总量的迅速赶超，大量中国企业选择了一条渐进式发展道路，这些企业从几乎没有到有，从小到大，从纯粹的本土企业到逐步发展出一批全球性的大企业，从追随到引领，从点到线再到面，它们逐步走出了一条具有中国特色的发展道路，这就是从一定规模切入，借助市场竞争中不断积累的学习能力，一步一步建立了自己的竞争优势，成长为一家又一家的大型、具备国际竞争力的企业。这条道路的选择和形成不仅是一种特定背景下的折中策略，而且与宏观经济的转型和发展高度契合。中国工业企业在追求自身规模快速成长的过程中，实现了中国经济的快速转型和高速发展；今后中国工业企业必将借助其规模积累起来的生产率优势，助推中国经济的有效升级和高质量发展。因此，本章最重要的贡献在于，从经验上为中国工业企业无以复加地追求规模提供合理的经济解释，以澄清多年以来对中国企业的"规模偏好"的误解，证实企业规模与企业生产率之间的稳健关系与良好互动机制；从理论上揭示"大型企业—学习效应+学习扩张效应—生产率优势"这一机制，从而突破经典的斯密/马克思假说和熊彼特假说，丰富企业的规模异质性和生产率异质性的认识，深化对企业增长效应的研究，有利于我国企业竞争优势的培养。

本章后续内容如下：第二部分是文献综述；第三部分是基于中国工业企业数据库（1999～2013年）统计特征挖掘中国工业企业的规模和生产率之间的关系；第四部分是理论框架和实证分析框架的构建，以及学习效应和选择效应的经济含义；第五部分是实证分析过程及经济解释；第六部分是企业异质性分析；第七部分是结论、建议与启示。

二、"规模偏好"的文献综述

关于企业规模与生产率的理论研究，最初源于亚当·斯密的专业化分工与大规模生产理论，此后经历了马歇尔的规模经济理论、熊彼特的创新增长理论、科斯等人的交易费用理论、阿吉翁和霍依特的新一代熊彼特增长理论、钱德勒的组织理论及彭罗斯的企业成长理论等。这些理论主要涉及专业化分工、规模经济、范围经济、组织结构优化、创新与技术进步、资产重组等，认为大型企业可以通过其规模经济与范围经济提高其生产率，或者通过内部化与外部化消除市场失灵与组织结构上的失灵来实现生产率的提高，以达到帕累托最优。然而，它们大都将企业看作一个有代表性的生产同类单一产品的厂商，没有对企业之间的异质性多作考虑。一直到"新新国际贸易理论"的兴起，此理论将企业异质性抽象为生产率异质性来解释企业贸易行为的差异性，提出了"企业异质性由生产率异质性唯一表示的假设"这一重要观点，才使学者们对企业异质性的研究从企业规模转移到企业生产率上。

在实证中，有关企业层面生产率优势的文献主要也有两类：第一类文献直接或者间接论证企业规模对生产率的影响。对此，Khanna and Palepu（2000）认为，大型企业通过集聚能填补不完善市场条件下的制度空间，从而降低交易成本，提高生产率。Baldwin et al.（2004）的研究表明，相比于小企业，较高的中间投入强度可以提高大型企业的生产率。大型制造业企业通过更多地使用中间投入，使其每个工人的产出高于中小企业的产出。Biesebroeck（2005）用九个撒哈拉以南国家的企业数据来实证大型企业的优越性。其研究指出，规模较大、生产效率较高的企业通常表现出较高的增长率，小型企业很少能达到大型企业所具有的增长率水平。原因在于，劳动力市场会将工人从生产率较低的企业转移到生产率更高的企业，资本市场也更倾向于将信贷分配给生产率更高的企业，因而大型企业能够吸收更多的资源。虽然小微企业对总劳动生产率增长的贡献始终是积极的，但总劳动生产率增长的演变在很大程度上取决于大型企业的绩效。Leung et al.（2008）明确指出，大企业相对于中小企业的生产率优势主要体现在制造业上，在制造业之外，企业规模与生产率之间的关系要弱得多；并通过实证检验得出企业平均规模差异是加拿大与美国生产率差距的重要原因。此研究者认为，大型企业比小企业生产效率更高，其重要原因之一是它们的资本密集度更高。首先，大型企业的债务和股权成本更低，可能拥有相对于劳动力更低的资本成本。其次，小企业的资本投入可能比大型企业少，而对于某些类型的产品，其所需生产技术决定了在现行的要素价格集上的最佳生产规模超出了小企业的规模，因此只能由大企业来生产。在我国近期的研究中，孙晓华和王昀（2014）以中国工业企业数据为样本测算了企业规模对生产率差异的贡献。研究发现，在不同类型的生产要素行业中，规模分布和生产率水平存在一定差异，但企业规模与生产率之间大体上呈现倒"U"型关系，多数企业规模扩大仍然有利于生产率的提高，企业规模对生产率差异的贡献率（超过90%）远高于其他影响因素，是导致企业生产率不同的主因。谢运博和陈宏民（2016）使用中国工业企业数据库对医药制造业全要素生产率的平均增长率进行估计发现，总体上来看，企业规模越大，全要素生产率平均增长率越高。

第二类文献着重在出口问题上研究大型企业所具有的生产率优势。在出口问题上，一般认为从事国际贸易的企业在同行业中具有更大规模和更高生产率；而在国际贸易的基础上从事跨国投资与跨国供应链活动的企业与企业规模、生产率之间存在显著的正相关关系。由此，异质性贸易理论与企业规模被联系在一起。在确定出口企业和非出口企业之间的差异时，经常将规模作为可能区分的因素之一进行研究（Ali and Swiercz，1991），研究企业规模与出口绩效或出口倾向之间的关系（Culpan，1989；Calof，1994）。基本假设通常是大型企业在国际贸易中比中小企业拥有更强的竞争力（Aaby and Slater，1991；Bonaccorsi，1992）。张杰等（2009）认为，规模因素对出口决策的影响主要体现在成本优势上。出口企业一方面会面临国际市场的高度不确定性和政治经济环境变化带来的风险，另一方面不得不承担运输、销售渠道开拓等额外成本。规模较大的企业在处理这些问题时具有优势，因此理论上应该具有更高的出口倾向。其中一个较为普遍的观点是，大型企业拥有的更多资源（金融、技术、人员）能够达到规模经济从而使它们在国际市场中具有竞争力。

纵览文献发现，已有研究分别从宏观和微观两个方面强调了企业规模的重要性。宏观方面基于各国发展经验提出了斯密假说、熊彼特假说及钱德勒猜想等，微观方面也关注了企业规模和企业生产率之间的关系，国内学者甚至从两者分布的不一致性来反映资源错配问题。这些研究对学界认识企业异质性以及各个异质性之间的关系提供了重要参考，但是有两个方面需要进一步研究：①现有研究虽然强调了企业规模和企业生产率之间存在一定的关系，但还是缺乏对企业规模和生产率之间的互动机制的研究。②现有研究对各种假说进行了大量检验，但是忽视了特定发展背景下企业规模和企业生产率之间的影响机制揭示，没有注意到一定历史发展背景下，企业保有基本规模是企业参与市场竞争、获取政府资源及构筑自身竞争优势的基本条件，没有深入挖掘企业是如何借助规模优势来实现竞争优势的微观机制的，从而无法深入理解中国工业企业最近几十年一直存在的"规模偏好"现象。本章旨在回答"中国企业无以复加地追求规模的合理性在哪儿"这一问题和揭示隐藏在企业规模和企业生产率之间的潜在机制。

三、"规模偏好"的典型事实

（一）1999~2013 年中国工业企业数据库处理过程

本章使用的样本总体来自 1999~2013 年中国工业企业数据库，其涵盖了中国所有国有企业及规模以上的非国有企业的年度统计数据。规模以上的非国有企业的统计标准为：1999~2010 年为营业收入 500 万元以上；2011~2013 年为营业收入 2000 万元以上。由于 2010 年数据异常，本章不予使用，而是将 2009 年和 2011 年视为连续年份处理。本章对原始数据的处理步骤如下：

（1）数据库匹配。相对于已有文献的交叉识别法，本章做了以下改进：首先将"企业名称+地区码+邮编+行业代码+创建年份+主要产品"属性相同的企业作为一组归编到同一个企业代码；再将"企业代码+地区码+邮编+行业代码+创建年份+主要产品"属性相同的企业归编到同一个企业名称；以"企业名称+企业代码"形成新的 ID 识别码；判断同一年份有无重复的 ID，对于同一年份同一企业 ID 有多个观测值的情况，若法人代码不同则视为不同企业，若法人代码相同则保留工业总产值最大的观测样本。这种匹配方法在处理同一企业有多个不同的企业代码或者同一企业有多个企业名称上具有优越性，较传统的序贯识别法和交叉识别法更为准确，且处理过程更为简捷。经面板数据匹配整理和删除重复观测值等过程，得到观测值 3505034 条，合计工业企业样本数为 817558 家（不包含 2010 年数据）。

（2）行业调整。本章所用数据时间跨度为 1999~2013 年，涉及 3 套国民经济行业分类标准。其中，1999~2002 年为 GB/T4754-1994 标准，2003~2012 年为 GB/T4754-2002 标准，2013 年为 GB/T4754-2011 标准。借鉴已有文献的处理方法统一调整到以 GB/T4754-2002 为基准的两位数行业大类。另外，本章只针对工业企业进行研究，按二位数大类代码保留了 30 个工业行业数据（行业代码为 13~43，没有 38），对采掘业和电力、燃气及水的生产和供应行业样本进行删除处理。

（3）缺失值与缺失指标处理。鉴于研究需要，本章计算企业层面的全要素生产率需要诸多原始指标，这些指标均来自中国工业企业数据库，但是由于样本量较大，更新较慢，2008~2013 年数据库中很多年份的关键指标缺失，如 2008~2013 年缺失工业增加值与工业中间投入，2009~2013 年缺失固定资产净值年平均余额，2008~2010 年缺失本年折旧，2009~2010 年缺失工资支付，等等，使使用工业企业数据库的大多数研究目前基本上局限在 2007 年前，时效性渐失。为此，本章对缺失指标按照"先计算，后修补"的原则进行处理，以采用较新的研究样本展开研究。

关于计算，具体操作如下：①对于 2004 年缺失的工业总产值与工业增加值，在使用 2004 年中国经济普查年鉴的企业数据进行融合后还缺少工业增加值指标，通过"工业增加值=工业总产值-工业中间投入+增值税"计算得出。②由于采用永续盘存法计算固定资本存量需时要用到固定资产投资指标，而数据库中没有列示固定资产投资，本章参照鲁晓东和连玉君（2012）的核算方法，采用"固定资产投资=当年固定资产总值-上年固定资产总值+本年固定资产折旧"来计算，其中固定资产总值的时间跨度为 1999~2013 年，本年折旧时间跨度为 1999~2007 年，2011~2013 年，因此能先计算出 1999~2007 年、2011~2013 年的固定资产投资额。对于 2007 年前本年折旧缺失的样本及 2008~2009 年的数据，采用"固定资产投资=当年固定资产总值-（1-折旧率）×上年固定资产总值"来补充计算，折旧率折中取 10%（聂辉华等，2012；苏锦红等，2015）。这样，可以得到 1999~2013 年的固定资产投资指标，然后利用固定资产投资推算 2008~2009 年的本年折旧。③借鉴鲁晓东和连玉君（2012）的核算方法，采用时间跨度为 1999~2013 年的固定资产合计指标作为基础，利用"$K_{it}=K_{it-1}+I_{it}-D_{it}$"计算企业在各年份的实际资本存量 K，其中 K、I 和 D 分别表示固定资产总值、固定资产投资额和本年折旧额。其中，初始资本存量用 1999 年的固定资产合计或者企业第一次出现在数据库年份的固定资产合计表示。④关于缺失的 2008～2013 年的工业中间投入和工业增加值，借鉴余淼杰等（2018）的方法，采用"工业中间投入=产出值×销售成本/销售收入-工资支付-本年折旧"和"工业增加值=工业总产值+增值税-工业中间投入"先后得出。由于 2009 年工资支付缺失，这样，在计算企业全要素生产率指标中，还缺失 2009 年的工业中间投入和工业增加值，需要通过插值方法来获得。

为保证插值的效果，需先对异常值进行处理，本章具体操作如下：①删除需要用的关键指标，如工业总产值、从业人员年平均人数、固定资产合计缺失或者小于等于 0 的观测值（鲁晓东和连玉君，2012；苏锦红等，2015）。②对于所用的明显不符合会计原则的观测值做删除处理，如"资产总计<固定资产合计""工业增加值>工业总产值""工业中间投入>工业总产值"（李玉红等，2008）。③根据数据的实际情况，剔除职工人数小于 5、企业存活年限为零、负数和大于273 的企业。然后，采用基于移动时序平滑插值法对缺失的工资支付进行插值处理，进而利用上文所提公式计算出缺失的工业中间投入和工业增加值。经比较，本章对于数据处理的方法规避了使用人工智能插值算法和多重插值法后出现的大量异常值的问题，最终得到 726163 家工业企业，合计 3158687 个观测值用于企业 TFP 的测度。

（4）价格平减。本章将所涉及的名义价格变量都以 1999 年为基期进行平减。工业产出采用分行业工业品出厂价格指数进行平减，资本投入采用各省份固定资产投资价格指数进行平减，工业中间投入采用全国工业原材料、燃料、动力购进价格指数进行平减，这三种价格指数均来自《中国统计年鉴》。其中，关于地区固定资产投资价格指数，海南缺失 1999～2000 年数据，广东缺失 1999～2001 年数据，西藏缺失 1999～2013 年数据。借鉴苏锦红等（2015）的处理方法，海南的物价指数取广西、云南、湖南、青海、河南五省的平均数，广东的物价指数取天津、江苏、浙江、辽宁、福建、山东六省的平均数，西藏取云南、甘肃与贵州的平均数。

（二）中国工业企业生产率估计方法

企业全要素生产率（TFP）是衡量企业投入产出效率的重要指标。从目前来看，多数文献采用 OP（Olley and Pakes，1996）和 LP（Levinsohn and Petrin，2003）两种半参数方法来解决内生性问题。OP 方法通过使用企业的投资量作为生产率的替代变量并纳入企业的退出机制来解决联立性和选择性偏误问题。LP 方法则通过使用中间品投入作为生产率的代理变量，以改进 OP 方法因"零投资"观测值的删除而导致样本量损失问题。由于数据库对于规模以上统计口径变动造成许多原来进入数据库的企业可能因统计口径变化或某些年份的营业收入没有达到统计标准而消失在数据库中，或者因为异常值的处理提前消失在数据库中，这两种情况造成的企业消失均有别于企业的实际倒闭退出，因此采用 OP 法企业 TFP 可能会被低估。因此，本章采用 LP 方法对企业的全要素生产率进行基准分析，另以 OP 法的计算结果来考察对企业全要素生产率估计的稳健性。在测算 TFP 时，采用工业增加值衡量生产产出，用各企业全部从业人员年平均人数衡量劳动投入，用实际资本存量衡量资本投入。对于 OP 法所需的企业退出（Exit）须满足：如果企业 i 在 t-1 期存在，而在第 t 期及以后各期都不存在，这样第 t 期定义企业的退出，该年份的 Exit 变量标记为 1，其他年份标记为 0。

（三）企业规模—生产率的关系与事实

在对 1999~2013 年中国工业企业数据库进行谨慎处理基础上，本章将借助处理后的数据样本分析中国工业企业的企业规模与生产率之间的关系。表 4-1 报告了估计生产率涉及指标的描述性统计信息。在估算出 TFP 之后，本章进一步剔除了 TFP 前后 0.1‰分位的异常值，最后样本容量为 3147342 条观测值，合计 724984 家工业企业用于实证分析。从表 4-1 生产率变量中可以看到，采用 OP 方法计算的 TFP 对数的相应统计指标均小于采用 LP 方法得到的值，这与前文推测相吻合。

表 4-1　变量统计信息

主要变量	变量名称	解释	样本量	均值	标准差	最小值	中位数	最大值
生产率估计使用变量	lnY-add	工业增加值对数	3158687	4.38	1.47	-6.25	4.29	14.53
	lnK	资本投入对数	3153649	8.74	1.74	-3.12	8.69	18.89
	lnL	劳动投入对数	3158687	4.90	1.11	1.61	4.89	12.32
	lnM	中间投入对数	3158687	5.21	1.42	-9.56	5.10	14.44
	lnI	固定资本投资对数	1783141	2.30	2.22	-7.31	2.36	14.07
	Exit	企业退出	3158687	0.11	0.31	0.00	0.00	1.00

续表

主要变量	变量名称	解释	样本量	均值	标准差	最小值	中位数	最大值
生产率 变量	tfp_op	OP 估计 TFP 对数	3153649	-1.74	0.93	-13.64	-1.74	5.64
	tfp_lp	LP 估计 TFP 对数	3153649	1.16	1.11	-10.00	1.13	8.55

注：所有价格变量均以 1999 年为基期，用相应的平减指数做过平减；LP 法中用到 lnM，OP 法中用到 lnI 和 Exit。

图 4-1（a）、（b）和（c）刻画了企业的资产总额、用工人数及销售产值所代表的企业规模与企业全要素生产率之间的关系。如图所示，无论采用何种表示企业规模的指标和企业生产率测度方法，企业规模都与企业生产率呈正相关关系。从图 4-1 可以看出，LP 法和 OP 法所得的拟合线趋势相同，但 LP 法估计得出的拟合线斜率更高，这也证实了前文所述在使用 OP 法时将使企业 TFP 值被低估的可能。

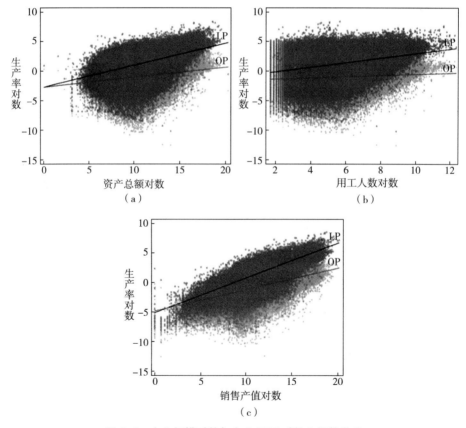

图 4-1　企业规模对数与企业 TFP 对数之间的关系

图 4-1 是从一般意义上呈现企业规模和生产率之间的关系。如何科学界定大型工业企业是本章研究的起点。下面将采用各种更加具体的企业规模分类标准来进一步深入考察企业规模和生产率之间的关系。具体而言，中国大、中、小型工业企业划分标准存在多次调整。1998 年前，各行各业分别使用不同的行业标准；1998 年之后，统计局规定统一按同一标准来划分。在 1998 年制定的《大中小型工业企业划分标准》中，大型工业企业的标准为销售额及资产总额均为 50000 万元以上；2003 年的《统计上大中小型企业划分办法（暂行）》，则将标准调整为从业人员为 2000 人以上，且销售额为 3000 万元以上，资产总额为 4000 万元以上；在 2011 年的《统计上大中小微型企业划分办法》中，大型工业企业标准修改为：从业人员为 1000 以上，且销售额为 4000 万元及以上。按照不同的标准得到的样本量差异会很大，尤其是在 2003~2009 年符合 2003 年标准的大型企业很少的情况下，样本数目的巨大差距会影响大型企业与中小型企业的生产率分布。已有文献通常采用企业的营业收入、资产总额（孙晓华和王昀，2014）和就业人数（李洪亚，2016）单维度来衡量企业规模。加上工业企业数据库不包含规模以下非国有企业数据，事实上这部分企业在整个企业结构中的占比是不容忽视的，因此，本章认为可以在国家统计局的标准下对大型企业的界定做相应的放宽。借鉴已有研究文献普遍采用分位数方法，考虑到资产相对于用工人数和销售额来说更为稳定，本章资产总额的 75% 分位点为基准来界定大型企业并作分析，采用资产总额的 50% 分位点、销售总额与用工人数的 75% 和 50% 分位点，以及分段标准下的国家统计局标准，即 1999~2002 年、2003~2009 年和 2011~2013 年分别采用统计局 1998 年、2003 年和 2011 年文件，进行稳健性检验。

　　表 4-2 是不同划分标准下大型企业与中小型企业 TFP 的比较。通过比较全要素生产率对数的均值可以发现，不管是采用哪一种分类标准，大型企业的 TFP 都显著高于中小型企业的 TFP；从标准差来看，除国家统计局标准外（原因是样本量偏少，经取对数平滑处理使 TFP 对数分布过于集中），大型企业的 TFP 对数分布的标准差比中小企业更大一些，说明大型企业的 TFP 分布更为分散，中小型企业的 TFP 分布更为集中。

　　为了更直观地反映大型企业与中小型企业全要素生产率的差异，本章绘制了以资本总额的 75% 分位点划分的大型企业与中小型企业全要素生产率对数概率密度图。从图 4-2（a）可以看出，无论是大型企业还是中小型企业的全要素生产率对数都表现为左拖尾明显的状态，说明无论是大型企业还是中小型企业，都存在较多的低效率企业；同时，大型企业全要素生产率对数分布的峰值在中小型企业的右侧，表现为整体向右偏移，且峰值较中小型企业低，厚度较中小企业的稍厚，说明大型企业生产率对数分散，中小型企业生产率对数则更为集中，有更多的企业生产率接近均值水平。这与表4-2中的均值和标准差呈现的特征相一致。

表4-2 大型企业与中小型企业全要素生产率对数的比较

划分标准		解释	样本量	均值	标准差	最小值	中位数	最大值
国家统计局标准		大型企业	119780	2.32	1.04	−3.98	2.27	5.00
		中小型企业	3027562	1.12	1.06	−4.00	1.10	5.00
75%分位点	资产总额	大型企业	784815	1.93	1.07	−4.00	1.95	5.00
		中小型企业	2362527	0.91	0.97	−4.00	0.91	4.99
	销售总额	大型企业	784685	2.26	0.86	−3.98	2.25	5.00
		中小型企业	2362657	0.80	0.89	−4.00	0.85	4.98
	用工人数	大型企业	785650	1.76	1.06	−4.00	1.76	5.00
		中小型企业	2361692	0.96	1.02	−4.00	0.94	5.00
50%分位点	资产总额	大型企业	1572622	1.58	1.07	−4.00	1.57	5.00
		中小型企业	1574720	0.75	0.94	−4.00	0.75	4.99
	销售总额	大型企业	1572874	1.83	0.89	−4.00	1.79	5.00
		中小型企业	1574468	0.50	0.83	−4.00	0.57	4.70
	用工人数	大型企业	1573204	1.50	1.05	−4.00	1.49	5.00
		中小型企业	1574138	0.82	1.01	−4.00	0.79	5.00

注：本表中的生产率是采用LP方法估计的。

通过描绘各个分位点处大型企业与中小型企业生产率对数的变化，可以进一步看出不同规模企业生产率的差异特征。从图4-2（b）可以发现，在相同概率密度分位点处，大型企业的生产率均高于中小型企业，且分位点越高，生产率对数差距越大，说明生产率越高，大型企业相对中小型企业所具备的生产率优势越发明显。图4-2（c）更是直观地描绘了大型企业与中小型企业生产率对数差异随分位点变高表现出的扩大趋势，具体表现为随着分位点增加，生产率对数差额从0.8向1.2递增的趋势。结合描述统计分析结果可知，大型企业的平均生产率水平高于中小型企业。

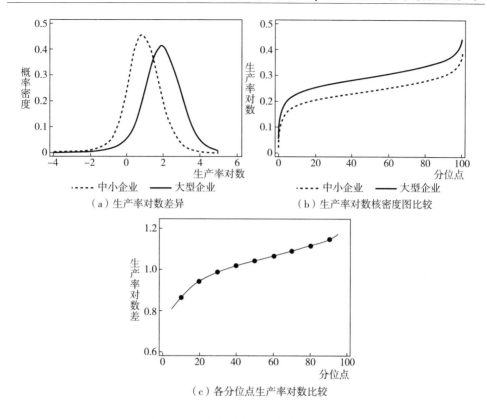

（a）生产率对数差异　　　　　　（b）生产率对数核密度图比较

（c）各分位点生产率对数比较

图4-2　大中小型企业生产率对数比较

总之，上述分析清楚地表明，无论是从不同规模企业的均值来看，还是从不同的规模分类标准来看，大型企业的 TFP 都要显著高于中小型企业的 TFP，而且随着分位点的提高，中小型企业的 TFP 较大型企业的 TFP 的差距越来越大。

四、"规模偏好"的理论分析

本节在异质性企业选择模型基础上，构建大型企业生产率决定模型，分析大型企业的学习效应、学习扩张效应和选择效应对企业生产率的影响。与此同时，本节将基于文献解释学习效应、学习扩张效应、选择效应，以及它们的实现机制。

(一) 大型企业的生产率决定模型

本章借助 Combes et al. (2012) 提出的"无条件分布特征—参数对应分析方法",分解大型企业相对于中小型企业可能存在的学习效应、学习扩张效应及选择效应。Combes et al. (2012) 将出口贸易选择模型与经济集聚模型相结合,用分位数方法开发出一个嵌套的"选择—集聚模型",用于识别劳动力的"集聚"、"选择"和"群分效应"对工资效率分布的相对重要性。该文的建模方法为分析企业规模与生产率之间的关系提供了理论借鉴。相应地,本章通过比较大型企业和中小型企业全要素生产率核密度函数的分布差异,识别分布的左截断、移动和伸缩变化对企业全要素生产率差异的影响,进而通过生产率分布的右移、拉伸和左截断来分别界定学习效应、学习扩张效应和选择效应,由此来分析这三种效应对不同规模企业生产率的影响,从而探讨中国大型企业生产率优势的主要来源。

本章先引入 Combes et al. (2012) 的理论模型。考虑两个有着相同的潜在分布 $\tilde{F}(\varphi)$ 的概率密度函数 F_i (大型企业) 和 F_j (中小型企业), φ 为企业的全要素生产率对数。F_i 可以通过 A_i 来移动,通过 D_i 来伸缩扩张 $\tilde{F}$ 得到 F_j, $S_i \in [0, 1]$ 是 F_i 分布的左截断。同样地,F_j 可以通过变换得到 F_i。在 F_i 和 F_j 之间存在如下关系:

$$F_i(\varphi) = \max\left(0, \frac{F_j\left(\dfrac{\varphi-A}{D}\right)}{1-S}\right), \quad S_i > S_j \tag{4-1}$$

$$F_j(\varphi) = \max\left(0, \frac{F_i(D\varphi+A) - \dfrac{-S}{1-S}}{1-\dfrac{-S}{1-S}}\right), \quad S_i < S_j \tag{4-2}$$

其中, $A = A_i - DA_j$, $D = \dfrac{D_i}{D_j}$, $S = \dfrac{S_i - S_j}{1 - S_j}$。

这种关系可以帮助本章比较两个核密度分布函数,而无须指定一个特定的潜在分布 $\tilde{F}$。参数 A 衡量 i 相对 j 右移的程度,参数 D 测度 i 相对 j 的缩放比例,参数 S 描述了 i 对于 j 左截断的程度。

为了估计式 (4-1) 和式 (4-2), Combes 将它们转换成无条件分布特征—参数对应。假设概率密度函数 (CDF) 是可逆的,设 $\lambda_i(\mu) = F_i^{-1}(\mu)$, $\lambda_j(\mu) = F_j^{-1}(\mu)$ $\mu \in [0, 1]$ 分别表示 i 和 j 的无条件分布特征—参数对应, μ 为分位点。

如果 $S>0$，则无条件分布特征—参数对应由式（4-1）可得：

$$\lambda_i(\mu)=D\lambda_j\left[S+(1-S)\mu\right]+A,\ \mu\in\left[0,\ 1\right] \tag{4-3}$$

如果 $S<0$，则无条件分布特征—参数对应由式（4-2）可得：

$$\lambda_j(\mu)=\frac{1}{D}\lambda_i\left(\frac{\mu-S}{1-S}\right)-\frac{A}{D},\ \mu\in\left[0,\ 1\right] \tag{4-4}$$

然后，利用变量 $\mu=\dfrac{\mu-S}{1-S}$ 的变换，将无条件分布特征—参数对应改写为：

$$\lambda_j\left[S+(1-S)\mu\right]=\frac{1}{D}\lambda_i(\mu)-\frac{A}{D},\ \mu\in\left[\frac{-S}{1-S},\ 1\right] \tag{4-5}$$

将式（4-3）和式（4-4）结合得到所有的 S 符合：

$$\lambda_i(\mu)=D\lambda_j\left[S+(1-S)\mu\right]+A,\ \mu\in\left[\max\left(0,\ \frac{-S}{1-S}\right),\ 1\right] \tag{4-6}$$

式（4-6）不能直接估计，因为秩 u 的集合中包含未知的真实参数 S，所以，引入如下附加变量变换方程：

$$\lambda_i\left[r_S(\mu)\right]=D\lambda_j\left[S+(1-S)r_S(\mu)\right]+A,\ \mu\in\left[0,\ 1\right] \tag{4-7}$$

其中，

$$r_S(\mu)=\max\left(0,\ \frac{-S}{1-S}\right)+\left[1-\max\left(0,\ \frac{-S}{1-S}\right)\right]\mu \tag{4-8}$$

式（4-7）说明了通过相关参数 D、A 和 S 对 $\lambda_i(\mu)$、$\lambda_j(\mu)$ 相互转换的解释力度。

设 $\theta=(A,\ D,\ S)$ 表示参数向量。为了估计 θ，定义两个广义矩条件：

$$m_\theta(\mu)=\lambda_i\left[\gamma_s(\mu)\right]-D\lambda_j\left[S+(1-S)\gamma_s(\mu)\right]-A=0,\ \mu\in\left[0,\ 1\right] \tag{4-9}$$

$$\widetilde{m}_\theta(\mu)=\lambda_j\left[\widetilde{r}_s(\mu)\right]-\frac{1}{D}\lambda_i\left[\frac{r_s(\mu)-S}{1-S}\right]+\frac{A}{D}=0,\ \mu\in\left[0,\ 1\right],\ \theta=(A,\ D,\ S) \tag{4-10}$$

参数 θ 的值可以通过函数 $M(\theta)$ 获得：$\hat{\theta}=\underset{\theta}{\arg\min}M(\theta)$，

$$M(\theta)=\int_0^1\left[\hat{m}_\theta(\mu)\right]^2\mathrm{d}\mu+\int_0^1\left[\hat{\widetilde{m}}_\theta(\mu)\right]^2\mathrm{d}\mu$$

其中，$\hat{m}_\theta(\mu)$ 和 $\hat{\widetilde{m}}_\theta(\mu)$ 可以通过经验无条件分布特征—参数对应 $\hat{\lambda}_i$ 和 $\hat{\lambda}_j$ 中的实际数据获得。最后，为了度量模型的适应度，定义拟合优度为：$R^2=\dfrac{1-M(\hat{\theta})}{M(0,\ 1,\ 0)}$。考虑到大型企业与小企业生产率分布表达式的对称性，可求得各个分位点的生产率水平，在此基础上估计最优参数值 $\hat{\theta}=(\hat{A},\ \hat{D},\ \hat{S})$，$M(\hat{\theta})$ 为目

标函数估计值，反映 $\hat{A}$、$\hat{D}$、$\hat{S}$ 这 3 个参数对大型企业与中小型企业生产率差异的解释程度。估计系数的标准误通过自助法求得。

这种变换建立了大型企业与中小型企业生产率分布的对应关系，为分解学习效应、学习扩张效应和选择效应奠定了理论基础。参数说明如下：

（1）参数 A：衡量生产率分布 i 相对 j 右移的程度。代表学习效应对企业全要素生产率的影响，反映了中小型企业和大型企业之间的平均生产率差异。A 可正可负，取决于 i 相对于 j 是向右移还是向左移。图 4-3（a）只考虑简单右移的情况（$A>0$，$D=1$，$S=0$），生产率对数的两种分布具有相同的形状，且两个概率密度函数的峰值具有相同的高度。这种简单右移意味着相对于中小型企业，大型企业的生产率对数分布出现了正的变化（$A>0$），分布要更靠右。在模型中被解释为，大型企业较中小型企业具有更高的学习效应，其生产率整体得以提高。

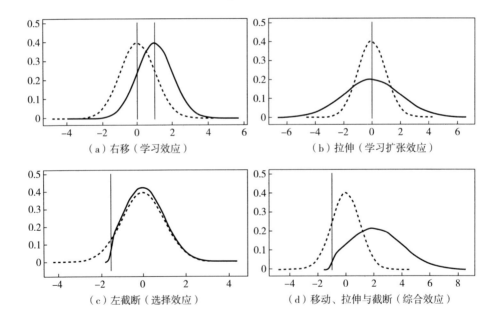

图 4-3　大型企业构筑生产率优势的来源

注：虚线代表中小型企业生产率对数的分布假设，实线代表中小型企业生产率对数变换得到的大型企业生产率对数的分布假设。

（2）参数 D：测度生产率分布 i 相对 j 的缩放比例，为不同类型企业生产率对数分布的标准差之比。反映学习扩张效应，表示相同规模下学习能力较高的企业从学习效应中获益更多，用来描述大型企业的生产率分布是否比中小型企业更为分散。D可以大于或小于1，取决i相对于j是拉伸还是压缩。图4-3（b）为只考虑简单拉伸的情况（$D>1$，$A=S=0$），这种简单拉伸意味着大型企业学习能力更强，其生产率分布在中小型企业基础上存在一定的拉伸，生产率分布更为分散。

（3）参数S：描述i对于j左截断的程度。用于捕捉市场竞争加剧导致的选择效应对企业生产率的影响。S可正可负，$S<0$意味着大型企业中的低效率企业比例更高；$S>0$意味着大型企业生产率分布尾部更短，大型企业中的低效率企业比例更低。图4-3（c）为考虑具有左截断的情况（$S>0$，$A=0$，$D=1$），反映出大型企业有比中小型企业更低的低生产率企业比例。

图4-3（d）考虑这样一种综合情况：相对于中小型企业，大型企业的生产率对数分布是右移、拉伸，并且同时左截断。通常来说，拉伸和截断存在一定程度上的反向作用关系，截断提高了分布的峰值，降低了分布的拉伸；而扩张降低了分布的峰值，增大了分布的厚度。这些转换关系并不能完全相互抵消，具体由哪种机制引发，需要通过估计检测，结合估计的各个系数进行解释。

（二）大型企业生产率优势来源的经济解释

1. 学习效应及其实现机制

（1）学习效应。企业的学习来源是多样性的，在学习效应的演进发展中，学者们从不同的角度建立不同的学习模型来解释学习产生的生产率效应。其中，最具里程碑意义的是Jovanovic（1982）开发的企业被动学习模型。该模型认为，具有不同生产效率的企业在进入市场时并不清楚自身的效率水平；进入后，企业开始对自身效率进行估计并不断更新，以决定是留下或退出市场。随着时间的推移，效率更高的企业生存下来，而效率较低的企业被迫退出。此研究为后续学者建模奠定了理论基石。随后，Ericson and Pakes（1995）对应开发出一个主动学习模型，其建模的基础是企业在进入市场后通过风险投资购买额外的信息来提高效率和盈利能力，最终实践成功，企业得到扩张，而不太成功的企业将收缩规模并退出市场。正如Cave（1998）所指出的，这两种模式都可能在大多数行业中运行，只要市场扩张，进入市场的企业都需要决定是否扩张以满足不断增长的需求。Geroski and Mazzucato（2002）对学习机制进行了总结，将其概述为非系统性学习、创新学习、知识外溢、"干中学"、利用内部资源学习，并建立了相应的学习模型来分析不同的学习机制对美国汽车行业的增长效应。不少学者从需求的角度来研究学习效应。例如，Eaton et al.（2021）考虑了这样一种学习模式：企业通过与购买者建立新的匹配关系，积极学习产品的吸引力。Ruhl and Willis（2017）通过指定一个随企业年龄增长而增长的国外需求函数，修正了一个异质性生产率冲击的标准学习模型。Timoshenko（2015）基于多产品出口企业的研究，开发了一个"需求—学习"一般均衡模型，利用巴西出口企业的海关数据，得出在控制企业规模的前提下，年轻的出口企业比经验丰富的出口企业更频繁地进行产品切换，认为对年轻企业来说产品切换比出口周转率更为重要，为出口企业产品切换行为的年龄依赖性提供了一种解释。

在近期的研究中，多数文献受到异质性企业贸易理论的影响，并体现出比较浓厚的企业动力学的思想。例如，David et al.（2016）建立了一个企业动力学一般均衡模型，将不完全信息与资源配置扭曲、总体生产率与产出联系起来，考虑了企业层面不完全信息对生产要素投入决策的影响，以及不完全信息导致资源错配的程度。结果表明，不完全信息会导致相当大的生产率损失。Berman et al.（2019）将 Jovanovic（1982）的学习模型与 Melitz（2003）的异质性企业模型相结合，把"需求—学习"机制引入具有企业生产率异质性的垄断竞争环境中，开发出一个企业动力学习模型。该模型以需求学习为重点，利用出口企业层面数据，直接证明需求学习是进入出口市场后企业增长动态的重要驱动因素。与此同时，Arkolakis et al.（2018）将 Jovanovic（1982）的学习机制引入具有企业生产率异质性的标准垄断竞争环境中开发出一个"需求—学习机制"模型。此文献认为，学习机制来源于企业对社会潜在需求的判断，随着企业年龄的增长，企业对需求的判断越准确。企业增长是企业对潜在需求判断的凸函数，在控制企业规模的条件下，越年轻的企业的增长速度越快，平均来说，较小的企业增长更快；在控制企业年龄的条件下，规模越小的企业的增长速度越快，这是由企业的退出机制带来的。

综上所述，无论是主动学习模型、被动学习模型，还是后来发展的贝叶斯需求学习模型和企业动力学习模型，都强调了企业可以通过非系统性学习、创新学习、知识外溢、"干中学"、利用内部资源学习及市场需求等机制来实现生产率的提高。因此，本章将企业通过这些机制或者渠道实现对外部知识和技术的积累、消化、吸收、内化、形成自身发展动能，进而不断提高企业生产率水平的过程称为企业的"学习效应"。

（2）学习效应实现机制。借鉴 Geroski and Mazzucato（2002）的研究，本章将企业通过学习效应提高企业全要素生产率的机制归结为以下几种：①非系统性学习。非系统性学习是指企业以完全无组织、无系统的方式，机会主义式地吸收所处环境随机抛出的任何东西，与此同时，也很可能忘记先前所学的东西。由于大型企业较中小企业通常具有更完善的日常管理制度和激励机制，人力资本也更有优势，因而更有可能在日常业务流程的偶然性事件或现象中获得更多的学习机会。②创新学习。其基本思想是几乎所有的学习都可以与特定产品或工艺创新相联系。这些创新体现了企业实际上所做的所有学习，作为学习虽未被观察到却已然发生的一个标志，它已经产生了特定的创新。因此，在很大程度上，观察创新的实现等同于观察学习行为。大量的经验证据表明，各种提高效率的经济活动，如信息和通信技术的使用、劳工培训、研究和发展水平，以及创新的引进，都与规模成正比。③知识外溢。很显然，大型企业更可能会主动向竞争对手学习，或者通过公开的专利信息、国际期刊、科学会议、反求工程、信息交流等方式向国际、国内先进企业学习来获得产品、技术及管理经验以提高自身的生产率。④"干中学"。经典的学习来源是体验式的"干中学"，它是著名的"学习曲线"的基础。随着经济发展模式的升级，对"干中学"已不能局限于企业苦行僧似的埋头苦干，而是要借助外力顺势而为。大型企业通过"以市场换技术""以资金换技术"与国际、国内先进企业进行联合开发，或以共享研发成果的方式就技术参数、产品设计、工艺改进等进行交流合作以交换异质性知识、技术与经验，如海尔集团与英特尔公司共同组建"创新产品研发中心"、华为与欧美国家共同建立海外研发中心等，通过多种形式的对外技术合作来获取先进技术和设备，这是中小企业所难以企及的。⑤利用内部资源学习。到目前为止，所讨论的学习机制都没有提到对企业学习能力的任何限制或约束。事实上，大多数学者认为，企业的学习能力是有限制的，这些限制取决于"吸收能力"。此外，企业积累知识的速度也可能受到类彭罗斯效应的限制。因此，企业知识存量的增长率可能取决于其水平，也可能取决于该存量近期的增长。相比于中小型企业，大型企业能够拥有并利用更多的资源来学习，获得学习能力的提升。

可见，大型企业因其内部资源优势，能够从非系统性学习、创新学习、知识外溢、"干中学"、利用内部资源学习及市场需求中获得比中小企业更多的学习效应。因此，相比于中小型企业，大型企业的学习效应更高，更高的学习效应使其生产率分布密度函数在中小型企业的基础上整体右移。

2. 学习扩张效应及其实现机制

（1）学习扩张效应。学习能力是促进吸收新知识和新技术进行有效产出的重要基础，知识和技术能在多大程度上被企业所消化吸收，直接取决于企业人力资本对知识、技术和信息的学习能力。学习能力由企业当前所具备的基础设施、人力资本、管理水平、研发投入、技术水平和知识交流能力等综合决定，归纳起来包括评估知识、吸收知识和运用知识的能力。在知识经济背景下，企业家与研发人员所构成的人力资本是企业获得良好学习效应的核心要素，在企业对先进技术和知识的吸收过程中起着至关重要的作用。学习能力是企业开展学习模仿与自主创新的内在要求，从根本上反映了知识的积累情况。学习能力强能使企业加速知识积累，更好地吸收外部知识溢出，有利于知识创新、增强企业竞争优势（Cohen and Levinthal，1989，1990）。只有人力资本达到一定的水平，学习能力达到一定的门槛，学习效应才能得到更好的体现，本章将这一状态称为"学习扩张效应"。其实质是知识的积累达到一定的程度使个体和组织的学习效果突破原有学习能力的局限，由量变引起质变的过程。

（2）学习扩张效应实现机制。如彼得·圣吉所言，"企业唯一持久的竞争优势来源于有比竞争对手学得更快更好的能力"。因此，企业最佳的状态就是能达到其他企业所不能企及的学习扩张效应，从而拉大与其他企业的生产率差距。大量实证表明，技术变革在很大程度上归因于企业的经验或主动学习（Pakes and Ericson，1998；King and Tucci，2002；Klepper，2002），学习能力的异质性决定了企业增长模式的异质性。尤其是在技术驱动型行业，企业的增长路径很大程度上取决于其技术知识存量的初始规模是否超过可持续增长所需的阈值（Lee，2010），即企业技术知识的初始存量决定了它是否拥有高技术提升能力。这个阈值是由技术淘汰速度和技术环境质量等多种因素决定的。技术知识存量阈值的存在，使少数技术提升能力强的企业在技术驱动行业中起主导作用，更有可能因其知识积累推动企业增长的良性循环促使企业持续增长或者大幅增长。因此，知识存量阈值为企业间增长模式与增长水平差距提供了一个重要解释（Noda and Collis，2001；Das，1995）。Lee（2010）基于主动学习和学习能力的异质性建立了一个企业技术能力内生演化的企业成长模型，通过对世界银行编制的关于企业增长和技术能力的多国数据的分析，实证地支持了技术能力增强在调整企业增长模式方面的作用。知识存量的积累能够创造出新的知识和经验系统，企业成长本身就是一个不断学习、不断适应市场的过程。因此，努力达到并超过行业所需知识存量阈值成为企业获得高学习能力、实现学习扩张效应的重要途径。

由于大型企业相较于中小企业具有更为明确的企业愿景和更完善的管理制度，在基础研究、科技水平、技术开发、科研平台上有显著优势，对外可以有更多同国际领先科技学习、交流的机会，对内能够开展各项专业技能培训，提供更多渠道、更丰富的内容学习，因而能获得比中小企业更强的学习能力。因此，学习能力是导致学习效应差异化的重要因素，学习能力强的大型企业能从学习效应中获得更大的生产率提升，体现出学习扩张效应，拉动整个大型企业生产率分布密度函数向上扩张。

3. 选择效应及其实现机制

（1）选择效应。"选择效应"最早源于异质性贸易理论。新一代熊彼特增长理论也指出企业兴衰与更替、重新配置资源的过程是经济增长的重要来源，"创新性破坏"理论更是阐明少数创新成功的企业会迅速发展壮大，同时迫使行业中其他企业规模变小，中小型企业退出市场的概率较大，而生存下来的企业由于技术知识的累积效应往往将获得比行业平均速度更快的增长（Aghion et al.，2015）。大量经验证据表明，企业间正在进行的产出和投入的重新分配是相当频繁的。资源和市场份额正不断地从衰退企业转移到其他在位企业，从退出企业转移到新进入企业。这种重新配置的过程有助于总体生产率的增长，这是因为新进入企业取代了生产率较低的退出企业，随着在位企业数量的增长，它们的生产率相对于原在位企业正在下降的同时却获得了提高（Baldwin and Gorecki，1991；Baldwin and Rafiquzzaman，1995；Bartelsman and Doms，2010；Foster et al.，2001）。李平等（2012）考察了中国企业大规模的进入退出与工业部门全要素生产率增长之间的关系，认为市场竞争过程主要通过企业的进入退出来表现，以此激励了现有企业生产率的提高，也使低效率的企业退出市场，从而总体上改进了行业的平均生产率。毛其淋和盛斌（2013）利用我国1998~2007年制造业企业的微观数据进行实证分析发现，企业更替对制造业生产率增长具有直接影响，且存在显著的市场选择效应促使生产率较低的企业退出市场，而新企业在进入之后通过学习效应实现了自身生产率的快速增长。

本章结合前人的这些观点，将企业间的竞争促使低效率企业规模缩减或者退出市场，资源从低效率的企业转移到高效率的企业，提升社会资源的配置效率和企业的平均生产率水平，实现企业规模的扩大称为"选择效应"，即市场竞争加剧形成的优胜劣汰机制会将低效率企业驱逐出市场、高效率企业获得成长。

（2）选择效应实现机制。开放竞争是一个筛选、替代并激发企业持续改进效率的动态过程，对企业生产率的提高、资源配置效率的改善至关重要。借鉴已有关于企业更替、竞争的研究成果，本章将通过选择效应提高企业的全要素生产率的过程归纳为两种机制：①成本机制。随着市场开放的深入，一国经济与全球经济早已融为一体，大型企业不仅要参与国内竞争，还要在国际市场上同发达国家企业展开竞争，要在竞争中取胜，必须降低企业生产和经营成本，要降低成本必须不断提高企业生产率，只有较高生产率的企业才能实现做大做强。因此，低成本是企业生存发展的关键。②动力机制。优胜劣汰的市场竞争激发了社会资源在不同部门和行业之间的自由流动，实现社会资源的优化配置过程实质上是生产率较低企业逐渐退出市场，生产资料逐步转移到生产率较高企业的过程。这种选择效应产生的动力来自市场竞争和优胜劣汰以及对超额利润和不断提高生产率的追求。

综上所述，一方面，由于大型企业具有较低的成本优势，能够获得更高的超额利润，不断提高自身生产率，因此能在激烈的竞争中生存与发展；另一方面，大型企业可以利用其自身的垄断优势，设立较高的进入壁垒，阻碍其他企业的进入。同时，大型企业之间的竞争也会使低效率企业缩小规模甚至退出市场。因此，选择效应使具有高生产率的大型企业能在激烈的竞争中进一步发展壮大，而低生产率的大型企业和中小企业将最终退出市场。由此，高生产率企业比例在大型企业中较高，在中小型企业中较低。

五、"规模偏好"的实证分析

（一）效应识别与分解

表4-3列示了资产总额75%分数点界定的大型企业非约束模型的估计结果，

从估计结果的第一行来看，列（1）报告了学习效应（A）的估计值，参数 A 的估计系数为 0.9371（A>0），表明大型企业相对于中小型企业有更好的学习效应，生产率水平整体上比中小型企业高（$e^{0.9371}-1$），即 1.55 倍。学习效应能够促进大型企业生产率水平整体提高，峰值在中小型企业的右侧，位置相对于中小型企业整体向右偏移。列（2）报告了学习扩张效应（D）的估计值，参数 D 的估计系数为 1.1001（D>1），意味着大型企业的生产率对数分布呈现出更为明显的个体差异特征，学习能力强的企业能获得更大的学习效应，使曲线整体向上拉伸，呈现出"强者恒强"的学习扩张效应，生产率差异不断扩大。列（3）报告了选择效应的估计值，参数 S 的估计系数为 −0.0001（S<0）且并不显著，说明在此区间定义的大型企业几乎不存在选择效应。当然，由于中国工业企业数据库并不包含规模以下的非国有企业，可能使大型企业的选择效应被低估，若将数据扩大到规模以下的非国有企业，估算出来的选择效应该会表现得更强。

表 4-3　非约束模型估计结果

TFP 测度方法	(1) A	(2) D	(3) S	(4) R^2	(5) Obs
LP	0.9371 *** (0.0028)	1.1001 *** (0.0020)	−0.0001 (0.0001)	0.9982	3147342
OP	0.3781 *** (0.0050)	1.0629 *** (0.0032)	−0.0000 (0.0002)	0.9788	3147342

注：***、**、*分别表示在 1%、5%、10%的水平上显著，括号内的数值为相应标准误的值。余同。

总之，从以上估计结果来看，参数 A、D 的估计值都在 1%的显著性水平下为正，选择效应并不显著，拟合优度达到 0.99 以上，表明学习效应、学习扩张效应与选择效应能很好地解释我国本土大型企业与中小型企业之间的生产率差异。相较于熊彼特假说提出的垄断—创新机制，本章的分解研究证明了大型企业实现较高生产率水平的另外一条重要的机制，就是大型企业具有更高的学习能力，而且随着企业规模的不断扩张，这种学习能力更强。

上述分解表明，学习效应差异是企业间生产率异质性的主要原因，而且学习效应的差异直接导致大型企业的生产率比中小企业高 1.55 倍，其主要原因在于：①大型企业能比中小型企业获得更多的学习机会。企业成功吸收利用外部技术知识，需要满足一个前提条件，即必须有机会接触到这些技术。大型企业通常对前沿技术的敏感程度更高，能获得更多的偏向性政策支持，加之本身所具备的基础性研发优势，更可能接触或进入国际、国内技术前沿平台，了解这些技术与知识，获得学习机会。②大型企业较中小型企业更具学习成本优势。外部知识和技术的内化需要学习方耗费成本，生产率的提高也需要支付一定的学习成本，很显然，大型企业更具成本优势。③大型企业较中小型企业具备更好的学习能力。知识与技术的溢出必须经过企业的识别、消化和吸收过程才能内化为企业自身的生产力，大型企业本身具有一定的技术开发能力，能更有效地对国际先进企业进行模仿学习，而中小型企业技术与国际前沿技术相差较大，且通常缺乏基础性研发优势，消化吸收能力较差，获得学习效应的可能性较小。

（二）稳健性检验

1. 改变全要素生产率估计方法

为了考察生产率估计方法对本章结论的影响，本章采用 OP 方法估计进行稳健性检验，企业规模仍按资产总额的 75% 分位点进行划分。具体估计结果如表 4-3 估计结果的第二行所示，尽管由于 OP 方法低估了企业的全要素生产率，进而使估算出来的三种效应系数均小于 LP 方法估算出来的结果，但学习效应、学习扩张效应均在 1% 的水平下保持显著，选择效应依旧不显著，说明生产率估计方法对模型估计没有实质性的影响，不影响估计结论。两种生产率方法的估计结果都显示学习效应（A）显著为正，且学习扩张效应（D）大于 1，均能表明大型企业能够通过学习效应、学习扩张效应获得比中小型企业更高的生产率。

2. 改变企业规模的划分维度和标准

考虑到企业规模的划分维度和标准可能会影响本章结论，为此，本章根据国家统计局标准、企业用工人数与销售总额对企业规模重新划分并再行估计，比较不同企业规模维度下的三种效应的表现。从表 4-4 中的估计结果来看，无论采用何种分类标准，学习效应（A）都显著为正，而学习扩张效应只有在国家统计局标准这种分类下没有显著大于 1；与此同时，本章发现采用文献中通常的中位数分类方法的话，大型企业相对于中小型企业不仅存在显著的学习效应和学习扩张效应，而且存在显著为正的选择效应，尽管选择效应的作用较小。

总之，即使采用非常严苛的国家统计局标准分类，依然可以证明大型企业表现出显著的学习效应，这是大型企业相对于中小型企业具有更高生产率的关键驱动力量。若从中位数标准来观察的话，这三种效应均以1%的显著性水平存在于规模较大的企业中。

表4-4　改变企业规模划分维度与标准

规模划分维度与标准	（1）A	（2）D	（3）S	（4）R²	（5）Obs
国家统计局标准	1.2291*** (0.0129)	0.9750*** (0.0082)	−0.0002 (0.0009)	0.9950	3147342
资产总额 75%分位点	0.9371*** (0.0028)	1.1001*** (0.0020)	−0.0001 (0.0001)	0.9982	3147342
销售总额 75%分位点	1.4452*** (0.0116)	1.0064 (0.0097)	0.0044*** (0.0010)	0.9954	3147342
用工人数 75%分位点	0.7629*** (0.0024)	1.0356*** (0.0018)	−0.0002*** (0.0001)	0.9969	3147342
资产总额 50%分位点	0.6894*** (0.0039)	1.1675*** (0.0030)	0.0028*** (0.0003)	0.9960	3147342
销售总额 50%分位点	1.0961*** (0.0027)	1.2716*** (0.0024)	0.0287*** (0.0005)	0.9931	3147342
用工人数 50%分位点	0.6368*** (0.0025)	1.0455*** (0.0017)	0.0011*** (0.0002)	0.9932	3147342

3. 选择子样本进行估计

鉴于自2008年开始，工业企业数据库中有多个关键指标缺失，对于企业TFP的测度是建立在对数据指标的计算与插值处理上，因此，本章将通过对子样本1999~2007年的数据的模型进行估计以检验总体样本模型估计的稳健性。对比总体样本表4-4与子样本表4-5的估计结果，在相同划分维度和标准下，系数大小相近，符号相同，除用工人数规模划分维度的显著性有所差异以外，没有根本性的差异。这说明本章主要研究结论没有受到中国工业企业数据库使用年限的影响，也表明本章目前采用的研究样本可以做出比较科学合理的分析。

表4-5　1999~2007年子样本估计结果

模型参数	（1）A	（2）D	（3）S	（4）R²	（5）Obs
国家统计局标准	1.2137*** (0.0187)	0.9330*** (0.0139)	0.0041** (0.0019)	0.9933	1793491

续表

模型参数	(1) A	(2) D	(3) S	(4) R^2	(5) Obs
资产总额 75%分位点	0.8359 *** (0.0033)	1.1516 *** (0.0021)	0.0003 *** (0.0001)	0.9966	1793491
销售总额 75%分位点	1.6275 *** (0.0158)	0.9305 *** (0.0143)	0.0060 *** (0.0019)	0.9944	1793491
用工人数 75%分位点	0.6407 *** (0.0025)	1.0893 *** (0.0017)	0.0006 *** (0.0001)	0.9963	1793491
资产总额 50%分位点	0.5340 *** (0.0037)	1.2022 *** (0.0028)	0.0043 *** (0.0003)	0.9935	1793491
销售总额 50%分位点	1.1972 *** (0.0023)	1.1684 *** (0.0020)	0.0292 *** (0.0006)	0.9917	1793491
用工人数 50%分位点	0.4717 *** (0.0035)	1.0757 *** (0.0026)	0.0022 *** (0.0004)	0.9914	1793491

（三）不同影响机制的重要性评估

如上文非约束模型结果表明，大型企业与中小型企业生产率差异是学习效应、学习扩张效应与选择效应综合作用的结果。但是，这三种效应在对生产率差异的总体影响中究竟发挥什么样的作用？本章进一步运用约束估计模型对学习效应、学习扩张效应及选择效应重新评价和检验每种效应的相对重要性。

本章分别设定了无学习扩张效应、无选择效应、仅存在学习效应和仅存在选择效应四种情况，表4-6列示了不同约束模型的估计结果。其中，无学习扩张效应的模型将参数D的系数固定为1，隐含的约束条件为不同生产率水平的大型企业具有相同的学习效应。在该约束条件下，大型企业的学习效应估计值位为1.0353（A>0），大于基准非约束模型设定下的估计结果（0.9371），选择效应S的估计结果为-0.0017，非约束模型的估计结果为-0.0001，表明在没有控制学习扩张效应的情况下，会造成对学习效应的高估。因此，是否设定学习扩张效应，对于正确估计选择效应非常重要；同时也表明，若只关注某一特定机制的影响，可能会导致有偏的估计结果。再考察无选择效应的约束估计模型，该模型估计参数A、D的值与非约束模型中的估计值相差不大，对比表4-3可以看出，主要原因在于大型企业的选择效应虽然显著但对生产率差异的贡献率并不大。由此可见，我国大型企业与中小型企业的全要素生产率差异的主要原因在学习效应和学习扩张效应上。本章还尝试估计了仅设定学习效应和仅设定选择效应的约束模型，在只设定学习效应的情况下，模型拟合优度为 0.9890，而在只设定选择效应的情况下，模型将无法估计得出，再次验证说明学习效应是解释我国大型工业企业生产率优势来源的根本原因，选择效应对生产率差异影响有限。

表 4-6　各种约束模型估计结果

无学习扩张效应 (D=1)			无选择效应 (S=0)			仅学习效应 (D=1, 且 S=0)		仅选择效应 (A=0, D=1)	
A	S	R^2	A	D	R^2	A	R^2	S	R^2
1.0353*** (0.0014)	−0.0017*** (0.0001)	0.9907	0.9342*** (0.0023)	1.1024*** (0.0015)	0.9982	1.0270*** (0.0015)	0.9890	N/A	N/A

（四）大型企业生产率优势来源的演化

改革开放 40 多年来，中国经济取得了举世瞩目的成就，企业自身发展也发生了巨大变化，企业规模差异对生产率的作用机制也可能发生某些适应性改变。本章分别对每一年的数据进行估计，以考察学习效应与选择效应对生产率差异的作用在时间维度上的演变。

从表 4-7 可以看出，1999~2013 年，学习效应和学习扩张效应、选择效应的估计结果表现十分稳健，学习效应大于 0，学习扩张效应普遍大于 1，选择效应整体呈现出总体递减趋势。这说明一直以来，虽然大型企业的整体效率要高于中小型企业，但就低效率企业所占的比例来说，正呈现逐渐收敛状态。受 2009 全球经济危机的影响，大型企业在学习效应中获得的生产率提高出现了较大降幅，2009 年选择效应在 1% 的显著性水平下为负，说明经济危机对整个世界经济环境产生了较大的负面影响，且持续时间较长，缩小了大型企业与中小型企业的因学习效应而产生的生产率差异，且在 2009 年大型企业中的低效率企业的比例甚至高于中小型企业（S<0 意味着大型企业中的低效率企业比例更高）。

表 4-7　分年度估计结果

年份	(1) A	(2) D	(3) S	(4) R^2	(5) Obs
1999	0.8127*** (0.0149)	1.0993*** (0.0132)	0.0037** (0.0018)	0.9943	130096

续表

年份	（1） A	（2） D	（3） S	（4） R^2	（5） Obs
2000	0.8518 *** （0.0129）	1.1065 *** （0.0128）	0.0018 （0.0016）	0.9956	132829
2001	0.8250 *** （0.0116）	1.1589 *** （0.0094）	0.0023 *** （0.0009）	0.9968	143566
2002	0.8243 *** （0.0107）	1.1691 *** （0.0083）	0.0006 （0.0004）	0.9980	153338
2003	0.8247 *** （0.0115）	1.1710 *** （0.0069）	0.0005 （0.0003）	0.9979	172558
2004	0.8171 *** （0.0070）	1.2284 *** （0.0059）	0.0004 ** （0.0002）	0.9943	242310
2005	0.8263 *** （0.0074）	1.1704 *** （0.0058）	−0.0001 （0.0001）	0.9954	242662
2006	0.8246 *** （0.0183）	1.1517 *** （0.0121）	−0.0004 （0.0019）	0.9948	270814
2007	0.8227 *** （0.0115）	1.1172 *** （0.0072）	−0.0017 ** （0.0008）	0.9934	305318
2008	0.8399 *** （0.0119）	1.1728 *** （0.0089）	−0.0001 （0.0006）	0.9978	337744
2009	0.9924 *** （0.0139）	1.0834 *** （0.0078）	−0.0294 *** （0.0025）	0.9919	195279
2011	0.5258 *** （0.0102）	1.1721 *** （0.0053）	0.0000 （0.0004）	0.9977	258014
2012	0.4794 *** （0.0062）	1.1812 *** （0.0031）	0.0000 （0.0001）	0.9974	271230
2013	0.4869 *** （0.0074）	1.1643 *** （0.0045）	0.0000 （0.0001）	0.9972	291584

六、"规模偏好"的异质性分析

（一）分行业估计

大量研究表明不同行业的企业生产率有较明显差异，接下来检验一下这种差异是否会影响本章模型结论。通过对工业 30 个行业数据分别进行估算，如表 4-8 结果所示，从 30 个行业估计结果来看，参数 A 都显著大于 0，参数 D 基本显著大于 1，说明所有这些行业中的大型企业学习效应显著，且高学习能力的企业能获得更大程度的效率提高；主要差异体现在参数 S 上，参数 S 只在（14、23）少数行业显著为正，其他行业均不显著，说明只有在这几个行业的大型企业的生产率对数表现为较为明显的左截断，大型企业中低效率企业比例更低些，其他行业大型企业与中小型企业一样都存在较多的低效率企业。因此，从总体来看，分行业的估计结果支持了总体样本的基本结论。

表 4-8　分行业估计结果

行业	(1) A	(2) D	(3) S	(4) R^2	(5) Obs
农副食品加工业（13）	0.8994 *** (0.0069)	0.9933 (0.0044)	-0.0003 (0.0002)	0.9982	193648
食品工业（14）	1.1258 *** (0.0139)	1.0158 (0.0089)	0.0126 *** (0.0018)	0.9946	73120
饮料工业（15）	1.1400 *** (0.0289)	1.0181 (0.0169)	0.0038 (0.0023)	0.9967	50619
烟草制品业（16）	1.5232 *** (0.1336)	1.1976 *** (0.0641)	0.0395 (0.0214)	0.9898	2272
纺织业（17）	0.7303 *** (0.0214)	1.0430 ** (0.0168)	-0.0019 (0.0029)	0.9924	263288
纺织服装、鞋、帽工业（18）	0.8850 *** (0.0112)	1.0975 *** (0.0076)	-0.0001 (0.0002)	0.9981	144147

续表

行业	(1) A	(2) D	(3) S	(4) R²	(5) Obs
皮革、毛皮、羽毛（绒）及其制品业（19）	0.9455 *** (0.0332)	1.0646 *** (0.0214)	-0.0006 (0.0029)	0.9943	72707
木材加工及木、竹、藤、棕、草制品业（20）	0.7216 *** (0.0730)	1.0708 (0.0413)	-0.0032 (0.0138)	0.9868	72375
家具工业（21）	0.9449 *** (0.0157)	0.9712 ** (0.0116)	-0.0004 (0.0005)	0.9986	40540
造纸及纸制品业（22）	0.9548 *** (0.0120)	1.0518 *** (0.0091)	-0.0009 (0.0006)	0.9976	85481
印刷业和记录媒介的复制（23）	1.2638 *** (0.0347)	0.9370 ** (0.0255)	0.0261 *** (0.0075)	0.9907	58330
文教体育用品工业（24）	0.8800 *** (0.0187)	0.9999 (0.0106)	-0.0003 (0.0013)	0.9982	39154
石油加工、炼焦及核燃料加工业（25）	1.1556 *** (0.0171)	1.1693 *** (0.0126)	0.0007 (0.0008)	0.9980	21138
化学原料及化学制品工业（26）	0.9721 *** (0.0082)	1.0730 *** (0.0044)	-0.0004 *** (0.0001)	0.9983	230151
医药工业（27）	1.0690 *** (0.0177)	1.0593 *** (0.0100)	0.0009 (0.0008)	0.9984	62934
化学纤维工业（28）	0.9042 *** (0.0551)	1.2149 *** (0.0409)	-0.0002 (0.0078)	0.9942	16795
橡胶制品业（29）	0.8957 *** (0.0179)	1.1106 *** (0.0145)	-0.0008 (0.0006)	0.9984	37139
塑料制品业（30）	0.8793 *** (0.0094)	1.0247 *** (0.0067)	-0.0003 (0.0002)	0.9979	148534
非金属矿物制品业（31）	0.8687 *** (0.0061)	1.0173 *** (0.0043)	-0.0004 *** (0.0001)	0.9966	269819
黑色金属冶炼及压延加工业（32）	0.9563 *** (0.0108)	1.2223 *** (0.0071)	0.0002 (0.0003)	0.9969	69544
有色金属冶炼及压延加工业（33）	0.8990 *** (0.0190)	1.1342 *** (0.0123)	-0.0010 (0.0022)	0.9937	55373

续表

行业	(1) A	(2) D	(3) S	(4) R^2	(5) Obs
金属制品业（34）	0.9232*** (0.0091)	1.0765*** (0.0059)	−0.0002 (0.0002)	0.9981	175515
通用设备工业（35）	0.9069*** (0.0112)	1.0938*** (0.0085)	−0.0006 (0.0008)	0.9952	258748
专用设备工业（36）	0.9818*** (0.0116)	1.0589*** (0.0070)	−0.0003 (0.0004)	0.9980	138727
交通运输设备工业（37）	0.9797*** (0.0097)	1.1353*** (0.0061)	0.0002 (0.0002)	0.9977	145591
电气机械及器材工业（39）	0.9924*** (0.0074)	1.1142*** (0.0041)	−0.0002 (0.0002)	0.9982	197932
通信设备、计算机及其他电子设备工业（40）	1.0207*** (0.0172)	1.1061*** (0.0100)	−0.0006 (0.0010)	0.9956	107684
仪器仪表及文化、办公用机械工业（41）	1.0613*** (0.0174)	1.0984*** (0.0096)	−0.0007 (0.0006)	0.9976	45263
工艺品及其他工业（42）	0.8520*** (0.0164)	1.1043*** (0.0113)	−0.0005 (0.0005)	0.9980	64528
废弃资源和废旧材料回收加工工业（43）	1.4649*** (0.3150)	0.7936 (0.1294)	−0.2150** (0.1077)	0.9480	6246

　　尽管资源错配与总量生产率的大量文献发现企业生产率存在分行业的巨大差异和错配，但是本章分行业的估计进一步发现：①在行业间，不同行业的不同规模企业的学习效应差异很大，其中食品工业（14），饮料工业（15），烟草制品业（16），印刷业和记录媒介的复制（23），石油加工、炼焦及核燃料加工业（25），通信设备、计算机及其他电子设备工业（40），仪器仪表及文化、办公用机械工业（41）的学习效应显著大于1，说明这些行业的大型企业的学习效应非常突出。因此，提高低学习效应行业中大型企业的学习效应，不仅可以提高行业的生产率水平，而且可以优化行业之间的资源配置效率。②在行业内，大多数行业的选择效应小于0。这说明相对于中小型企业而言，这些行业的大型企业中的低效率企业的比例更高，存在严重的"逆向选择"问题。因此，优化资源配置首要的是淘汰这些行业中大型企业的低效率企业，这样能够快速促进行业和总体

经济生产率提高。

（二）分要素类型估计

本章结合不同行业的特征，将企业按照产品所在行业不同要素类型分为技术密集型（26、27、28、35、36、37、39、40、41），资本密集型（22、23、25、31、32、33、34），劳动密集型（13、14、15、16、17、18、19、20、21、29、30、24、42、43），分组检验并考察不同类型生产要素行业模型系数之间的差异。如表4-9所示，大型企业的学习效应和学习扩张效应在技术密集型、资本密集型、劳动密集型行业中呈现递减特征。其主要原因在于：①技术密集型行业生产的商品具有更高的技术含量，是商品流中技术溢出的主要载体，技术溢出速度更快，通过学习效应所获得的技术积累更是加强了企业的学习能力，形成一种正向循环效应，进一步推动企业生产率的提升，再加上技术密集型产品的附加值较资本密集型、劳动密集型更高，因而体现出来的学习效应与学习扩张效应相对更高。②高端技术行业中的领先大型企业可能通过技术与市场垄断制造技术壁垒，更不利于中小型企业对于技术的学习，从而拉大两者之间的生产率差异。而资本密集型和劳动密集型行业更多涉及重复性的产品和相对简单的劳动，对知识和技术的积累要求相对较低，附加值相对也较低，体现出来的学习效应和学习扩张效应相应要低一些。

表4-9　不同要素类型估计结果

要素密集度	(1) A	(2) D	(3) S	(4) R^2	(5) Obs
技术密集型	0.9886*** (0.0032)	1.1127*** (0.0023)	**−0.0001*** (0.0000)**	0.9979	1203825
资本密集型	0.9275*** (0.0044)	1.0726*** (0.0038)	−0.0002 (0.0002)	0.9983	735200
劳动密集型	0.8519*** (0.0036)	1.0623*** (0.0028)	−0.0002 (0.0002)	0.9983	1208317

选择效应都很小，但技术密集型行业的选择效应最大，且在1%的显著性水平下显著，说明相对于资本密集型和劳动密集型行业来说，技术密集型中的低效率大型企业的比例要更低一些，同样存在较为严重的"逆向选择"问题。其主要

原因在于：①大型企业更倾向于进入技术密集型产业，主观上会回避参与附加值较低的行业，因此从事技术密集型行业的大型企业比例本身可能就相对要高。②从客观市场上来说，技术密集型行业中的低效率大型企业很容易受到同行业中高效率大型企业的排挤，与此同时，还需与众多中小型企业中的高效率企业展开竞争，大型企业经营成本高且灵活性上不具优势，最终不得不缩小规模甚至退出市场。

（三）分地区估计

由于我国区域发展很不平衡，东部发展迅速，中部发展较慢，西部发展滞后，因此有必要进一步考察不同规模企业生产率差异是否会因地区差异而有不同表现。根据已有文献，结合地理位置和经济发展水平，本章将中国 31 个省份（不含港澳台）划分为东部（北京、天津、河北、辽宁、上海、江苏、浙江、福建、山东、广东、海南）、中部（山西、吉林、黑龙江、安徽、江西、河南、湖北、湖南）和西部（重庆、四川、贵州、云南、西藏、陕西、甘肃、青海、宁夏、新疆、内蒙古、广西）三大经济区域。如表 4-10 所示，不同地区三大效应的表现差异较大。大型企业的学习效应从东部、中部到西部呈现递增的特征。其主要原因在于：①技术溢出的方向更多的是从领先地区向落后地区溢出，且在一定程度上区域间的技术差距与技术溢出效应呈同向关系（Findlay，1978）。我国西部地区的技术水平还处于技术瓶颈之下，通过学习很容易提高自己的生产率（叶娇和赵云鹏，2016）。②我国东部、中部地区的产业有主动向西部进行梯度转移的趋势，西部大型企业能够利用西部大开发的战略机遇从东部、中部地区技术的承接和辐射溢出中获得较高的学习效应。Groenewold et al.（2007）就曾通过脉冲响应函数模拟我国东部、中部和西部地区经济的相互影响，认为存在明显的东部沿海地区向中部、西部地区及中部地区向西部地区的溢出效应，但不存在西部地区向东部、中部地区的溢出效应。

表 4-10 不同地区估计结果

区域	(1) A	(2) D	(3) S	(4) R^2	(5) Obs
东部地区	0.9076*** (0.0026)	1.1352*** (0.0016)	**-0.0001***** **(0.0000)**	0.9982	2287295

区域	(1) A	(2) D	(3) S	(4) R²	(5) Obs
中部地区	0.9378*** (0.0051)	1.0399*** (0.0035)	**−0.0004*** (0.0001)**	0.9984	550732
西部地区	1.1366*** (0.0127)	0.9902 (0.0080)	−0.0006 (0.0011)	0.9971	309315

大型企业的学习扩张效应从东部、中部到西部呈现递减的特征。其主要原因在于：我国东部地区的基础设施、人才吸引力、科技水平、市场开放度都明显优于中部、西部地区，且交通便利，地缘优势显著，在资源上具有"虹吸效应"，在对外贸易、对外投资和引进外资上都有中部、西部地区难以企及的优势，且相邻省份之间能够通过共享资源、优势互补实现资源和产业集聚（刘林和张勇，2019），因而该地区大型企业具备较为丰富的资源、知识技术的积累和学习能力，能体现出更强的学习扩张效应。

从选择效应来看，三个地区都存在"逆向选择"问题，只不过东部、中部在1%的显著性水平下为负，说明东部和中部的大型企业中低生产率企业更多。其主要原因可能在于，东部地区企业密集度更高（从表4-10中的样本量可以直观地看出），竞争更为激烈，在市场竞争选择过程中，低效率的大型企业可能出现两种结果：其一，通过加强学习，顺利晋级进入高效率企业行列或者依托相关政策被高效率的大型企业合并；其二，因顶不住竞争的压力降级缩小规模进入中小型企业行列甚至退出市场。

（四）分企业年龄估计

为考察三种效应在不同年龄企业中的作用，本章进一步将企业按年龄分为五种。从表4-11估计结果可见，总体上随着存活年限越长，大型企业学习效应呈现出递增的特征，其主要原因在于：①企业年龄越长对于知识和技术的积累也就越丰富，能够从"干中学"和技术溢出中获得更高的生产率。②所有年龄段企业的学习扩张效应估计值D都在1%的显著性水平上大于1，不管在哪个年龄段，学习能力强的大型企业能获得更大的学习效应。其中，年龄在1~2年的大型企业的学习扩张效应最大，其主要原因在于：成立初的1~2年决定了新进入企业能否融入市场并生存下来，此时的企业面临较大的生存压力，具有强烈创新和进取精神，学习能力较高的大型企业能够将这种生存压力转化为学习动力，获得生产率的迅速提升。选择效应在企业年龄在 6~15 年显著为负，说明这个时间段的大型企业中可能存在高于中小型企业的低效率企业，尤其是在 6~10 年的企业，选择效应在 1% 的显著性水平下为 -0.0017，其主要原因在于：7~9 年是我国大型企业退出的高峰年龄段，结合参数 D 的结果可以看出，这个年龄段的大型企业学习扩张效应呈现明显下降，说明这个年龄段"僵而不死"的大型企业数量较多。在随后 10~15 年这个阶段，学习扩张效应和选择效应都有所提高。

表 4-11 不同年龄企业估计结果

企业年龄	(1) A	(2) D	(3) S	(4) R^2	(5) Obs
Age1（1~2 年）	0.0944 ** (0.0405)	1.2656 *** (0.0234)	0.0001 (0.0012)	0.9913	12399
Age2（3~5 年）	0.2803 *** (0.0124)	1.2090 *** (0.0071)	-0.0001 (0.0002)	0.9951	121833
Age3（6~10 年）	0.8251 *** (0.0129)	1.0897 *** (0.0080)	**-0.0017 **** (0.0008)**	0.9954	671054
Age4（11~15 年）	0.9134 *** (0.0045)	1.1214 *** (0.0028)	**-0.0001 **** (0.0001)**	0.9978	1035991
Age5（16 年以上）	1.0433 *** (0.0033)	1.1288 *** (0.0026)	0.0012 *** (0.0002)	0.9976	1306065

选择效应在存活年限较长的企业中（16 年以上）显著为正，主要原因可能在于：①我国大型企业的平均寿命为 7~9 年，中小型企业的平均寿命为 2.5 年，能存续 16 年以上的企业数量通常为根基深厚的大型企业。因为从企业成长演化过程来看，中小型企业退出更频繁，生存下来的企业能够通过持续的学习、不断转换学习成果来获得比行业平均速度更快的增长，从而实现了企业规模和年龄之间的正相关关系（Aghion et al.，2014）。②这些存续时间长的企业经过长期的知识和资源的积累，拥有一定的市场垄断能力和实现国际化能力，低效率企业比例相对更低一些。

（五）分所有制性质估计

本章根据中国工业企业数据库中的企业注册类型将企业分为国有企业（包括

国有企业和集体企业）、私营企业和外资企业（包括港澳台企业和外商投资企业），进一步分组考察了三种效应在不同所有制企业间的表现①。从表4-12可以看出，从学习效应上看，无论是国有企业还是私营企业和外资企业，大型企业的学习效应都更强（A>0），并且国有大型企业的学习效应更大，几乎是私营企业和外资企业的两倍。其主要原因可能在于：①我国目前处在经济转轨和赶超阶段，大多数投资项目为政府主导型，拥有资源、市场和政策优势的国有大型企业自然能够获得更多的优惠政策和技术支持，相应的学习效应更高。②国有企业在经过早期的扩大企业自主权（1978~1980年）、经济责任制（1981~1982年）、利改税（1983~1986年）、承包制（1987~1991年）和建立现代企业制度（1992~1997年）五个阶段的改革，以及后来的"抓大放小"、公司治理改革、改制上市及建立国资委等举措后，已经蜕变为一个个在各自的行业具备国际竞争力的大型企业。

表4-12　不同所有制企业估计结果

企业性质	(1) A	(2) D	(3) S	(4) R^2	(5) Obs
国有企业 （国有+集体）	1.4657*** (0.0057)	0.9461*** (0.0036)	−0.0036*** (0.0003)	0.9959	344734
私营企业	0.7719*** (0.0104)	1.0982*** (0.0066)	−0.0001 (0.0008)	0.9964	1418723
外资企业 （港澳台+外资）	0.7980*** (0.0069)	1.1750*** (0.0048)	0.0000 (0.0002)	0.9978	313827

而在学习扩张效应上，表现为学习能力强的外资企业和私营企业受益更大（D>1），而国有企业学习扩张能力不足。外资企业由于本身就已经在国际市场竞争中具备一定的竞争能力，因此进入中国市场能够快速适应和学习。而产权明晰和机制灵活的私营企业从一开始就具备很强的市场适应能力和模仿学习能力，其中学习能力强的大型企业更能将生存压力转化为学习动力，因而能获得更大的学习扩张效应。国有大型企业由于存在产权边界模糊，机构庞杂，管理制度相对僵

---

① 本章同样根据中国工业企业数据库中企业注册类型的原始分类（国有企业、集体企业、私营企业、港澳台企业和外商投资企业），考察了三种效应在不同所有制之间的表现，发现基本结论与本章目前合并的三种大类一致。感兴趣的读者可以来信索取更详细分类的估计结果。

化，决策过程往往需要经过更多的审批环节，且由于投资项目往往涉及金额较大，因风险、责任及收益等多重因素考虑，管理层在决策时相对保守从而在一定程度上制约了企业学习能力的发挥。

在选择效应上，国有企业在 1% 的置信水平下显著为负，说明国有大型企业中的低效率企业比例更高，在国有大型企业中存在严重的"逆向选择"问题。这主要是因为，我国国有大型企业承担了我国大部分基础设施建设和公共产品的供给，得到更多的政策保护，参与市场竞争淘汰的程度较低；此外，我国不少国有企业不以盈利为主要目标，可能影响企业的生产率，因而存在较大比例的低效率企业。本章进一步证实了我国新一轮国企改革必须以功能界定分类改革为基本前提，将国有企业分为公益类和商业类两类，实行分类改革、分类发展、分类监管、分类定责、分类考核的基本方向（参见中共中央、国务院于 2015 年 9 月中旬印发的《关于深化国有企业改革的指导意见》）。

七、结论、建议与启示

（一）结论

中国工业企业长期存在的规模情结的合理性是什么？为揭示中国工业企业"规模偏好"的驱动力量，本章基于 1999~2013 年中国工业企业数据，使用 LP 方法对中国工业企业全要素生产率进行测算，运用 Combes et al.（2012）提出的无条件分布特征—参数对应分析方法，将影响大型企业生产率的机制分解为学习效应、学习扩张效应与选择效应，从而界定了企业规模影响生产率的三种机制，并对这三种效应进行识别与分解。

本章研究发现：①从不同规模企业之间的生产率差异来看，大型企业的 TFP 的均值都明显高于中小型企业的 TFP，而且从生产率对数核密度图来看，随着分位点的提高，中小型企业的 TFP 较大型企业的 TFP 的差距越来越大。②从大型企业相对于中小型企业的生产率优势来源来看，学习效应是解释我国不同规模企业生产率差距的主要原因，学习效应差异直接导致大型企业生产率比中小型企业生产率高 1.55 倍。而且学习能力更强的大型企业能够通过学习效应获得更大的生产率提高，产生学习扩张效应。因此，造成我国不同规模企业的生产率差异的主要原因在于学习效应和学习扩张效应。③在演化趋势上，大型企业相对于中小型企业的学习效应不断下降，学习扩张效应却不断提高。虽然大型企业的整体效率要高于中小型企业，但就低效率企业所占的比例来说，正呈现逐渐收敛状态。④在异质性上，不同规模企业的生产率差异在行业、要素类型、所有制、企业年龄及不同地区等维度都表现出强烈的异质性，需要关注的是企业在追求规模的过程中出现比较严重的"逆向选择"问题，即不同维度都反映出我国大型企业中存在着较高比例的低效率企业，这是我国企业"规模偏好"的隐含成本。第一，不同行业的不同规模企业的学习效应差异很大，其中食品工业（14），饮料工业（15），烟草制品业（16），印刷业和记录媒介的复制（23），石油加工、炼焦及核燃料加工业（25），通信设备、计算机及其他电子设备工业（40），仪器仪表及文化、办公用机械工业（41）的学习效应显著大于1，说明这些行业的大型企业的学习效应非常明显。因此，提高低学习效应行业中大型企业的学习效应，不仅可以提高行业的生产率水平，而且可以优化行业之间的资源配置效率。与此同时，大多数行业的选择效应小于0，说明相对于中小型企业而言，这些行业的大型企业中的低效率企业的比例更高。因此，优化资源配置的方向首先是淘汰这些行业中大型企业的低效率企业，这样对整个行业乃至总量经济的生产率提升有更大的促进作用。第二，大型企业的学习效应和学习扩张效应在技术密集型、资本密集型、劳动密集型行业中呈现出递减特征，而且相对于资本密集型和劳动密集型行业来说，技术密集型中的低效率大型企业的比例要更低一些，"逆向选择"问题更为严重。第三，大型企业的学习效应从东部、中部到西部呈现递增趋势，反映了我国三大地区之间的技术差距。而大型企业的学习扩张效应从西部、中部到东部呈现递增趋势，则说明了地区学习效应的"马太效应"。东部和中部的大型企业存在"逆向选择"问题。第四，企业年龄越大，大型企业相对于中小型企业的学习效应越强，而初创企业表现出较强的学习扩张效应。只有当企业经营年限超过16年以上时，选择效应才成为大型企业生产率高于中小型企业的主要原因。而5~15年龄段的企业同样存在严重的"逆向选择"问题，说明这个年龄段是产生"大企业病"的关键期。第五，从不同所有制看，国有大型企业的学习效应更强，几乎是私营企业和外资企业的两倍，但其存在严重的"逆向选择"问题，即国有大型企业中存在较高比例的低效率企业。而大型私营企业和外资企业的学习扩张效应更强，国有大型企业由于种种制约而学习扩张效应不足。

（二）建议

揭示我国企业的"规模偏好"和识别我国大型工业企业生产率优势来源，对我国工业企业成长能力的形成、经济新旧动能转换、产业结构优化、地区经济发展等方面都具有重要的政策意义：

（1）提高低学习效应行业中大型企业的学习效应，淘汰行业中低效率大型企业，深化企业改革。本章发现，我国大型工业企业与中小型工业企业一样拥有较多的低效率企业，并且在不少行业、企业年龄在6~15年的大型企业及国有大型企业中，低效率企业比例较中小企业更高。这说明，市场优胜劣汰的机制并没有在我国得到充分发挥，我国存在较多的"僵而不死"的大型企业。这在很大程度上与我国大型企业建立的体制及政府的规模偏好息息相关，这些低效率大型企业的存在不仅挤占了高效率企业的市场份额，也造成了资源的浪费。因此，进一步深化企业改革，提高企业的学习效应、淘汰衰败企业，在"固本培元"的同时"肃清积淤"，是激发我国经济活力的重要举措。这样可以快速提高行业的生产率水平，优化行业间的资源配置，提高整个经济的生产效率。

（2）积极引导资本重点投向学习效应更大、学习扩张效应更显著、成长性更强且更持久的领域和行业，形成合理和高效的产业布局以获得最大的生产率增长潜力。本章实证结果显示，技术密集型大型企业能够在学习效应和学习扩张效应中获得更大的生产率提升。因此，我国应积极鼓励国内企业转型升级，嵌入全球价值网络，并力争向全产业链的高端、技术含量高和高附加值的环节发展，一方面可以避免陷入发达国家对中国的"低端技术锁定"，另一方面可以主动争取成为全球价值链的主导者。

（3）西部大开发意义重大。本章发现，我国大型企业的学习效应从东部、中部到西部中呈现递增的特征，西部市场潜力巨大。因此，我国应当深入挖掘西部大型企业对当地经济的龙头引领作用，这对提高我国经济整体发展水平、缩小地区经济发展差距意义重大。为此，政府要合理规划和因势利导西部地区的产业布局，加大对当地交互作用强的项目引入，使之与本地产业升级相结合；制订科技优惠政策和专有人才引进与培养计划，提升当地人力资本；并且鼓励企业间开展深层次、全方位的合作，加快知识、技术的交流频率，促进知识在产业内与产业间的扩散与学习。

（4）学习效应与学习扩张效应是导致大型企业与中小型企业生产率差异的主要原因。为此，大型企业要居安思危，持续学习，打造学习型企业，积极参与全球生产网络，努力成长为具有自主核心技术的国际型大型企业，成为全球价值链的主导者。中小型企业应该尽早转变现有的简单模仿与复制的发展策略，提高产品的附加值，通过学习效应在实践中逐步实现由小变大、由大变强。

（三）启示

1. 中国工业企业成长模式与升级路径

长期以来，学界一直认为我国存在"宏观好、微观差"的"宏微观悖论"。本章研究却表明，中国工业企业的成长和中国经济的高速增长过程高度契合，如果说中国经济的增长模式可以概括为"资产负债表式的增长"的话，那么，中国经济微观层面的表现就是企业对规模无以复加的追求与企业规模的迅速扩张。从图4-4的对比可知，中国经济从改革开放初期起步 [图4-4（b）的第三象限]，实现了40多年的高速发展 [图4-4（b）的第二象限]，实际上有着高度契合的微观基础，那就是如图4-4（a）所示的那样，中国企业从改革开放初期的又小又弱逐步成长，在追求规模占领市场的过程中逐步成长为越来越大的大型企业，其中已经包括进入世界500强的这些又大又强的企业。

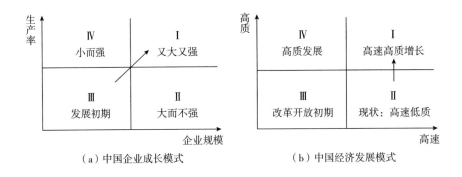

（a）中国企业成长模式　　　　　（b）中国经济发展模式

图4-4　中国企业成长模式和中国经济发展模式对照

与此同时，中国企业在追求规模的过程中不仅助推了中国经济总量的迅速提升，而且在规模扩张中实现了竞争优势，关键环节就是在无休止的追求规模过程中形成良好的学习能力，这个学习能力不仅来源于市场，而且来源于政府；不仅来自国内市场，而且来自国际市场。而中国企业已经形成的学习能力和学习扩张能力［图4-4（a）的第一象限］，不仅是帮助自身做大做强的驱动力量，而且是实现中国经济高速、高质发展的微观基础［图4-4（b）的第一象限］。

实际上，中国企业成长选择这样一条渐进式道路，是由企业成长的具体环境决定的。具体而言，中国工业企业对规模的追求，实际上反映了在中国特有的制度背景和商业环境下，企业家们作为一个个市场中成长和参与竞争的鲜活个体，在一个并不完美的环境中发展和斗争中所采取的一种权宜之计。中国企业所处的内外部环境、经济结构的转型，都使企业无论是为了缓解生存压力、寻找成长空间还是构建跨越式发展的能力，都必须思考和确立适合自己的发展战略，而这个战略就是追求规模。只有具备一定的规模，企业才可能获得企业发展过程必要的贷款；只有具备一定的规模，企业才可能获得更多的要素资源；只有具备一定的规模，企业才可能在面临危机时获得政府保护渡过难关。

本章研究同样引起对学界现有研究和认识的反思。给定中国在改革开放开始的"一穷二白"的状态，给定一个中国当时面临的国际竞争环境，中国经济从改革开放初期就想迅速实现高速高质的增长是不现实的，根本原因就是在微观上并不存在那个能够有效组织生产、快速切入市场及参与国际竞争的企业群体。也就是说，是中国企业不可能从改革开放初期的又小又弱［图4-4（a）的第三象限］迅速实现又大又强［图4-4（a）的第一象限］，决定了中国宏观经济不可能从改革开放初期的国弱民穷［图4-4（b）的第三象限］迅速实现所期盼的高速高质发展［图4-4（b）的第一象限］。

与此同时，我们同样不要误读中国企业的生存和发展之道。基于制度约束和国际竞争环境，中国企业没有也不可能走出一条"拔地而起"的路［从图4-5（a）的第三象限直接发展到第一象限的又大又强状态］，只能选择一条稳健升级的路，就是在参与市场竞争过程中逐步做大做强的路［如图4-5（b）中的斜线所示］，这也是一条渐进式发展和转型升级的道路［如图4-5（c）中的曲线所示］。

2. "规模偏好"与资源错配问题

大量研究已经证实资源错配是解释国别收入差异的主要原因，国内外学者也借助中国微观数据证明了中国存在严重的资源错配问题。而对造成中国资源错配的根源，学者们目前主要从市场分割、融资约束、劳动力流动及偏向性政策等方

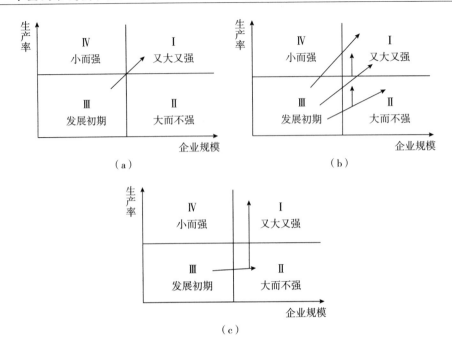

图 4-5　中国企业升级路径

面展开研究。本章研究有助于进一步认清中国资源错配产生的微观根源，那就是中国企业在追求规模和做大做强的过程中不可避免地在大型企业中出现了大量的低效率企业。从图 4-6 的（b）中可见，中国企业在追求规模过程中的"逆向选择"问题几乎存在于所有行业，其中只有烟草复制品（16）、印刷业和记录媒介的复制（23）、食品工业（14）及饮料工业（15）不存在。从图 4-6（a）可以发现，中国大型企业的行业之间的学习效应差异也很大。因此，我国解决资源错配问题就有两个方向：一是行业间的大型企业在学习能力上的趋同；二是行业内淘汰大型企业中的低效率企业。

3. 企业成长中构筑生产率优势的生命周期特征

本章发现，大型企业的成长过程与一个人的成长过程极为相似。一个婴儿从出生到长大成人会经历几个显著的阶段：1~3 岁婴幼儿时期的孩子刚刚脱离母体，因此身体弱小，但是对新生事物保持了极大的兴趣，不仅学习能力强，而且成长快。3~6 岁的儿童是性格养成时期，孩子的学习能力和认知能力都非常强。而进入 6~15 岁这个阶段，孩子就会逐步表现出性格上的叛逆和习惯上的反复，虽

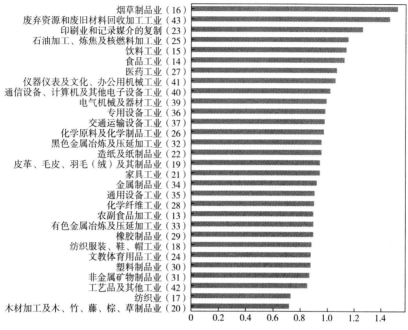

（a）学习效应差异

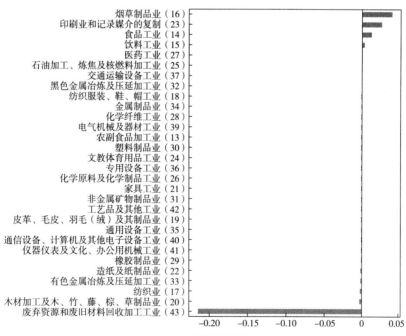

（b）选择效应差异

图4-6　行业层面的资源错配

然这个阶段孩子的各个方面仍然在进步，但是随着要求的提高，有些孩子在一些方面已经开始掉队。因此，这个阶段的孩子成长要解决习惯养成、素质教育、能力培养等各个方面的综合实力，一旦能够顺利度过这个年龄段，孩子就会以一种非常健康的状态进入青年时期。

中国大型企业的成长经历与个人极为相似，都是在整个生命阶段保持着旺盛的学习能力，且在 1~6 岁这个生存期的学习扩张能力特别强，这个阶段正好是孩子习惯和性格的形成期。当企业进入 6~15 岁这个阶段，尽管学习能力仍然较高，但是随着企业规模做大，随之而来的就是各种"大企业病"，然而企业只要能够在这个阶段解决快速成长过程中的这些问题，企业发展就会进入一种更高的阶段，换言之，这个阶段的大型企业不仅在市场中迅速实现了成长，而且也经过市场的洗礼存活了下来。

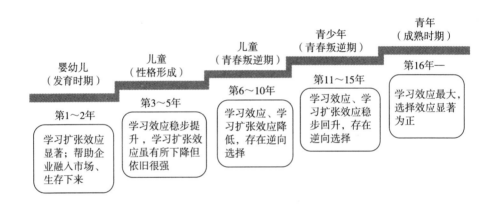

图 4-7　中国企业从规模优势到生产率优势的生命周期特征

4."规模偏好"的代价："逆向选择"问题

本章研究清楚地表明，中国企业为了在特定的时代和特定的背景下迅速成长，选择了一条做大规模、参与市场竞争，进而构筑生产率优势的渐进式道路，但不可避免的是一些企业在追求规模过程中存在盲目性，甚至为了追求规模而采取简单兼并重组等方式而扩大规模，这种"规模偏好"从根本上是有损企业生产率的。简言之，中国工业企业的"规模偏好"的隐含成本就是造成大型企业中存在为数不少的低效率企业，产生特定情境下的"逆向选择"问题。图 4-8中（a）是理论上界定的逆向选择问题，大型企业的生产率分布并没有像理论上的选择效应所预定的那样呈现左截断状态，而是呈现整个分布曲线，表明仍然存在大量低效率的大型企业。图 4-8 中的（b）和（c）分别是用印刷业和记录媒介的复制（23）与废弃资源和废旧材料回收加工工业（43）的真实数据描绘的选择效应和逆向选择效应对比图。可以看出，行业（23）的大型企业的生产率分布曲线相对中小型企业明显偏右，反映出大型企业相比中小型企业有更低比例的低效率企业；而存在逆向选择效应的行业（43）中大型企业的生产率分布曲线则表现为左拖尾、峰值右倾和降低的特征。

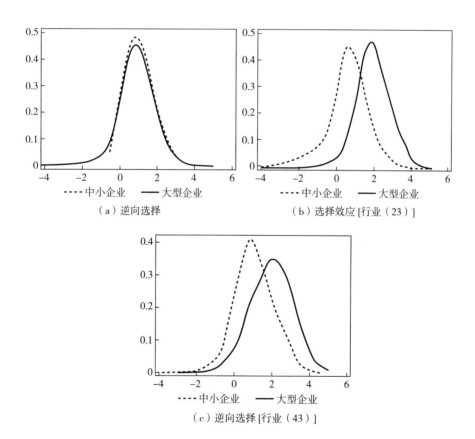

图 4-8　中国企业"规模偏好"的代价

第五章　中国企业规模分布的异化与效率损失估计

一、引言

理想情况下，企业规模分布有其内在规律。对不同国家和时期的企业规模分布研究都表明，最优企业规模分布服从齐夫定律（Axtell，2001；方明月和聂辉华，2010）。在齐夫分布下，如果将样本不同观测值的出现频率，按照从高到低顺序排列，其数量关系将呈现幂函数特征，该定律被证实适用于各种经济社会现象。然而，近年来，越来越多的研究发现，实际的企业规模分布常常偏离齐夫定律。对中国企业规模分布的研究也发现，企业规模分布的幂率指数远低于齐夫分布（方明月和聂辉华，2010；杨其静等，2010）。Garicano et al.（2016）发现，法国企业的规模分布相对于正常的企业分布发生了波动。那么，中国工业企业规模分布的特征是什么？如果存在分布扭曲，扭曲体现为企业规模分布偏离齐夫分布还是分布出现间断现象？企业规模分布扭曲的原因又是什么？这种规模分布扭曲又会造成多大程度的宏观经济损失？

国内学者对中国企业规模分布偏离和原因进行了大量研究。方明月和聂辉华（2010）首次利用中国工业企业数据库分析了中国企业规模分布的特征事实，结果表明中国企业规模分布偏离齐夫定律，而国有企业是中国企业分布偏离齐夫定律的主要原因，且进入壁垒是国有企业规模分布发生变异的主要原因。杨其静等（2010）进一步发现，国企比重、城市化水平、开放程度的提高会使企业规模分布更加偏离齐夫分布。李旭超等（2017）则从资源错配视角分析中国企业规模分布特征及其形成机制，发现中国的资源错配导致中间规模企业过多，大企业和小企业数量不足，规模分布的帕累托指数提高。王永进等（2017）研究发现，竞争缺乏和差别化政策显著抑制了大企业的技术创新和成长，导致企业在发展到一定规模后，出现急剧的负增长，致使大企业数目偏少。

现有文献对中国企业规模分布的研究做出了重要开创性工作和贡献，但仍然存在一些需要进一步探究的问题：①特征上，企业规模分布的间断问题被忽视。已有研究一般都集中在考察企业规模分布的幂率参数问题，考察企业规模分布的系统性平移偏离。事实上，企业规模分布间断是企业规模分布扭曲的另一种重要形态，而且从企业规模分布间断的视角展开研究，可以丰富我们对分布扭曲的现象、原因、机制及影响的认识。②原因上，侧重分析造成企业规模分布偏离的原因，忽视了企业规模分布间断问题的原因探究。而且，因为研究的切入点不同，得出的结论也存在差异。③影响上，忽视测度分布扭曲造成的宏观经济效应。现有关于企业规模分布的研究，大多以回归分析的传统计量方法为主，囿于研究框架的局限性，一般都只能分析规模扭曲形成的影响因素，无法对规模分布扭曲造成的经济效率损失进行估计。④样本上，需要突破中国工业企业数据库，采用更广泛的全谱系企业数据库。现有实证研究大部分以中国工业企业数据库为样本，该数据库并未覆盖年产值500万元以下的民营企业。实际上，这一部分企业占总体企业数量的80%以上，忽略了这一部分企业，研究结论可能会受到较大影响。

为此，本章首先利用1998~2007年的中国工业企业数据库的微观企业数据，从动态演变的视角考察工业企业规模间断变化趋势。鉴于中国工业企业数据库遗漏了产出低于500万元以下的非国有工业企业，进一步以2004年和2008年中国经济普查数据获得的全谱系企业数据信息，检验中国企业规模分布的间断特征。其次在此基础上，借鉴Garicano et al.（2016）的方法，创新地利用格点搜索法识别中国微观企业规模分布中的间断点，分析中国企业规模分布扭曲的新问题——间断现象，并进一步估计间断的严重程度及异质性。最后建立企业规模分布扭曲影响宏观经济产出的估计框架，估算企业规模分布间断造成的宏观经济效率损失。

本章研究发现：①从静态企业分布来看，中国工业企业规模的总体分布符合"帕累托分布"。从动态演变规律来看，中国工业企业规模分布逐步呈现分布间断现象，到 2008 年，在 309 人的规模处出现显著的积聚、间断现象。这一分布扭曲具有非常强的所有制、地区和行业异质性，私营企业和港澳台企业、资本密集型企业和东部地区的企业规模分布扭曲最为严重。②不同规模企业的要素投入扭曲是企业规模分布间断的形成原因。额外劳动力成本支出，是导致众多中小企业选择保持规模从而形成间断点的直接原因。③不同经济主体受到企业规模扭曲的影响差异较大，企业家、中小企业获利，而员工和大企业形成损失。分布间断通过降低均衡工资使经济总量提升 1.76%，通过小企业集聚效应使经济总量提升 1.08%，但通过大企业收缩效应产生的经济总量损失高达 2.97%，因此总体经济下降 0.13%。间断扭曲还使中国小企业数量不合理增加，而大企业规模受到抑制，从另一个角度解释了中国小企业数量众多、大企业数量不足的现实。

本章以下部分安排如下：第二部分对现有相关文献进行总结与评述；第三部分通过理论模型设定，提出分布间断现象形成机制假设，并就相关数据和变量测度进行说明；第四部分报告实证结果和相关异质性分析；第五部分测算分布间断造成的宏观经济效率损失；最后是结论与建议。

二、文献综述

（一）企业规模分布规律的发现与检验

无论是科斯经典企业理论还是西方经济学派，早期有关企业规模的研究均聚焦于单个企业的成长规律，直至 Gibrat（1931）提出以自己命名的 Gibrat 定律。该定律认为，企业成长是独立于企业初始规模的随机过程，所有企业的增长速度都源于相同的随机分布，这也保证了企业规模服从对数正态分布。Gibrat 定律得到早期西方学者的证据支持，Gibrat（1931）利用 1896~1921 年法国农业和商业等数据的研究发现，企业规模分布和对数正态分布的拟合度非常高。

在随后的一系列研究中，越来越多的学者发现，企业成长并不是随机过程，企业的增长速度与规模相关。

在此背景下，另一种企业规模分布理论出现。Pareto（1897）发现，个人收入 X 不小于临界值 X 的概率与 X 的常数次幂存在简单的反比关系，即

$P\ (X>X)=X^{-\mu}$，其中 μ 为帕累托指数，该发现被称为"帕累托定律"。随后，Zipf（1949）发现，美国企业资产不仅服从帕累托分布，而且幂指数为 1，即 μ 取值为 1。进一步地，齐夫指出企业规模 X 大于临界值 X 的概率与 X 成反比规律，即帕累托指数 $\mu=1$ 是帕累托分布的特例，当 μ 偏离 1 时，企业规模分布越不均匀，反之则越均匀。该发现被迅速用于其他经济领域，西方学者也开始着重对企业规模分布均匀的理想状态——齐夫定律进行考察（显然，齐夫分布是帕累托分布的特例，即当帕累托指数 μ 为 1 时，帕累托分布就是齐夫分布。）。

大量实证研究开始对企业分布是否符合齐夫定律进行验证。Axtell（2001）利用 1988~1997 年美国企业全样本数据，通过对比不同企业规模指标数据，认为美国企业规模分布服从齐夫定律。Luttmer（2007）利用 2002 年美国统计局的数据，首次计算出企业规模分布的齐夫系数为 1.06。Gabaix and Landier（2008）利用 2004 年美国 500 强企业数据，进一步验证了美国大企业规模分布服从齐夫分布，且齐夫系数为 1.01。经验验证企业规模分布服从齐夫分布规律，在西方学界已成共识，Axtell（2001）甚至指出"齐夫分布是任何经验上准确的企业理论必须符合的标准"。

综上所述，不同企业规模分布的区别与联系如表 5-1 所示。

表 5-1　不同企业规模分布的区别与联系

分布	对数正态分布	帕累托分布	齐夫分布
含义	随机变量 X 的对数服从正态分布，即 $\ln X \sim N\ (\mu \sigma^2)$	随机变量 X 不小于临界值 X 的概率与 X 的常数次幂存在反比关系，即 $P\ (X>X)=X^{-\mu}$	随机变量 X 不小于临界值 X 的概率与 X 的倒数存在反比关系，即 $P\ (X>X)=X^{-1}$
分布规则联系	遵循对数正态分布规则 /	遵循"幂函数"分布规则 齐夫分布为帕累托分布特例（$\mu=1$）	

资料来源：笔者整理。

（二）中国企业规模分布偏离与原因探究

随着中国工业企业数据库的发布，利用大样本数据考察企业分布情况，以判断企业规模分布的规律也逐渐引起了中国学者的重视。方明月和聂辉华（2010）利用 1999~2005 年中国工业企业数据库进行分析后认为，中国企业规模分布总体上偏离了齐夫定律；1999 年齐夫系数仅为 0.548，2005 年齐夫系数上升到

0.720；民营企业的规模分布接近齐夫分布，但由于受到一定的外部干扰，呈现一定的波动性；国有工业企业规模分布严重偏离齐夫分布，1999 年的齐夫系数为 0.425，2005 年下降到 0.402。杨其静等（2010）从地区角度对企业分布进行了分析，他们利用 1999～2005 年中国各省工业企业数据，分别测算了中国省一级工业企业规模分布情况，发现虽然中国各省企业规模分布随着经济发展，逐渐向齐夫系数为 1 的帕累托分布靠近，但中国各省企业规模分布均偏离齐夫分布。高凌云等（2014）利用 2008 年中国全样本工业企业，以就业和收入衡量企业规模，得到的帕累托指数分别为 1.26 和 1.18。以上文献利用规模以上的企业数据，验证不同行业、不同地区间企业规模分布规律，均发现中国大企业规模分布偏离了最优"齐夫分布"。盛斌和毛其淋（2017）则从行业层面，以 1999～2007 年工业企业数据中两位码行业为单位进行测算，指出行业间齐夫系数存在较大差异，但系数均小于 1。

那么，是什么原因导致中国企业规模分布偏离齐夫分布？方明月和聂辉华（2010）认为，国企的行政性进入壁垒、退出壁垒和不对等的竞争格局，是中国企业规模偏离齐夫分布的重要原因。在研究贸易自由化问题中，盛斌和毛其淋（2017）指出贸易自由化在总体上提高了企业规模分布的 Pareto 指数，使企业规模分布变得更加均匀。在比较中国与美国、德国和日本等国家的企业规模之后，王永进等（2017）指出，一方面，行业层面的管制、地区间产品和要素非充分流动，使企业进入面临制度障碍；另一方面，不同所有制和不同规模的企业面临资源配置待遇不同。以上两点约束，构成了中国独特的企业规模分布情况。上述研究都是借助计量回归分析来识别企业规模分布偏离的影响因素。而随着 Rogerson and Restuccia（2004）微观企业资源错配开创性研究的发表，它为考察企业规模分布提供了新的框架。此模拟研究发现，错误的资源配置意味着高效率企业产出量更少、工人雇佣量更少，进而使企业规模分布发生扭曲。著名的 Hsieh and Klenow（2009）实证研究表明，资源错配问题是导致美国、中国、印度企业规模分布显著差异的重要原因。与其研究结论类似，李旭超等（2017）发现，中国生产率高的企业被"约束"而无法成长，生产率低的企业被"补贴"而不合理膨胀，正是由于两方面企业规模分布扭曲，致使中国企业规模分布的帕累托指数过高。相比于最优齐夫分布，中国企业规模分布更集中，尾部更薄，大企业与小企业数量过少，而中间企业数量过多。

（三）企业规模分布新问题的发现——间断现象

已有研究一般都集中在考察企业规模分布的幂率参数问题，考察企业规模分布的系统性平移偏离及造成分布偏离的原因。而 Garicano et al.（2016）利用法国企业数据，发现法国企业规模分布存在"破碎幂率"，从而首次证实企业规模分布存在间断问题。具体而言，Garicano et al.（2016）基于 Lucas（1978）企业规模和生产率分布模型，构建引入与规模相关的特定监管、规制特征模型，研究扭曲对劳动力市场规制成本影响。研究发现，涉及企业劳动力管制的法律法规政策是造成法国企业规模分布扭曲的重要因素，管制政策会导致企业大量聚集在征税点左侧，以逃避税收政策影响。这种企业行为会导致企业规模偏离"幂定律"分布，使小企业积聚大量人力资源，进而影响整个经济最优产出与社会福利水平。研究进一步发现，企业为避免管制成本支出而选择保持较小企业规模，使大量企业积聚在间断点规模以下，因此企业规模分布间断和扭曲。同样，沿着这一思路，如果企业规模分布在某一点处出现明显积聚、间断现象，那么该点规模处可能存在相类似的政策性干预影响。

（四）研究评述与本章拓展

上述综述表明，关于企业规模分布的研究，早期的研究主要侧重于发现企业规模分布的规律，并采用国别数据进行检验。国外学者的检验结果发现，企业规模分布基本上服从齐夫定律；国内学者基于中国数据的研究则发现，中国企业的规模分布偏离最优"齐夫分布"，市场资源错配、政府管制行为等是企业规模分布扭曲的重要原因。直到 2016 年，Garicano et al.（2016）的开创性研究证实了企业规模分布不仅可能存在偏离问题，而且存在间断现象，而各种干预性政策是造成分布间断的原因。

现有研究仍然亟须进一步推进：一是目前实证研究使用数据均为中国规模以上工业企业数据，缺乏所有规模企业的数据支撑。二是现有研究缺乏对不同地区间、行业间、所有制下企业规模分布及其特征的细致考察。三是现有有关企业分布的研究一般都集中在考察对宏观分布的总体位移，实际上，还有一些明显的对企业最优规模分布的波动性偏离被忽视，考察这一部分情况更容易对企业规模分布扭曲的机制进行分析。四是企业规模分布扭曲一般都会造成严重的宏观经济效率损失，但现有研究囿于研究框架的局限性，一般都只能分析偏离形成的原因，未能就企业规模分布扭曲造成的经济损失给出实证结果。

鉴于此，本章使用1998~2008年中国工业企业数据和2004年、2008年中国经济普查数据两套大型数据对中国企业规模分布做详细考察。首先，利用1998~2007年的中国工业企业数据库分析中国微观企业分布的演变趋势，鉴于中国工业企业数据库并不包括规模以下的非国有工业企业，本章进一步利用2004年和2008年的中国经济普查数据考察企业规模分布情况。其次，在此基础上，借鉴Garicano et al.（2016）的估计方法，利用格点搜索法确定中国微观企业规模分布的间断点，估计间断点处的扭曲情况，并分析了产生扭曲的原因。最后，估算了规模扭曲产生的宏观经济效率损失。

三、中国企业规模分布的基本特征分析

在现实经济中，企业处于不断进入退出的动态演变过程，企业规模分布可能会随之变化。本章使用中国工业企业数据对1998~2007年中国企业规模分布的演变情况进行考察。图5-1以企业规模为横轴、以企业数量对数为纵轴对企业分布情况进行展示。可以较为直观地看出，中国企业规模分布大致符合"帕累托分布"，和其他大量经济现象类似，企业规模分布近似幂次定律分布，企业规模不小于某个临界值的概率，与该临界值的常数次幂存在反比关系。因此，企业规模与其数量对数大致呈线性关系。

从时间变化来看，1998年企业规模分布较为分散，不同规模企业数量呈现不规则变化，但大致符合"帕累托分布"。在1998~2007年的前期，企业规模分布前尾并不平整，但整体规模分布在向"帕累托分布"收敛。到了1998~2007年的后期，企业规模分布的前尾分布趋向稳定。同时，分布在300人左右的规模处逐渐呈现聚集、间断现象，该现象随着时间的推移逐步加重，到2007年则出现典型的"破碎幂率"现象，企业规模分布出现间断点（见图5-1）。

中国工业企业数据库源于国家统计局每年收集的企业资产负债表、现金流量表和利润表，非国有企业只统计了年营业额在500万元以上的企业信息，规模较小的非国有企业并没有被收录。小型民营企业被遗漏，可能导致研究结论出现偏

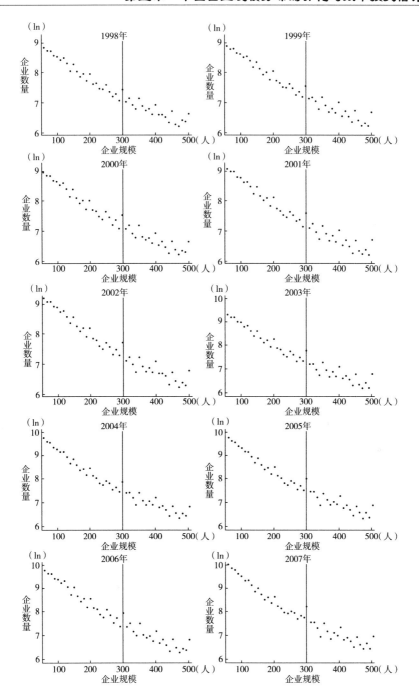

图 5-1　1998~2007 年各年企业数量与工人数量分布

资料来源：1998~2007 年中国工业企业数据。

误。中国微观企业数据库中，全国性的经济普查数据覆盖了国民经济行业分类的
95%以上，是目前规模最大的国情国力调查数据，并且信息可靠度较高。为了排
除遗漏数据对企业规模分布的影响，本章使用2004年和2008年中国经济普查数
据进一步对中国企业规模分布的间断现象进行验证（见图5-2）。中国企业普查
数据包含工业、服务业、餐饮业、零售业及事业团体等不同产业的企业数据。不
同产业企业的性质差异较大，中国国民生产总值主要源于工业，因此，本章以工
业为主体进行分析，删除了采矿业、电力、热力、燃气，以及水生产和供应业等
制造业。

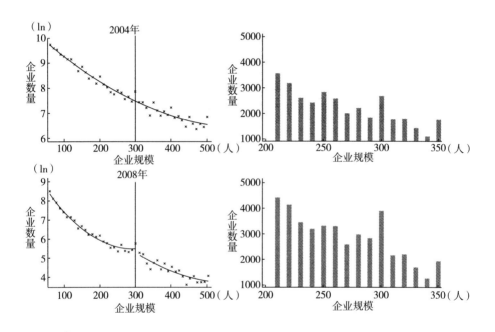

图 5-2　企业规模分布

资料来源：2004 年、2008 年中国经济普查数据。

　　图 5-2 展示了 2004 年和 2008 年企业规模分布情况。可以看出，2004 年企业
分布已经开始出现在特定点积聚、间断现象，到了 2008 年，企业积聚、间断现
象更为严重。其中，最为明显地表现在 300 人左右的规模点，当企业规模在 300
人以下时，分布较为符合"帕累托分布"，企业规模与企业数量间呈现"幂函
数"规则；当企业规模达到 300 人左右时，分布表现出明显"间断"现象，表
明该规模下企业数量不合理增加；当企业规模大于 300 人，企业分布又重新符合

"帕累托分布"特征。

相比于 2008 年，2004 年企业规模分布的积聚间断现象尚不明显，只是初现端倪。根据齐夫分布规则，企业数量会随企业规模扩大而有序减少。但实际数据显示，在 200~300 人规模范围内，2004 年，规模为 300 人企业数量超过规模为 260~290 人的企业；到了 2008 年，这一范围扩大为 230~290 人的企业。无论是 2004 年还是 2008 年，这种企业数量的波动现象，都显著表明企业规模分布存在扭曲，而 2004~2008 年波动现象的加剧，表明企业规模分布扭曲幅度越来越大。

从上述分析中可以发现，中国企业规模与其数量对数存在线性关系，表现出典型的"幂率分布"特征。随着时间的推移，中国企业规模分布开始出现一些波动，特定规模下的企业数量不合理"增加"，企业规模分布出现积聚、间断现象。那么，企业分布的这种间断现象出现的原因是什么？又会造成什么样的经济后果？本章在以下部分，识别中国工业企业中企业规模间断现象的原因和扭曲程度，并估算企业规模分布扭曲造成的宏观经济效率损失。

四、中国企业规模分布间断的识别与异质性分析

（一）全样本估计分析

对企业规模分布扭曲幅度进行估计之前，需要识别企业的规模分布是否存在间断点。对于一些存在明确强制性政策规定国家，可以直接确定间断点的位置。例如，法国政府强制规定，员工人数超过 50 人的企业，必须为员工缴纳保险等福利补贴。美国医保法案也规定，雇员规模高于 50 人的企业，如果不为员工缴纳健康保险，将会受到惩罚；雇员规模低于 50 人的企业，则会免于处罚。因此，在这些国家，都能通过明确造成企业分布扭曲的强制性政策，定位企业规模分布的间断点。在中国，虽然不同地区、行业出台了大量与企业规模相关的干预政策，但并没有一个全国性、强制性较强且力度较大的企业规模规制点的存在。然而，这些政策可能也存在着某种规模共性，导致企业规模在某个点存在较为严重的间断。因此，采用合适方法识别中国工业企业规模分布是否存在间断点是一个挑战。

本章借鉴 Garicano et al.（2016）的估算方法，创新地采用格点搜索法识别、验证间断点的存在。具体做法为，通过循环搜索的方法，逐个识别每个规模点是否存在显著的企业积聚、间断现象，并以企业规模分布扭曲系数是否显著为基准，判断间断点是否存在。图 5-3 展示了本章使用格点法搜索时，扭曲参数的显著性水平变化情况。本章对每个企业规模点进行估计，以 10% 的显著性水平为界限，确定企业规模分布的扭曲点。经过大量的估算和稳健性检验，最终结果表明，中国企业分布的间断点为 309 人。当规模达到 309 人时，分布开始出现扭曲，有大量企业积聚在 309 人规模以下，最终形成企业规模分布的间断现象。因此，本章对该处的企业分布的扭曲幅度及其影响进行估计①。表 5-2 是基本估计结果。

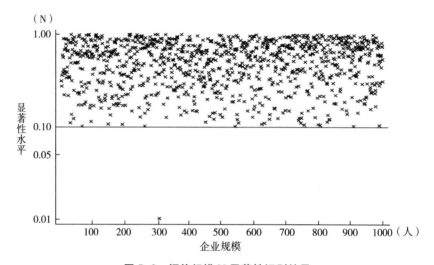

图 5-3　阈值规模 N 显著性识别结果

资料来源：2008 年中国经济普查数据。

表 5-2　基本估计结果

变量	β 幂函数斜率	$T = \tau^{\frac{1-\beta}{1-\theta}}$ 扭曲参数	n_u 最大扭曲规模	C 隐性固定税	σ 测量误差方差
$\theta = 0.8$	2.336 *** (0.288)	0.919 *** (0.124)	331.532 *** (21.343)	-3.743 (5.734)	0.044 ** (0.018)

---

① 本章同时也估计了用不同 Bandwidth（企业规模点数量的统计口径）汇总企业数量的结果，发现基本结果是稳健的，具体结果参见附录。

续表

变量	β 幂函数斜率	$T=\tau^{\frac{1-\beta}{1-\theta}}$ 扭曲参数	n_u 最大扭曲规模	C 隐性固定税	σ 测量误差方差
$\theta=0.9$	2.336***	0.919***	331.532***	-1.891	0.044**
	(0.248)	(0.106)	(14.974)	(2.291)	(0.021)
$\theta=0.5$	2.336***	0.919***	331.529***	-9.439	0.044**
	(0.317)	(0.095)	(7.712)	(9.936)	(0.022)

注：参数值由极大似然函数估计得出，标准误由 Delta 法获得。Delta 法本质上是扩展一个随机变量的均值函数，通常采用一阶泰勒近似，然后进行方差分析。例如，假设 χ 为随机变量，均值为 $\bar{x}$，H(χ) 为可微函数，随机变量 χ 有极大可能等于均值 $\bar{x}$。一阶泰勒展开式为：$H(\chi)=H(\bar{x})+(\chi-\bar{x})H'(\bar{x})$，有 $VAR(H(X))=H'(\bar{x})\,Var(\chi)\,[H'(\bar{x})]\,T$。$\beta$ 为幂函数斜率，$T=\tau^{\frac{1-\beta}{1-\theta}}$ 为扭曲参数，通过变换可计算隐性比例税 $\tau-1$ 的大小，n_u 为扭曲波及的最大企业规模，C 为隐性固定税，σ 为测量误差方差。括号内为标准误；*、**、和 *** 分别表示系数在10%、5%和1%显著性水平下显著。

表 5-2 结果显示，在不同的 θ 值设定下，斜率参数 β 的估计值都高度显著，表明企业家才能 α 的概率密度函数符合"幂函数"形式设定。同时这也意味着，中国企业规模分布总体符合"帕累托分布"特征。扭曲参数 T 较为显著，表明间断点 309 人规模处存在企业分布的扭曲。当企业家才能匹配的企业规模低于309 人时，企业决策不受影响；当企业家才能所匹配的企业规模超过 309 人时，可能存在扭曲带来的隐含税，企业为了避免支付隐含税，会主动缩减规模，导致企业在 309 人的规模处积聚。固定成本参数 C 并没有通过显著性检验，意味着扭曲主要通过提高可变成本 τ，而不是固定成本 C 影响企业的规模分布。

从扭曲幅度来看，根据公式 $T=\tau^{-\frac{\beta-1}{1-\theta}}$，可变成本 $\tau=T^{\frac{1-\theta}{1-\beta}}=1.012>1$，表明在扭曲的影响下，企业规模扩大至间断点 N 以上，会导致企业边际成本上升 1.2%。参数 $n_u=331$ 意味着，扭曲导致企业在间断点 $N=309$ 规模至范围 $n_u=331$ 规模内企业数量分布扭曲，这是扭曲的主要影响区间。测量误差方差 σ 识别结果表明，企业规模分布与模型较为吻合，企业规模分布存在明显的间断现象（见图 5-4）。表 5-2 的结果显示，不同 θ 取值均对基本结果无影响，在下文分析中，本章主要使用 $\theta=0.8$ 的基本设定。

扭曲的存在，使大量能力相对较高的企业家屈居于扭曲规模点以下。贺小刚和李新春（2005）基于国内 277 家企业的调查数据表明，企业家能力对企业绩效有重要影响。因此，按照理论分析推测，由于这些企业家才能并不会被埋没，受到扭曲而收缩规模的企业，效率要高于间断点右侧的企业。本章通过对比间断点两侧的企业生产率分布情况，对此进行验证。从图5-5中可以看出，间断点两侧企业生产率具有两个特征：第一，规模间断点处的企业生产率存在断点，左侧附近的企业生产率明显高于右侧，受到扭曲而收缩规模的企业生产率更高，验证了上述猜测。第二，间断点左侧的企业生产率分布相对较为集中，间断点右侧的企业生产率分布相对较为分散。这种"集中—分散"的分布特征也表明企业分布可能受到了扭曲。

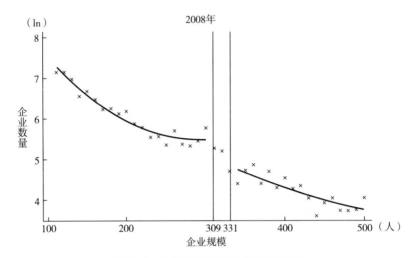

图5-4 企业规模分布的"间断幂率"

资料来源：2008年中国经济普查数据。

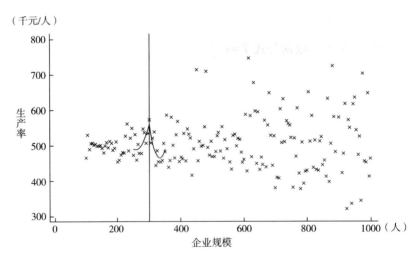

图5-5 企业生产率

资料来源：2008年中国经济普查数据。

本章已经识别出中国工业企业规模分布存在集聚、间断现象，但全样本估计结果无法分析企业规模分布积聚、间断现象发生的来源和差异，因此，本章进一步分样本观测和对比企业规模分布的扭曲情况。

（二）所有制异质性

在中国特有的制度背景下，所有制差异为本章考察工业企业规模分布扭曲提供了一个独特视角。不同所有制企业陆续进入、退出市场，以及在市场中展开竞争，是中国渐进式改革在企业层面的一个重要特征（张少华和张天华，2015）。大量研究也表明，不同所有制企业在政策环境和运行机制两方面都具有较大的差异（Brandt and Li，2003；Allen et al.，2005；邓路等，2014）。政策异质性和不同所有制企业运行机制的异质性都意味着，不同所有制企业的规模分布特征可能存在较大差异。根据经济普查数据中控股股东情况，企业可分为六种不同所有制类型，本章利用2008年工业企业中不同所有制企业数据，考察不同所有制企业的规模分布情况（见图5-6）。

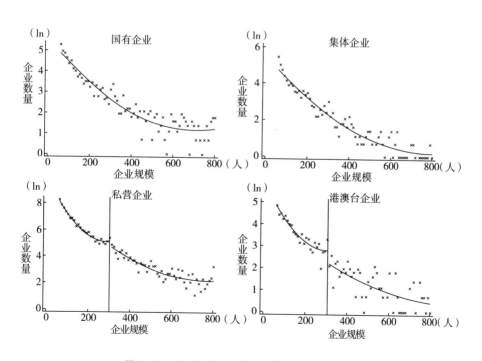

图5-6 不同所有制企业规模分布的间断现象

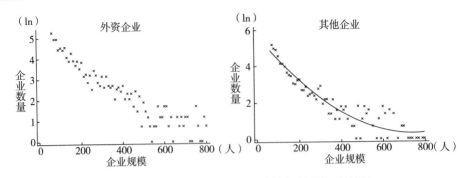

图5-6 不同所有制企业规模分布的间断现象（续图）

资料来源：2008年中国经济普查数据。

表5-3报告了不同所有制企业分布的估计结果。从幂函数斜率 β 的估计值来看，除了外资企业，其他类型所有制企业的估计值都较为显著。这一结果表明，除外资企业以外，其他类型企业分布都较为符合"幂函数"分布规则。从标识扭曲程度 T 的估计值来看，国有和其他企业分布中均未能识别出间断点，集体企业的断点参数 T 并不显著，表明这些企业并未发现扭曲效应。私营企业与港澳台企业的分布具有明显的扭曲，参数 T 较为显著，并且，从数值上来看，私营企业相较港澳台企业规模扭曲幅度更大（0.959>0.887）。根据扭曲幅度与隐含比例税的对应关系，私营企业规模超过间断点带来边际成本上升1.58%，而港澳台企业为0.89%。可以看出，私营企业与港澳台企业是扭曲的主要影响对象，这两类企业的规模扭曲是总体企业规模分布积聚和间断的主要原因。

表5-3 不同所有制企业分布扭曲估计

企业类别	β 幂函数斜率	$T=\tau^{\frac{1-\beta}{1-\theta}}$ 扭曲参数	n_u 最大扭曲规模	C 隐性固定税	σ 测量误差方差
国有企业	1.747 *** (0.295)	—	—	—	0.524 (0.707)
集体企业	1.999 *** (0.783)	0.9422 (1.192)	552.695 (915.075)	—	0.414 (0.301)
私营企业	2.532 *** (0.492)	0.887 *** (0.152)	332.07 *** (12.928)	−4.691 (8.686)	0.044 *** (0.011)
港澳台企业	1.949 *** (0.151)	0.959 *** (0.169)	332.149 *** (9.014)	−2.54 (12.08)	0.038 *** (0.012)

续表

企业类别	β 幂函数斜率	$T=\tau^{\frac{1-\beta}{1-\theta}}$ 扭曲参数	n_u 最大扭曲规模	C 隐性固定税	σ 测量误差方差
外资企业	—				—
其他企业	2.289*** (0.146)	—	—	—	0.455 (0.696)

注：企业类别划分参照 2008 年经济普查数据名录（控股）。β 为幂函数斜率，$T=\tau^{\frac{1-\beta}{1-\theta}}$ 为扭曲参数，通过变换可计算隐性比例税 $\tau-1$ 的大小，n_u 为扭曲波及的最大企业规模，C 为隐性固定税，σ 为测量误差方差。括号内为标准误；*、** 和 *** 分别表示系数在 10%、5% 和 1% 显著性水平下显著。

本章注意到，外资企业的规模分布并不符合"幂函数"规则。原因可能在于，中国对外资企业分别实施了更为宽松的税收与补贴政策：一是外资企业减低优惠税率较高，期限较长且实施范围更宽。二是外资企业减低优惠体现为地区性和产业性的政策倾斜策略。自 20 世纪 90 年代至今，各地方政府为寻求本地区经济发展，以地区为主体对外资企业实施各种优惠政策，争夺投资资源。正是地方政府对外商投资竞争性行为，导致在华外资企业偏离市场机制作用下企业成长规律，使其规模分布偏离"幂函数"规则。

五、中国企业规模分布间断的效率损失分析

间断点的存在，预示着投入要素的配置产生扭曲，资源配置受到扰动，宏观经济效率必然会受到影响。由于本章衡量企业规模的主要指标是企业雇佣人数，加之本章发现了更明确的劳动投入要素价格扭曲的原因与表现，因此，这一部分主要从劳动力成本角度分析扭曲影响经济效率的机制。从整体来看，扭曲使劳动力市场需求下降，均衡工资降低，成为企业家的机会成本下降，因此，小企业数量增加、大企业数量减少。从局部来看，间断点左侧的企业家受扭曲影响，并未雇用与自身能力相匹配的员工数量。同时，尽管超过临界规模企业可以雇用更多员工，但隐含税的支出使这些企业支付的实际工资下降，相比无扭曲下的情形，企业实际雇佣员工数量偏低。

劳动力成本变动是企业规模变动进而宏观经济出现损失的直接原因。小企业

受益于均衡工资降低，支出较少的福利成本，因而有能力支付更高的实际工资；大企业则相反。根据规模报酬函数：$f(N)=n^\theta$，规模低于间断点的企业产出上升，规模高于间断点的企业产出下降，间断点两侧企业数量变动的综合结果是总产生水平降低。本部分基于以上分析和对企业规模分布参数的估计结果，估算企业规模分布间断扭曲带来的总体经济效率损失。

（一）企业规模扭曲的宏观经济损失估算方法

考虑单个企业最优产出为：

$$y(\alpha, N, \tau, C)=\alpha f[n^*_{N,\tau,c}(\alpha)]$$

加总所有企业的产出，可以获得宏观经济的总产出水平：

$$Y=(N, \tau, C)=\int_{\alpha^{N,\tau,C}_{\min}}^{\alpha^{N,\tau,C}_{c}} \alpha f[n^*_{N,\tau,c}(\alpha)]\phi(\alpha)\mathrm{d}\alpha+\int_{\alpha^{N,\tau,C}_{c}}^{\alpha^{N,\tau,C}_{u}} \alpha f(N)\phi(\alpha)\mathrm{d}\alpha+$$

$$\int_{\alpha^{N,\tau,C}_{u}}^{\infty} \alpha f[n^*_{N,\tau,c}(\alpha)]\phi(\alpha)\mathrm{d}\alpha \tag{5-1}$$

令隐性比例税率 $\tau-1$ 和隐性固定税 C 都为零，得到不存在扭曲的总产出。通过对比存在扭曲的总产出和不存在扭曲的总产出的差异，可以估算出总体经济损失为：

$$\Delta Y = Y(N, \tau, C)-Y(N, 1, 0)$$

$$=\underbrace{\int_{\alpha^{N,\tau,C}_{\min}}^{\alpha^{N,1,0}_{c}} \alpha f[n^*_{N,\tau,c}(\alpha)]\phi(\alpha)\mathrm{d}\alpha +\int_{\alpha^{N,\tau,C}_{\min}}^{\alpha^{N,\tau,C}_{c}} \alpha[f(n^*_{N,\tau,c}(\alpha))-f(n^*_{N,1,0}(\alpha))]\phi(\alpha)\mathrm{d}\alpha}_{\text{均衡工资降低效应}} +$$

$$\underbrace{\int_{\alpha^{N,\tau,C}_{c}}^{\alpha^{N,\tau,C}_{u}} \alpha[f(N)-f(n^*_{N,1,0}(\alpha))]\phi(\alpha)\mathrm{d}\alpha}_{\text{小企业积累效应}} +$$

$$\underbrace{\int_{\alpha^{N,\tau,C}_{u}}^{\infty} \alpha[f(n^*_{N,\tau,c}(\alpha))-f(n^*_{N,1,0}(\alpha))]\phi(\alpha)\mathrm{d}\alpha}_{\text{大企业收缩效应}} \tag{5-2}$$

根据式（5-2），扭曲主要产生如下三种宏观经济效应：首先，由于均衡工资下降，成为企业家的机会成本降低，更多的工人选择成为企业家。同时，低于间断点的企业能够雇佣更多劳动力。这两部分带来的宏观经济变动表现为式（5-2）中的均衡工资降低效应。其次，间断点 N 右侧的部分企业为了避免支付扭曲带来的隐性税，选择将企业规模保持在间断点 N 以下，由此带来的宏观经济变动表现为式（5-2）中的小企业集聚效应。最后，由于隐性税的存在，大企业劳动力成本上升，其企业规模相比无扭曲状态下的企业规模减小，由此带来的宏观经济变动表现为式（5-2）中的大企业收缩效应。

（二）企业规模扭曲的宏观经济损失估算结果

本章首先利用总体样本估算不同经济主体受到的影响，分析总体经济损失的大小。图5-7展示了不同主体受到的影响及最终的宏观经济效应。其中，小企业的区间为 $\left[\alpha_{\min}^{N,\tau,C},\ \alpha_{c}^{N,\tau,C}\right]$，表示规模小于间断点 N 企业；中型企业的区间为 $\left[\alpha_{c}^{N,\tau,C},\ \alpha_{u}^{N,\tau,C}\right]$，表示规模大于间断点 N、小于扭曲上限规模 n_{u} 企业；大企业的区间为 $\left[\alpha_{u}^{N,\tau,C},\ 1\right]$，表示规模大于扭曲上限规模 n_{u} 企业。

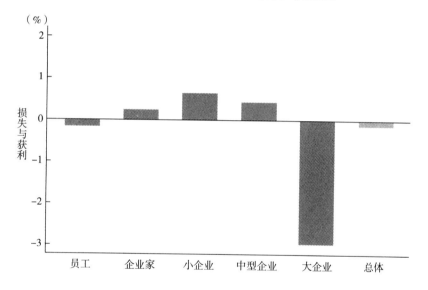

图5-7　总体经济损失分布情况

图5-7表明，由于扭曲的产生，劳动力需求下降，企业家、小企业、中型企业在劳动力成本下降的影响下表现为获利，员工和大企业则表现为损失，总体经济产出同样表现为损失。根据本章的理论机制分析，工业企业规模分布扭曲的来源，实质是企业人力资源配置扭曲，当存在政策性干预影响时，部分企业企业家为避免负担隐性税，选择非最优人力资源配置，导致企业规模分布扭曲，经济产出偏离最优产出水平。

本章根据模型估计部分的扭曲参数估算结果与模型理论自然分布最优产出水

平，计算出扭曲造成的企业规模扭曲，进而得出带来的经济损失（见表5-6）。表5-6为分样本估计的经济损失结果，分别展示了总产出损失及其三个组成部分。小企业的集聚效应由选择避开扭曲影响的企业比例和小企业数量变动比例等因素决定。其中，选择避开扭曲影响的企业比例是指，受间断点（309）影响而保持企业规模的企业数量比例。小企业数量变动比例是指，受均衡工资降低影响，企业家才能小于 $\alpha_u^{N,\tau,C}$ 的企业中 $\ln(n^*) - \ln(n_0^*)$ 部分比例。大企业的收缩效应，由选择接受扭曲企业比例和大企业数量变动比例等因素决定。选择接受扭曲企业比例是指，企业家才能高于 $\alpha_u^{N,\tau,C}$ 企业中，选择支付成本扩大企业规模的企业数量比例。大企业数量变动比例是指 $\ln$（企业家才能临界值为 $\alpha_{\min}$ 的企业总数量）$-\ln$（企业家才能临界值为 $\alpha_{\min}^0$ 的企业总数量）部分比例。均衡工资降低效应由企业劳动力成本变化和企业家数量增加等因素决定。企业劳动力成本变化是指，均衡工资变动对小企业与大企业劳动力成本带来的影响。企业家数量增加是指，由于均衡工资下降带来的创业机会成本降低，企业数量增加。

表5-4将总体经济效应损失分解为三种效应具有重要意义。可以看出，企业规模扭曲对经济的影响不仅限于对总产出的降低，而且会表现为中小企业与大企业间所得与损失的变动，以及中小企业与大企业数量间的变动。对中小企业而言（规模低于间断点 N），受劳动力市场工资降低影响，一方面小企业数量不合理增加，另一方面中小企业规模也超出最优生产规模，此时，由于劳动力成本降低，中小企业表现为获利。对大企业而言（规模高于间断点 N 的企业），由于存在可变成本支出，其劳动力成本反而上升，受此影响，一方面大企业数量不合理降低，另一方面大企业规模也低于最优生产规模。

从表5-4的具体估计结果来看，全样本估算结果显示了整体的估计结果。可以发现，整体上看，扭曲点 N 两侧企业劳动力成本发生变动，其中小企业获益，劳动力成本下降0.16%；大企业则受损失，劳动力成本上升1.10%。劳动力成本下降使个人成为企业家的门槛降低，企业家数量增加0.24%。小企业数量相比理论最优数量增加1.63%，同时，由于劳动力成本变动，大企业数量相比理论最优数量减少约5.49%。干预性政策导致社会总产出水平下降0.13%，但其给大企业带来的损失却达2.97%。

本章也分所有制、地区、行业对比各项损失估算结果。一方面，小企业劳动力成本变动估算结果均为负值，而大企业为正值，这意味着扭曲效应使大企业负担额外支出，劳动力成本上升，小企业则反之。另一方面，中小企业数量估算结

表5-4 干预性政策影响与经济损失

单位：%

效应	干预影响	全样本	民营	长三角	珠三角	环渤海	劳密	资密	重工业	轻工业	东部	中部	西部
	扭曲参数 T	0.92	0.91	0.85	0.98	0.94	0.92	0.86	0.86	0.92	0.94	0.83	—
总效应	总产出损失	-0.13	-0.1	-0.11	-0.05	-0.08	-0.07	-0.27	-0.38	-0.08	-0.10	-0.15	—
	1. 小企业劳动力成本变化	-0.16	-0.12	-0.14	-0.07	-0.09	-0.09	-0.35	-0.47	-0.09	-0.13	-0.18	—
均衡工资降低效应	2. 大企业劳动力成本变化	1.10	1.23	2.14	0.32	0.74	1.06	1.06	1.90	1.06	0.79	2.44	—
	3. 企业家数量增加	0.24	0.88	1.05	0.43	0.66	0.64	2.25	2.96	0.67	0.83	1.29	—
	工资降低的经济收益	1.76	2.45	4.34	0.28	1.44	2.20	2.74	1.73	2.29	1.24	5.16	—
	1. 选择避开扭曲的企业比例	0.05	0.04	0.04	0.06	0.04	0.03	0.08	0.09	0.03	0.05	0.04	—
小企业积聚效应	2. 小企业数量变动比例	1.63	1.24	1.43	0.72	0.91	0.87	3.48	4.73	0.91	1.25	1.75	—
	中小企业总获利	1.08	0.75	0.79	0.46	0.53	0.5	2.27	3.31	0.52	0.81	0.99	—
	1. 选择接受扭曲的企业比例	0.25	0.17	0.13	0.48	0.21	0.15	0.28	0.34	0.14	0.26	0.13	—
大企业收缩效应	2. 大企业数量变动比例	-5.49	-6.27	-10.68	-1.59	-3.72	-5.29	-9.72	-9.50	-5.32	-3.96	-12.21	—
	大企业总损失	-2.97	-3.30	-5.24	-0.79	-2.05	-2.77	-5.28	-5.42	-2.89	-2.15	-6.30	—

注：劳密是指劳动密集型行业，资密是指资本密集型行业。损失计算使用数据与各估算结果数据相同。表格中数据为准确数据四舍五入后的结果。

果均为正，而大企业为负，表明扭曲效应使小企业总数量增加，大企业总数量减少。由于工资变动，成立企业临界规模更小，估算结果显示临界规模降低使小企业数量增加。以上均与模型分析结果保持一致。

理论模型和估计结果都显示，扭曲幅度越大（T 值越小），经济损失越严重。本章对比各样本扭曲幅度可以看出，从所有制来看，民营企业的扭曲幅度要高于全样本企业；从中国三大经济增长极来看，长三角是三大增长极中扭曲最为严重的地区，这反映了长三角地区主要依靠政府驱动经济增长的特征；从不同地区来看，中部地区的扭曲幅度最为严重，出乎意料的是，西部地区并不存在企业规模分布的扭曲，这可能与西部地区更多地发展第一产业，对于工业的扭曲相对较少的原因；从行业异质性来看，资本密集型的扭曲幅度比劳动密集型企业的扭曲幅度更严重，重工业的扭曲幅度比轻工业的扭曲幅度更严重。

六、结论与建议

企业规模分布扭曲包括系数扭曲和间断扭曲。本章旨在揭示中国工业企业规模分布的间断扭曲。为此，本章借助 1998~2008 年中国工业企业数据库发现了中国工业企业逐渐加重的分布间断现象，而采用 2004 年和 2008 年的中国经济普查数据更是证实了中国工业企业规模分布的间断点出现在 309 人，间断区间为 309~331 人。要素投入扭曲是间断点的形成原因。资本要素投入方面，间断点两侧企业的融资能力差异反映了不同规模企业面临的融资约束不同。劳动要素投入方面，企业用工成本是影响企业规模大小的最重要因素，而中小企业过高的工资成本和中小企业、大企业之间的福利支出差异更是直接导致间断点的形成。分布间断的出现导致中小企业数量增加，而大企业数量不足。分布间断的出现从均衡工资降低效应、小企业集聚效应和大企业收缩效应三个方面影响了宏观经济产出，使总量经济产出下降了 0.13%。

针对本章研究结果，现给出以下建议：①加快建立公平的企业竞争环境。应拓宽企业融资渠道，消除金融资源配置歧视，最大限度减少行政壁垒，打破市场准入限制，为不同规模企业发展创造公平的政策与社会环境。②加快产业政策转型，减少政策性干预对现实经济的影响。虽然产业政策在引导国家产业发展方向、引导推动产业结构升级、协调国家产业结构、保持国民经济健康可持续发展等方面具有重要意义，但政策制定、实施过程中存在诸如制定主体多样性、空间上差异性、时间上阶段性等问题，其最终可能会对经济产生不利影响。中国工业企业规模分布的间断问题，根本上要从减少政策干预来化解。

第六章　中国城市规模分布特征研究：基于 2010~2019 年普查数据的分析

一、引言

  城市作为工业化和现代化的重要载体，城市规模分布如何合理化是城市研究领域的关键问题。改革开放 40 多年来，中国经济快速增长，城市化水平不断提高。国家统计局的数据显示，2019 年中国常住人口城镇化率为 60.6%，户籍城镇化率为 44.38%，而 1978 年的中国城镇化率仅为 17.92%，中国城镇常住人口从 1978 年的 1.7 亿人增加到 2019 年的 8.48 亿人，城市人口规模发生巨大变化。从国内的角度来看，城市群作为新型城镇化推进主体形态正扮演着日渐重要的角色，全国 19 个城市群土地面积占全国 38.5%，其常住人口占比由 2000 年的 82.7% 提升至 2019 年的 85.5%，其中，作为全国经济最活跃的长三角、珠三角城市群土地面积虽仅占全国 2.9%，但是常住人口合计占比由 2000 年的 13.9% 提升至 2019 年的 16.4%。从国际的角度来看，与发达国家相比，2019 年日本的城镇化率为 91.7%、美国为 82.5%、欧盟为 74.7%，根据世界城镇化发展普遍规律，中国仍处于城镇化率 30%~70% 的快速发展区间。因此，李兰冰等（2020）认为，中国城镇化具有可观的发展潜力，未来 5~10 年仍将会有上亿人口继续向城市集中。

  然而随着中国城市化、工业化的飞速发展，随之也产生了一系列交通拥堵、环境恶化等城市病问题，部分特大城市主城区人口压力偏大、与综合承载能力之间的矛盾加剧的问题，以及大城市与小城市不协调发展的问题。如何遵循城市发展客观规律，既发挥城市化积极作用，又尽可能避免城市规模扩张进程中产生的问题，是当前社会面临的重要课题。2014 年印发的《国家新型城镇化规划（2014-2020 年）》作为指导全国城镇化发展的宏观性和基础性规划，其发展目标之一是城镇化格局更加优化，包括优化提升东部地区城市群、培育发展中西部地区城市群；完善城市规模结构，突出中心城市辐射带动作用，加快发展中小城市。党的十九大报告立足于解决发展不平衡不充分问题，更是指出"要以城市群为主体，构建大中小城市和小城镇协调发展的城镇格局"，旨在通过科学的规划布局，更好地发挥大城市与小城镇相对密集分布、规模经济与范围经济的优势，形成大中小城市协调发展的格局。而 2021 年 3 月 12 日发布的《中华人民共和国国民经济和社会发展第十四个五年规划和 2035 年远景目标纲要》，进一步明确提出"坚持走中国特色新型城镇化道路，深入推进以人为核心的新型城镇化战略，以城市群、都市圈为依托促进大中小城市和小城镇协调联动、特色化发展，使更多人民群众享有更高品质的城市生活"。可见，党中央和国务院对我国城市化的方向和定位已经非常明确，但是中国城市规模分布特征究竟如何？是否实现了党中央和国务院的既定战略目标？因此，深入探究当前中国城市规模的分布演进规律，对未来把握中国城市体系格局的判断有着重要的意义。

　　为此，相对于既有文献研究，本章的主要工作和边际贡献体现在：一是运用第五次全国人口普查、第六次全国人口普查和 2015~2019 年 312 个城市和自治州常住人口数据来探究城市化政策调整背景下城市规模分布的最新动态变化；二是为避免单一方法对结果造成片面的影响，本章运用 Zipf 回归、首位度指数、空间基尼系数和马尔科夫转移矩阵等多种不同的研究方法，较为系统地测度了城市规模分布的演进和特征，为整个城市体系的协调有序发展提供理论依据。

　　本章研究发现：①从城市规模分布的总体特征来看，当前中国城市规模分布较为分散，即低位序的中小城市发育更加突出，大城市发育不够充分；但城市规模分布的变化趋势整体是朝着集中化方向发展的，且集中化趋势在放缓。这说明，大城市的集聚作用在逐步增强，大城市相对中小城市发展更快，城市规模分布呈现集中的力量大于分散的力量。②从城市规模分布的区域特征来看，西部地区城市规模发育最为成熟，但集中度呈现下降趋势；而东部、中部地区城市规模分布无论从 Zipf 指数、首位度指数还是城市空间尼基系数都远低于理想水平，但东部地区集中度呈现上升趋势，而中部地区基本保持不变。这说明，东部地区的城市规模差距在增大，城市的聚集作用在增强；西部地区的城市差距在缩小，城市规模分布则逐渐呈现均衡分布的特征；而中部地区的城市差距整体没有明显变化。③从城市规模的省域特征来看，绝大部分的省域内部城市结构不理想，存在巨大的改善空间。大部分省份的首位度指数和空间基尼系数均低于理想分布状态，说明这些省份内部城市与城市之间的规模差距不大，直辖市、省会城市等中心城市作为重要的支撑，需完善城市功能，壮大经济实力，增强中心城市辐射带动功能。④从城市规模分布的结构演化特征来看，中国城市规模是相对稳定的，但存在一条由中小城市逐步发展为大城市的成长路径，各类城市规模都有不同程度的增长。除Ⅰ型小城市和Ⅱ型小城市升级的概率较高以外，其余城市的成长速度较为缓慢。

本章其余部分结构安排如下：第二部分是文献综述。第三部分是研究方法和数据来源介绍。第四部分是实证结果与分析。最后是结论与建议。

二、文献综述

基于总体层面上考察城市规模分布特征的合理性，该领域有一个重要定律：齐夫定律。Zipf（1949）通过对发达国家的城市研究发现，城市规模分布的Pareto指数接近1，城市规模与位序的乘积为常数，该法则也被称为"位序—规模"法则。随后，不少研究是来验证这一法则的。Gabaix（1999）把1991年美国135个大都市地区作为研究对象，发现城市规模分布符合齐夫定律，并解释了小城市比大城市齐夫指数较低的原因。Black and Henderson（2003）分别使用美国全样本和前1/3的城市来检验齐夫定律，发现总体上美国城市规模分布基本稳定，但有增加城市集中度的趋势。Soo（2005）基于73个国家和地区的数据，运用OLS和Hill两种估计方法对Zipf定律在城市的有效性进行评估，研究发现基于OLS的Zipf法则对大多数国家而言都是无效的，其大小分布也不遵循Pareto分布，而基于Hill估计结果则优于OLS方法的估计结果；另外Zipf法则不适用于城市群。

中国作为世界第一人口大国，当前已有不少国内学者讨论和验证了该法则在中国的可行性，但存在截然不同的观点。有的学者持反对意见，认为中国城市规模不符合齐夫分布。邓智团和樊豪斌（2016）基于中国1995年、2000年、2005

年、2010 年和 2015 年城市人口规模数据，运用多参数模型对中国城市人口规模分布与变化规律进行实证分析，研究结果显示，中国城市人口规模分布并不遵循幂律分布，不适合采用帕累托分布或齐夫定律分析，更符合双帕累托对数正态分布。魏守华等（2018）在阐释齐夫定律和 Gibrat 定律的理论机制基础上，运用中国人口普查中 646 个县级以上城市数据检验其在城市规模分布上的适用性，研究发现，城市总体不满足 Gibrat 定律，而表现为大城市和中小城市的两组对数正态分布；2000 年和 2010 年在节点分别为规模排序第 375 位和第 417 位的城市时，齐夫定律的拟合效果最好，Pareto 指数都在 1.30 左右，表明城市规模分布具有大城市主导特征；近似 Gibrat 定律下，双 Pareto 对数正态分布能较好地拟合中国城市规模分布律。

与此同时，有的国内学者支持并运用了多种变量探究中国城市规模分布特征的演进问题。一是运用城市人口规模作为城市规模的代理指标。余吉祥等（2013）基于全国人口普查数据，使用 Zipf 回归方法研究发现，随着城市化政策在 2000 年前后的调整，中国城市规模分布的演进趋势经历了从分散化发展到集中化发展的转变。金浩然等（2017）同样采用统计口径校正后的第五次、第六次人口普查城区人口数据，运用集中度和贡献率分析了 2000~2010 年中国城市规模等级结构和空间分布的演变规律，发现大中小城市人口规模变化不协调，大城市数量少，但规模比重大、增速快、增长贡献率高，而中小城市数量众多，但规模比重小、增速相对缓慢、贡献率较低，认为提高中小城市的人口吸纳能力应当成为今后城市化发展的重要方向。万庆等（2018）根据第五次全国人口普查和第六次全国人口普查城镇常住人口统计数据，运用统计分布检验、空间基尼系数、马尔科夫转移矩阵等方法，探究中国城市规模的统计分布模式、空间分布特征和结构演化态势，研究发现，从全国层面来看，2000~2010 年，中国城市规模分布均符合位序—规模法则，但并不服从对数正态分布、帕累托分布。

二是采用城市建成区面积作为城市规模的代理指标。谈明洪和吕昌河（2003）基于 1990~2000 年中国城市用地面积位于前 200 位的地级及地级以上的城市用地资料，以建成区面积为衡量城市规模的指标，研究发现中国城市规模分布符合位序—规模法则，拟合曲线的判定系数都在 0.95 以上。吕薇和刁承泰（2013）运用位序—规模法则，对 2000~2010 年全国县级及县级以上城市的规模分布演变特征进行了分析，研究发现，中国城市体系规模分布是较为典型的位序—规模分布，建成区用地规模分布趋于集中，城市之间用地规模差距拉大。吴光周和杨家文（2017）在数学上证明城市规模的分布规律服从齐夫定律，在实证上对比分析 2009~2013 年全国地级市建成区面积数据和人口规模数据的分布规律，研究发现，中国地级市的城市规模服从幂律分布，且幂指数均大于 1，区别在于人口规模分布的幂指数呈现上升趋势，建成区面积的幂指数呈现下降趋势，表明中国大中小城市之间的人口规模差异程度在减小，但建成区面积之间的差距在增大。

三是采用夜间灯光数据作为城市规模的代理指标。由于人口普查数据每 10 年更新一次，间隔周期较长，无法获取长时段样本数据，且以往人口普查的统计口径不一致，导致城市规模的可比性受到限制。同时，人口数据无法将土地、经济等因素纳入其中，只体现了"数量"的特征，而运用夜间灯光数据衡量城市规模，则很好地将"数量"和"空间"特征结合起来。杨孟禹等（2018a，2018b）使用夜间卫星灯光光斑来衡量城市规模，将灯光光斑和地级市数据匹配后发现，光斑衡量的城市规模与人口、土地总量显著正相关性，表明在分析城市规模空间联系时，其作为城市规模的替代变量有一定合理性，并进一步以此来研究城市规模两极分化的原因。许伟攀等（2018）分别将同源的城市夜间灯光数据及中美人口数据代表城市规模，研究中美两国城市规模—位序分布并比较其异同，发现对于中国，灯光与城镇人口体现的位序规模分布几乎一致，而美国人口规模分布比灯光规模的分布则更加集中。

综上所述，从文献的梳理来看，学术界对城市规模的分布特征众说纷纭，尤其是中国城市规模分布的特征存在较大争议。这可能是由于数据样本量的差异、方法单一、统计指标混乱不一致及处理数据的技术方法不同导致的。因此，本章选用统一的常住人口指标来衡量城市规模，并运用四种不同的方法测度城市规模的分布特征，避免单一方法对结果造成片面的影响，使得到的结论更加全面和可靠。

三、研究方法与数据来源

（一）研究方法

1. Zipf 回归

齐夫定律又称为"位序—规模"法则，揭示了城市人口规模与其在全国城市体系中位序的关系。考虑到各省份首位城市往往对省内其他城市影响显著，本章采用二参数齐夫分布模型进行分析，公式如下：

$$S_i = AR_i^{-\alpha} \tag{6-1}$$

其中，R_i 为第 i 个城市的位序，S_i 为第 i 个城市的人口规模，A 和 α 为常数。α 为城市规模分布的帕累托指数，其大小可以用来衡量城市规模分布的均衡程度。当 $\alpha=1$，即城市规模分布的帕累托指数为 1 时，式（6-1）变为：

$$S_i = A/R_i \tag{6-2}$$

式（6-2）表示的经济含义为：位序第二的城市人口规模是位序第一的城市的人口规模的 1/2，位序第三的城市人口规模是位序第一的城市的人口规模的 1/3，以此类推。

式（6-1）两边取对数得：

$$\ln S_i = \ln A - \alpha \ln R_i \tag{6-3}$$

以 $\alpha=1$ 为基准，如果 $\alpha<1$，则表明城市规模分布更为分散，即低位序的城市发育更加突出，大城市不够发育。反之，如果 $\alpha>1$，则表明城市规模分布更加集中，即高位序的城市更加突出，中小城市不够发育。因此，经验研究如果发现 α 变大，则表明城市规模分布在向着集中化的方向发展；反之，如果 α 变小，则表明城市规模分布朝着分散化的方向发展。

2. 首位度指数

首位度指数是衡量城市规模分布状态的常用指标，主要表征城市体系中城市人口在首位城市的集中程度，常用的首位度指数有 3 城市指数、5 城市指数和 12 城市指数。其中，3 城市指数指首位城市人口规模与第二、第三大城市人口规模之和的比值，5 城市指数指首位城市人口规模与第二、第三、第四和第五大城市人口规模之和的比值，12 城市指数含义以此类推。N 城市指数的计算公式为：

$$PI_N = \frac{P_1}{P_2 + P_3 + \cdots + P_N} \tag{6-4}$$

其中，P_1、P_2、P_3、$\cdots$、P_N 分别是位序中第一、第二、第三……第 N 大城市的人口规模。

3. 空间基尼系数

区位商、基尼系数和 Krugman 空间基尼系数等多种测度方法可以用来描述地理集中度和变化趋势（张浩然，2015）。作为度量空间集中度的常用指标，空间基尼系数可用于衡量城市人口在不同城市间分布的集中程度这一城市规模分布的重要特征。若城市规模的空间基尼系数越大，表明城市间规模差距越大，人口越倾向于集中在大城市；反之，则表明城市间规模差距较小，人口在城市间呈均衡分布的特征。本章基于 Marshall 提出的空间基尼系数计算方法，来测度城市规模空间分布的集中度。计算公式为：

$$G = \frac{1}{2n(n-1)\mu} \sum_{i}^{n} \sum_{j}^{n} |p_i - p_j| \tag{6-5}$$

其中，p_i、p_j 分别为城市 i 和 j 的人口规模；μ 为区域所有城市的平均人口规模；n 为城市数量。

4. 马尔科夫转移矩阵

中国城市规模分布的结构演化特征可以运用马尔科夫转移矩阵来刻画。公式为：

$$SL_{t+1} = M_t SL_t \tag{6-6}$$

其中，SL_t 表示期初的城市规模状态，SL_{t+1} 表示期末的城市规模状态，M 为转换矩阵。转换矩阵中的元素 M_{ij} 表示期初为 i 状态的城市在期末演变为 j 状态的概率，$0 \leqslant M_{ij} \leqslant 1$。

为更好地适应新型城镇化发展的新形势和新要求，2014 年的《国务院关于调整城市规模划分标准的通知》（国发〔2014〕51 号）将城市划分为五类七档。城区常住人口 50 万以下的城市为小城市，其中 20 万以上 50 万以下的城市为 I 型小城市，20 万以下的城市为 II 型小城市；城区常住人口 50 万以上 100 万以下的城市为中等城市；城区常住人口 100 万以上 500 万以下的城市为大城市，其中 300 万以上 500 万以下的城市为 I 型大城市，100 万以上 300 万以下的城市为 II 型大城市；城区常住人口 500 万以上 1000 万以下的城市为特大城市；城区常住人口 1000 万以上的城市为超大城市（以上包括本数，以下不包括本数）。

（二）数据来源

2000 年、2010 年的城市人口数量取自第五次人口普查、第六次人口普查的城市人口数据，其中，第六次全国人口普查"城市人口"的统计口径基于城市实际建成范围视角，并采用常住人口口径，以此界定城区人口较为准确。2015～2019 年的城市常住人口数据主要来源于 2016～2020 各省的统计年鉴或市州每年的国民经济与社会发展统计公报。由于吉林省和黑龙江省两个省份在非普查年不公布各市常住人口数据，只提供户籍人口数据，故本章剔除了这两个省的数据，只选取了其余省份312个城市和自治州常住人口作为样本。另外，由于2000年、2010年为普查年，样本数据较为齐全，为避免不同年份样本量不同而可能影响回归结果的稳健性，在此本章选取平衡样本进行回归（2000年、2010年的样本也剔除吉林省和黑龙江省两省的数据）。样本不包括中国台湾、中国香港、中国澳门。

常住人口指实际经常居住在某地区一定时间（6个月以上，含6个月）的人口，而户籍人口指的是不管其是否外出，也不管外出时间长短，只要在某地注册有常住户口，则为该地区的户籍人口。以往有部分研究运用基于户籍人口统计口径的"市区非农业人口"数据作为城市人口规模。但是改革开放以后，越来越多的人口开始流动，如发生在"农村—城市""城市—城市"的迁移，户籍人口数据忽略了迁移人口的因素，可能导致估计的城市规模偏小，不能反映真实的城市规模。以2019年广州市为例，户籍人口为953.72万，其中非农业人口为762万，而常住人口为1530.59万，两者相差甚远。故本章运用城市常住人口作为代理指标。

四、实证结果与分析

（一）城市规模分布的总体特征

1. 城市规模的统计分析特征

表6-1基于第五次全国人口普查、第六次全国人口普查和2015~2019年城市和自治州常住人口数据，给出相应的描述性统计分析结果。

表6-1　2000~2019年中国城市和自治州常住人口的统计特征　单位：万人

年份	均值	标准差	最小值	最大值	样本
2000	373.0469	291.2827	7.7300	3051.2800	307
2010	400.4766	324.9349	7.6000	2884.6000	310
2015	411.0526	341.5786	0.0600	3016.5500	312
2016	413.8943	346.0547	0.0500	3048.4300	312

年份	均值	标准差	最小值	最大值	样本
2017	416.5473	349.0015	0.0500	3075.1600	312
2018	419.1258	351.9670	0.0500	3101.7900	312
2019	422.7081	354.8639	0.0500	3124.3200	311

注：样本数量差别是由于行政区划的变动。广西壮族自治区来宾市、崇左市于2002年建立地级市；海南省三沙市、儋州市分别于2012年、2015年建立地级市；山东省莱芜市于2019年撤销地级市并由济南市代管；宁夏回族自治区于2001年将固原地区改设固原市，2003年设立中卫市；等等。

从表6-1来看，2000~2019年中国平均城市规模在不断增大，从373.0469万人增加到422.7181万人，表明总体上中国的城市化水平在不断上升。另外值得注意的是，城市之间的标准差也在逐年增加，说明城市之间的差距也在逐年增加，中国城市的均衡度在减弱。其中，2019年中国首位城市是重庆市，常住人口规模达到3124.3200万人；最小的城市为海南省三沙市，常住人口规模仅为0.0500万人。

2. 城市规模的 Zipf 回归

本章首先运用 Zipf 法则来刻画中国城市规模分布的总体特征，估计结果如表6-2所示。

表6-2　中国城市 Zipf 回归的估计结果

年份	2000	2010	2015	2016	2017	2018	2019
α	0.7445***	0.7490***	0.7759***	0.7789***	0.7801***	0.7813***	0.7821***
	(−21.31)	(−23.58)	(−19.25)	(−19.19)	(−19.26)	(−19.33)	(−19.26)
lnA	9.1285***	9.2291***	9.3636***	9.3828***	9.3941***	9.4056***	9.4149***
	(54.03)	(59.95)	(47.89)	(47.65)	(47.81)	(47.96)	(47.82)

注：***、**和*分别表示1%、5%和10%的显著性水平，括号内为标准误。

从估计系数的大小来看，回归系数 α 均小于1，则表明当前中国城市规模分布较为分散，即低位序的中小城市发育更加突出，大城市发育不够充分。此时，高位序的城市具有较大的发展空间，政府仍然需要通过各种政策进一步引导大城市的发展。

从估计系数的变化趋势来看，回归系数 α 值总体上呈现上升趋势，从2000年的0.7445上升到2015年的0.7759再到2019年的0.7821。这说明对于城市规模分布的变化趋势来说，整体是集中化的，但集中化的速度在放缓。大城市的集聚作用在逐步增强，大城市相对中小城市发展更快，城市规模分布呈现集中的力量大于分散的力量。同时，中国城市的人口规模分布也逐渐由分散均衡的状态向标准的"位序—规模"分布靠近。因此，中国城市规模分布总体上呈现分散的特征；但城市规模分布的变化趋势整体是朝着集中化方向发展的，且集中化的趋势在放缓。

随着经济的快速发展，大城市具有"虹吸效应"，一个区域的中心城市吸收了周边城市的各种资源，向外扩张的能力越强，和周边中小城市的差距就会越来越大。中心城市有着更好的软硬件条件，会持续吸引周边城市的人才和资本等。而随着资源的聚集或者更多城市实行"抢人大战"的策略，中心城市的吸引力会越来越强，吸引更多的外来人口迁移到大城市，周边中小城市的人才会逐渐流失，这就形成了中国城市规模集中化发展的趋势。

但值得注意的是，近几年的城市集中化趋势略微放缓，可能存在以下两个原因：一是大城市存在"虹吸效应"与"扩散效应"的相互抵消。"扩散效应"对周围落后地区的推动作用或有利影响，指的是促成各种生产要素在一定发展阶段上从增长极向周围不发达地区的扩散，从而产生一种缩小地区间经济发展差距的运动趋势。大城市经济发展到一定阶段，进行结构转型或升级，会将许多产业如劳动密集型企业外迁到周边城市，促使一部分劳动力转向中小城市流动。二是大城市的生活成本、工作压力逐渐提高，以及各种交通拥挤、环境污染等城市病问题，倒逼人口逃离大城市而选择迁移到生活成本较小的城市，也可能使城市集中化程度不再提升。根据国家统计局公布的《2017 年农民工监测调查报告》披露，新增外出农民工主要在省内流动，省内流动农民工增量占外出农民工增量的96.4%。而 2016 年外出农民工中，跨省流动农民工比上年减少 79 万人；2016~2017 年两年减少了 300 多万流动人口。流动人口减少外出务工，也印证了本章的回归结果。

图 6-1 为部分年份中国城市位序—规模散点图，即 Zipf 趋势图。该趋势图与理想状态的 Zipf 趋势图有一定程度的偏离，说明中国城市规模仍然不是最优的状态，当前城市规模分布较为分散，政府可以进一步合理引导和优化城市体系的结构。同时，该趋势图也证明了中国城市规模分布的集中化趋势和集中化趋势放缓的特征。

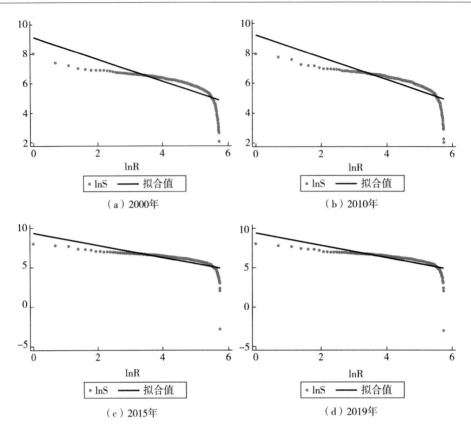

图6-1　中国城市位序—规模散点

3. 城市规模的首位度指数

　　为衡量城市体系中城市人口在首位城市的集中程度，本章分别计算了3城市指数、5城市指数和12城市指数，计算结果如表6-3所示。

表6-3　中国城市的首位度指数

首位度	PI_3	PI_5	PI_{12}
2000 年	1.0179	0.5918	0.2569
2010 年	0.6765	0.4140	0.1990
2015 年	0.6578	0.3970	0.1950
2016 年	0.6638	0.3935	0.1933
2017 年	0.6701	0.3968	0.1931

续表

首位度	PI_3	PI_5	PI_{12}
2018 年	0.6775	0.3992	0.1930
2019 年	0.6819	0.4005	0.1940

在齐夫分布的理想状态，第二大城市规模为首位城市规模的 1/2，第三大城市规模为首位城市规模的 1/3，第 N 大城市规模为首位城市的 1/N。那么，相应的 3 城市指数则为 1.2，5 城市指数约为 0.78，12 城市指数约为 0.48。

从表 6-3 可以看出，中国的三种城市首位度指数都远低于理想水平，说明大城市仍具有较大的发展潜力和空间；2000~2019 年首位度指数 PI_3、PI_5 虽然先下降后略有增加，有向齐夫分布的理想值靠近的趋势，但增加速度明显滞后，而 PI_{12} 一直在下降。首位度指数的计算结果也再次印证了上述的主要发现：中国城市规模分布的分散性特征，但存在集中化趋势及集中化趋势的放缓。可能存在两方面的原因：一方面是长期以来，中国的城市发展政策是控制大城市的规模。纵观中国城镇化的发展历程，城市建设基本遵循"控制大城市规模，合理发展中等城市，积极发展小城市"方针。在这种中央出于协调区域发展和大城市环境承载力的背景下，中小城市的规模增大，陈飞和苏章杰（2021）认为中国城市格局总体呈现城市集中度偏低、平均规模偏小的分散化特征。因此从表 6-3 的结果来看，可能是政策发挥了一定的效果，使大城市规模的扩张得到了控制。从另一方面来看，位于高序位的前几位城市如重庆市、上海市与北京市之间的差距不大，人口规模较为接近且不存在断层，也导致三种首位度指数低于理想状态值。

4. 城市规模的空间基尼系数

为衡量城市人口在不同城市间分布的集中程度，本章分别计算出现实状态下城市规模的空间基尼系数和理想状态下的空间基尼系数，结果如表 6-4 所示。

表 6-4　城市规模的空间基尼系数

年份	空间基尼系数	理想空间基尼系数	样本
2000	0.3818	0.6883	307
2010	0.3928	0.6888	310
2015	0.3972	0.6890	312
2016	0.3989	0.6890	312

年份	空间基尼系数	理想空间基尼系数	样本
2017	0.3998	0.6890	312
2018	0.4008	0.6890	312
2019	0.4008	0.6889	311

在理想的齐夫分布的数据规律下，不同的城市数量对应着不同的城市规模空间基尼系数。从表6-4计算的结果可知，与理想的齐夫空间基尼系数相比，中国的城市空间基尼系数是偏低的，整体上中国城市规模分布的集中度仍不够高，这与万庆等（2018）的研究结论一致，认为中国城市规模差距是不足的。

从变化趋势可以看出，2000~2019年中国城市规模的空间基尼系数整体上呈现增大的趋势，说明中国城市规模的差距在增大，这与上文的总体 Zipf 回归得出的结论一致，即从城市规模分布的变化趋势来说是整体是集中化的，大城市的集聚作用在逐步增强，城市规模分布呈现集中力量大于分散的力量。中国仍处于城市化阶段，流动人员优先选择大城市，因而促使大城市人口增长率大于中小城市人口增长率，这解释了中国城市规模差距增大的现状。

（二）城市规模分布的地域特征

1. 区域分布特征

不同经济区域也有不同的城市规模分布特征。本章所涉及东部、中部和西部地区的具体划分为：东部地区包括北京、天津、河北、上海、江苏、浙江、福建、山东、广东、海南和辽宁11省（市）；中部地区包括山西、安徽、江西、河南、湖北和湖南6省；西部地区包括内蒙古、广西、重庆、四川、贵州、云南、西藏、陕西、甘肃、青海、宁夏和新疆12省（区、市）。针对不同的经济区域，本章的 Zipf 回归的估计结果如表6-5和图6-2所示。

表6-5 中国东、中、西部地区城市 Zipf 回归的估计结果

年份	系数	东部	中部	西部
2000	α	0.5826	0.6180	0.9302
	lnA	8.1099	7.9347	8.6899

续表

年份	系数	东部	中部	西部
2010	α	0.6127	0.6199	0.8773
	$\ln A$	8.3331	7.9710	8.5899
2015	α	0.7276	0.6057	0.8716
	$\ln A$	8.6896	7.9642	8.5995
2016	α	0.7318	0.6072	0.8737
	$\ln A$	8.7097	7.9746	8.6118
2017	α	0.7338	0.6082	0.8737
	$\ln A$	8.7231	7.9828	8.6184
2018	α	0.7354	0.6097	0.8743
	$\ln A$	8.7346	7.9931	8.6261
2019	α	0.7299	0.6115	0.8751
	$\ln A$	8.7269	8.0022	8.6337

注：系数均在 1%水平下显著。

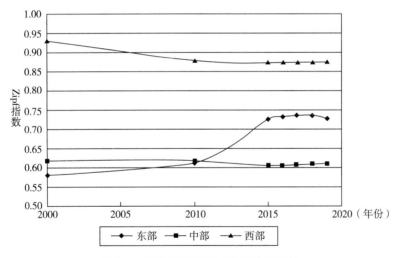

图 6-2　三大区域的 Zipf 指数变化趋势

　　根据表 6-5 和图 6-2，从齐夫指数的数值大小来看，2010 年以后，中部地区的齐夫指数明显低于东部地区和西部地区，说明中部地区的城市体系中，中低位序的城市发展状况相对更好，人口较为均衡地分散在中低位序的城市中。就三大区域与理想状态的"位序—规模"分布的差距来说，2010 年以前，西部地区最接近理想的"位序—规模"分布，其次是中部地区，最后是东部地区。2010 年后，随着东部地区的齐夫指数超越中部地区后，东部地区相对于中部地区更接近理想状态的"位序—规模"分布。

从齐夫指数的变化趋势来看，三大区域的城市规模分布差异明显。东部的齐夫指数总体呈现上升的趋势，中部的齐夫指数基本变化不大，西部的Zipf指数则总体呈现下降的趋势。这说明，东部地区的城市规模呈现集中化的分布特征，东部地区的大城市的聚集能力逐渐增强，除了2019年存在较小幅度的下降以外，吸纳了越来越多的人口；而中部地区的城市规模没有明显变化；西部地区的城市规模分布则逐渐呈现均衡分布的特征，即西部地区小城市的发展速度超过了大城市的发展速度，大城市的聚集能力在下降。

根据表6-6的首位度指数计算结果可知，从首位度指数的数值大小来看，总体上西部地区的首位度是三大区域最高的，最接近齐夫分布的理想状态下的首位度指数（3城市指数约为1.2，5城市指数约为0.78，12城市指数约为0.48），其次是东部地区，最后是中部地区，这也与上文表6-5的分区域Zipf回归结果相一致。东部、中部地区的首位度指数远低于理想水平，说明东部、中部地区的大城市的发育不够充分，城市规模仍有很大的发展潜力。

表6-6 中国东、中、西部地区的城市规模首位度指数

地区	年份	PI_3	PI_5	PI_{12}
东部	2000	0.6825	0.3735	0.1565
	2010	0.7062	0.4074	0.1842
	2015	0.6497	0.3881	0.1815
	2019	0.6535	0.3685	0.1755
中部	2000	0.5445	0.2895	0.1180
	2010	0.5486	0.2873	0.1197
	2015	0.5415	0.2871	0.1193
	2019	0.5501	0.2970	0.1224
西部	2000	1.6598	0.9653	0.4326
	2010	1.2808	0.8073	0.3762
	2015	1.2912	0.8147	0.3821
	2019	1.1665	0.7606	0.3721

从首位度指数的变化趋势来看，西部地区的首位度指数在2000~2019年呈

现下降的趋势，而东部地区的首位度指数是先增加后减少，中部地区的首位度指数没有明显的变化规律。这说明，西部地区的城市之间差距逐渐减少，首位城市的发展速度滞后于区域内其他城市，可能的原因是西部大开发战略促进了西部地区的城市之间的均衡化发展；而东部地区的首位城市的发展速度先增加然后在最近年份呈现减缓趋势，可能的原因是首位城市规模发展到一定程度后，相关的软硬件配套公共设施跟不上城市人口的增长速度，人口分流到区域内其他位序较前的城市进而使城市首位度降低。

就空间基尼系数的数值大小而言，与理想的齐夫分布状态相比，中国的三大区域的城市规模空间基尼系数均有一定的差距，特别是东部和中部地区与理想状态下的城市规模差距较大，西部地区城市规模差距相对较小，说明区域内部城市规模差距仍然有很大的改善空间（见表 6-7）。

表 6-7　中国东、中、西部地区的城市规模空间基尼系数

地区	年份	空间基尼系数	理想空间基尼系数
东部	2000	0.3172	0.6325
	2010	0.3378	0.6325
	2015	0.3561	0.6325
	2019	0.3555	0.6325
中部	2000	0.3145	0.6225
	2010	0.3149	0.6225
	2015	0.3093	0.6225
	2019	0.3118	0.6225
西部	2000	0.4540	0.6421
	2010	0.4421	0.6421
	2015	0.4421	0.6421
	2019	0.4476	0.6421

注：东部地区的城市样本数量为 103，中部地区的城市样本数量为 87，西部地区的城市样本数量为 122。

就空间基尼系数的变化趋势而言，东部地区的空间基尼系数在增大，西部地区的空间基尼系数略微减少，中部地区的空间基尼系数基本变化不大（见表 6-7）。这说明，东部地区的城市规模差距在增大，西部地区的城市差距在缩小，而中部

地区的城市差距整体保持不变。

因此，中国城市规模分布的区域特征为：西部地区城市规模发育最为成熟，但集中度呈现下降趋势；而东部、中部地区城市规模无论从齐夫指数、首位度指数还是城市空间尼基系数都远低于理想水平，但东部地区集中度呈现上升趋势，而中部地区基本保持不变。

2. 省域分布特征

接下来探究基于省域层面的城市规模分布的首位度指数。由于省域内城市样本容量有限，部分省份无法计算 12 城市指数，因此在此本章仅计算相应省份的 3 城市指数和 5 城市指数。

从表 6-8 可以看出，各省份的城市规模分布的首位度指数差异较大。从首位度指数大小来看，大部分省份 3 城市指数偏低，首位城市与其他副中心城市规模差距不大，大城市的地位不够突出，省域城市体系具有"双核"或"三核"等比较均衡的特征。四川、青海这两个西部省份的 3 城市指数较为合理，首位城市发育较好，而省内其他城市发展相对滞后，首位城市能够发挥较好的城市聚集作用。

表 6-8 省域城市规模分布的首位度指数

省份	2000 年		2010 年		2015 年		2019 年	
	PI_3	PI_5	PI_3	PI_5	PI_3	PI_5	PI_3	PI_5
河北	0.5940	0.3344	0.5788	0.3288	0.5738	0.3265	0.5464	0.3090
山西	0.6563	0.3483	0.6027	0.3296	0.6026	0.3296	0.5989	0.3288
内蒙古	0.7761	0.4268	0.7213	0.3868	0.6957	0.3727	0.6901	0.3700
辽宁	0.7601	0.4574	0.7842	0.4911	0.7825	0.4990	0.7617	0.4771
江苏	0.5766	0.3141	0.6310	0.3362	0.6280	0.3377	0.6205	0.3375
浙江	0.5885	0.3349	0.5599	0.3303	0.5413	0.3216	0.5807	0.3498
安徽	0.6978	0.3683	0.6723	0.3460	0.5927	0.3418	0.5946	0.3438
福建	0.6640	0.4341	0.6817	0.4447	0.6808	0.4425	0.6744	0.4335
江西	0.6689	0.3732	0.6974	0.3830	0.6990	0.3811	0.7004	0.3790
山东	0.5992	0.3124	0.5646	0.2940	0.5612	0.2932	0.5659	0.2919
河南	0.5621	0.3098	0.5836	0.3192	0.5453	0.3073	0.5538	0.3130
湖北	0.6209	0.3458	0.8255	0.4414	0.8842	0.4717	0.9333	0.4982
湖南	0.5388	0.2898	0.5065	0.2825	0.5091	0.2850	0.5748	0.3211

续表

省份	2000 年		2010 年		2015 年		2019 年	
	PI_3	PI_5	PI_3	PI_5	PI_3	PI_5	PI_3	PI_5
广东	0.7390	0.4006	0.6834	0.3875	0.6877	0.3936	0.6988	0.4090
广西	0.6024	0.3325	0.6509	0.3678	0.6548	0.3699	0.6683	0.3767
四川	0.8904	0.4930	1.1959	0.6723	1.3265	0.7358	1.3618	0.7543
贵州	0.6433	0.3806	0.6257	0.3810	0.6079	0.3754	0.5956	0.3704
云南	0.5748	0.3306	0.5817	0.3372	0.5821	0.3388	0.5878	0.3429
西藏	0.5987	0.3638	0.5776	0.3501	0.5574	0.3420	0.5515	0.3396
陕西	0.7147	0.4234	0.8318	0.4891	0.8527	0.5024	1.0591	0.6062
甘肃	0.5399	0.2935	0.6065	0.3366	0.6062	0.3381	0.6120	0.3410
青海	1.0468	0.7832	1.1713	0.8163	1.1820	0.8199	1.1853	0.8191

从首位度指数变化趋势来看，河北、山西、内蒙古、安徽、山东、广东、贵州、西藏的首位度指数呈现变小的趋势，江苏、福建、江西、河北、广西、四川、云南、山西、甘肃和青海的首位度指数呈现变大的趋势，辽宁、浙江、河南、湖南的首位度指数变化不大。

基于空间基尼系数数值大小的角度，除了青海省的城市规模空间基尼系数高于齐夫理想分布状态下的系数以外，其余省份均低于理想分布状态（见表6-9）。这说明中国绝大部分省份内部城市与城市之间的规模差距不大，省域内部的城市结构仍有一定的改善空间。

表6-9　省域城市规模的空间基尼系数

省份	2000 年	2010 年	2015 年	2016 年	2017 年	2018 年	2019 年	理想空间基尼系数
河北	0.2523	0.2548	0.2579	0.2586	0.2582	0.2579	0.2480	0.4715
山西	0.1990	0.2040	0.2050	0.2055	0.2059	0.2063	0.2066	0.4715
内蒙古	0.3500	0.3293	0.3280	0.3279	0.3280	0.3278	0.3277	0.4787
辽宁	0.2867	0.3041	0.3113	0.3118	0.3129	0.3139	0.3201	0.4914
江苏	0.1788	0.1996	0.1992	0.1993	0.1996	0.2004	0.2010	0.4854
浙江	0.3014	0.3301	0.3303	0.3308	0.3331	0.3362	0.3427	0.4715
安徽	0.3553	0.3389	0.3033	0.3041	0.3051	0.3052	0.3054	0.5023

省份	2000 年	2010 年	2015 年	2016 年	2017 年	2018 年	2019 年	理想空间基尼系数
福建	0.2670	0.2795	0.2885	0.2888	0.2898	0.2911	0.2920	0.4547
江西	0.3391	0.3444	0.3438	0.3437	0.3436	0.3436	0.3435	0.4715
山东	0.2827	0.2795	0.2797	0.2802	0.2812	0.2818	0.2558	0.5072
河南	0.2994	0.2978	0.2982	0.2987	0.2985	0.2990	0.3002	0.5118
湖北	0.3844	0.4053	0.4156	0.4168	0.4175	0.4192	0.4211	0.5072
湖南	0.2131	0.2183	0.2196	0.2214	0.2241	0.2262	0.2278	0.4914
广东	0.2846	0.3084	0.3142	0.3190	0.3244	0.3279	0.3305	0.5239
广西	0.2532	0.2826	0.2833	0.2836	0.2841	0.2845	0.2848	0.4914
四川	0.2983	0.3270	0.3287	0.3469	0.3476	0.3507	0.3531	0.5239
贵州	0.2201	0.2177	0.2203	0.2206	0.2203	0.2207	0.2212	0.4547
云南	0.3699	0.3726	0.3736	0.3740	0.3746	0.3754	0.3771	0.5023
西藏	0.3420	0.3306	0.3258	0.3240	0.3227	0.3225	0.3221	0.4334
陕西	0.3681	0.3794	0.3817	0.3831	0.3920	0.3982	0.4013	0.4715
甘肃	0.3280	0.3291	0.3299	0.3299	0.3300	0.3304	0.3316	0.4914
青海	0.5417	0.5230	0.5188	0.5202	0.5205	0.5191	0.5184	0.4447
宁夏	0.4553	0.2176	0.2234	0.2242	0.2267	0.2281	0.2319	0.4051

基于空间基尼系数变化趋势的角度，大部分省份的城市规模空间基尼系数是增加的，包括山西、辽宁、江苏、浙江、福建、湖南、湖北、广东、广西、四川、云南、陕西和甘肃；城市规模空间基尼系数减少的有内蒙古、安徽、山东、西藏、青海和宁夏；城市规模空间基尼系数基本变化不大的有河北、江西、河南和贵州（见表6-9）。这表明，随着经济的发展，广东等大部分省份内的城市规模差距是增大的，城市规模朝着集中化方向发展，省会城市或者副省会城市聚集了相对更多的城市人口和资源；而河北等省份内的城市规模差距不变，说明这些省份的城市发展较为稳定；其余省份的城市规模差距在缩小，省内城市朝着均衡化的方向发展。因此，中国城市规模分布的省域特征为：绝大部分的省域内部城市结构不理想，存在巨大的改善空间。

（三）城市规模分布的结构演化特征

根据《国务院关于调整城市规模划分标准的通知》的新划分标准，本章将中国城市归为五类七档，并计算 2010~2019 年中国城市规模变动的马尔科夫转移矩阵，结果如表 6-10 和表 6-11 所示。

表 6-10　2010 年和 2019 年中国特大城市及以上规模等级城市

规模等级	2010 年	2019 年
超大城市	北京市、天津市、石家庄市、保定市、上海市、苏州市、临沂市、南阳市、广州市、深圳市、重庆市、成都市	北京市、天津市、石家庄市、保定市、上海市、苏州市、杭州市、临沂市、郑州市、南阳市、武汉市、广州市、深圳市、重庆市、成都市、西安市
特大城市	唐山市、邯郸市、沧州市、邢台市、运城市、沈阳市、大连市、南京市、无锡市、徐州市、南通市、盐城市、杭州市、金华市、温州市、台州市、宁波市、宿州市、阜阳市、六安市、合肥市、安庆市、福州市、泉州市、南昌市、赣州市、宜春市、上饶市、青岛市、济南市、烟台市、潍坊市、济宁市、泰安市、聊城市、菏泽市、德州市、郑州市、洛阳市、安阳市、新乡市、商丘市、信阳市、周口市、驻马店市、武汉市、荆州市、襄阳市、黄冈市、长沙市、衡阳市、邵阳市、岳阳市、常德市、永州市、汕头市、佛山市、东莞市、湛江市、茂名市、揭阳市、南宁市、玉林市、南充市、达州市、遵义市、毕节市、昆明市、昭通市、曲靖市、西安市、渭南市	唐山市、邯郸市、沧州市、邢台市、运城市、沈阳市、大连市、南京市、无锡市、徐州市、南通市、盐城市、金华市、绍兴市、温州市、台州市、宁波市、宿州市、阜阳市、合肥市、亳州市、福州市、泉州市、漳州市、南昌市、赣州市、宜春市、上饶市、青岛市、济南市、烟台市、潍坊市、济宁市、泰安市、聊城市、菏泽市、德州市、洛阳市、平顶山市、安阳市、新乡市、商丘市、信阳市、周口市、驻马店市、荆州市、襄阳市、黄冈市、长沙市、衡阳市、邵阳市、岳阳市、常德市、永州市、汕头市、佛山市、东莞市、湛江市、茂名市、揭阳市、南宁市、桂林市、玉林市、南充市、达州市、遵义市、毕节市、昆明市、昭通市、曲靖市、渭南市、

注：此表仅展示超大城市和特大城市的名单，其余城市等级名单暂不列出。

表 6-11　2010~2019 年中国城市规模变动的马尔科夫转移矩阵　　单位：%

	规模等级	2019 年（期末）						
		超大城市	特大城市	Ⅰ型大城市	Ⅱ型大城市	中等城市	Ⅰ型小城市	Ⅱ型小城市
2010 年（期初）	超大城市	100.00	0.00	0.00	0.00	0.00	0.00	0.00
	特大城市	5.56	91.67	2.78	0.00	0.00	0.00	0.00
	Ⅰ型大城市	0.00	5.75	91.95	2.29	0.00	0.00	0.00
	Ⅱ型大城市	0.00	0.00	8.49	91.51	0.00	0.00	0.00
	中等城市	0.00	0.00	0.00	7.14	92.86	0.00	0.00
	Ⅰ型小城市	0.00	0.00	0.00	0.00	14.29	85.71	0.00
	Ⅱ型小城市	0.00	0.00	0.00	0.00	0.00	50.00	50.00

注：样本量为 309，计算结果剔除了行政区划变动因素的影响。

表6-11为计算得到的近10年中国城市规模变动的马尔科夫转移矩阵结果，该矩阵展示了随着时间推移各类城市发生的变化，矩阵中的数值表示城市规模从一种状态向另一种状态转移的概率。2010~2019年，超大城市全部维持在原有状态。5.56%特大城市的成长为超大城市，91.67%仍然维持原有状态，2.78%降为Ⅰ型大城市。5.75%Ⅰ型大城市成长为特大城市，91.95%仍然维持原有状态，2.29%降为Ⅱ型大城市。8.49%Ⅱ型大城市成长为Ⅰ型大城市，91.51%维持原有状态。7.14%中等城市成长为Ⅱ型大城市，92.86%维持原有状态。14.29%Ⅰ型小城市成长为中等城市，85.71%维持原有状态。50.00%Ⅱ型小城市成长为Ⅰ型小城市，剩下的保持原有状态。

从表6-11可以发现，近10年中国城市规模的状态转换有两个显著特征：一是中国城市规模是相对稳定的。除Ⅱ型小城市以外，超85%以上其余各类城市仍然维持原有城市规模状态。二是存在一条由中小城市逐步发展为大城市的成长路径，各类城市规模都有不同程度的增长。特别是Ⅰ型小城市和Ⅱ型小城市，分别有14.29%和50.00%的概率升级为中等城市和Ⅰ型小城市。但同样，其余城市的成长速度较为缓慢，与前文各个层面的分析一致。这种沿着规模梯度逐步升级的城市发展路径，相对来说使中小城市的成长性更好，发育成为中间序位的城市，逐渐形成大城市和中小城市"百花齐放"的局面。这也解释了当前中国城市规模分布较为均衡和分散的特征。

五、结论与建议

深入探究当前城市规模的分布演进规律，对未来把握中国城市体系格局的判断有着重要的现实意义。基于第五次全国人口普查、第六次全国人口普查和2015~2019年312个城市和自治州常住人口数据，本章运用Zipf回归、首位度指数、空间基尼系数和马尔科夫转移矩阵的方法，测度了中国城市规模分布的演进。得出如下结论：①从城市规模分布的总体特征来看，当前中国城市规模分布较为分散，即低位序的中小城市发育更加突出，大城市发育不够充分；但城市规模分布的变化趋势整体是朝着集中化方向发展，且集中化趋势在放缓。②从城市规模分布的区域特征来看，西部地区城市规模发育最为成熟，但集中度呈现下降趋势；而东部、中部地区城市规模分布都远低于理想水平，但东部地区集中度呈现上升趋势，而中部地区基本保持不变。这说明东部地区的城市规模差距在增大，西部地区的城市差距在缩小，而中部地区的城市差距整体没有明显变化。③从城市规模的省域特征来看，绝大部分的省域内部城市结构不理想，存在巨大的改善空间。④从城市规模分布的结构演化特征来看，中国城市规模是相对稳定的，存在着由中小城市逐步发展为大城市的成长路径。

针对不同层面的城市规模分布特征，本章将从不同层面给出具体对策建议。

一是从总体层面上，要提高大城市人口的集聚力量。从上文结论可知，Zipf回归、首位度指数和空间基尼系数的结果显示大城市发育不够突出，中国城市规模分布较为分散。因此，为解决大城市不够大、对中小城市的辐射作用不强的问题，政府可进一步加强对城市群发展的科学引导，尽快完成城市群的规划，并根据城市发展规律合理确定城市群的范围。同时，健全转移人口落户政策，完善教育、就业、养老、医疗、保障性住房等吸引人才和留住人才的基本公共服务，强化城市群的现代交通、信息、电力、管道等基础设施网络的规划、布局和建设，发挥基础设施网络对城镇合理布局和分工的支撑和引领作用，实现大城市的规模经济、聚集经济。

二是从区域层面上，增强区域发展的协调性，继续推进西部开发、中部崛起、东部率先的地区发展战略。东部地区和中部地区城市规模远低于理想状态，因此应当充分发挥区位优势，全面提高开放水平和创新质量，集聚创新要素，科学定位各城市功能，增强东部地区城市的人口经济集聚能力，还可以科学引导人口和产业由特大城市主城区向周边和其他城镇疏散转移。而西部地区虽然城市规模分布相对成熟，但由于存在集中度下降的趋势，因此应当引导有市场、有效益的劳动密集型产业优先向西部转移，吸纳东部返乡和就近转移的人口，防止人口持续流失；加大对外开放力度，借助"一带一路"推动和国际间的区域合作。

三是从省域层面上，改善省域内部的城市结构，实现大城市与中小城市协同发展，在"聚集中走向平衡"。对中心城市而言，壮大经济实力，加快产业转型升级，健全以先进制造业、战略性新兴产业、现代服务业为主的产业体系，提升要素聚集能力。同时，强化中心城市的辐射带动功能，通过外部性的正溢出效应拉动周边中小城市的经济发展；把核心城市的非核心功能疏解到其他小城市，形成功能互补的协作关系，更好发挥大城市和小城市的协同效应。

对中小城市而言，政府可以选取具有发展潜力的城市，结合当地优势资源、环境及交通等条件，对其给予一定的资金和技术支持，发展特色产业，夯实产业基础；另外还应当提升其基础设施建设和公共服务设施建设，加强教育医疗等公共资源的配置。

第七章 中国城市规模分布异化的
资源错配效应研究

一、引言

改革开放以来，中国城市化步入快速发展通道，2020年中国城市化率已达到63.89%。发达国家的城市规模在相当长一段时间内保持着相对广泛而稳定的分布（Black and Henderson，2003），但处于城市化加速期的广大发展中国家显然与之不同。在快速城市化过程中，大量国内外学者已经证实中国城市规模分布不合理问题（Au and Henderson，2006；谢小平和王贤彬，2012；Chan and Wan，2017；王丽莉和乔雪，2020）。与此同时，中国存在严重的资源错配也已经成为学界共识（Hsieh and Kienow，2009；袁志刚和解栋栋，2011；Brandt et al，2013；张佩，2013；郎昆和刘庆，2021；Fang et al，2021）。在给定城市作为资源优化配置的空间载体前提下，中国城市规模分布异化是否造成了严重的资源错配？以及城市规模分布异化通过哪些渠道影响了城市的资源配置效率？城市和产业如何协调发展？产业多样化集聚和产业专业化集聚在不同规模城市层面对资源错配的调节效应究竟如何？研究上述问题，对于深入理解城市化与资源配置的关系，对于城市化发展方向和内涵，以及对于产业和城市融合发展等政策，有着重要的理论价值和现实意义。

理论上，城市规模分布合理意味着产业集聚和产业互动，可以通过共享（Sharing）、匹配（Matching）和学习（Learning）效应促进城市层面的资源优化配置和经济增长（Duranton and Puga，2004）。实证上，有大量研究证实产业结构影响城市最优规模（Black and Henderson，2003；Au and Henderson，2006；柯善咨和赵曜，2014；王垚等，2017），同时产业集聚也能发挥对资源错配的纠正效应（季书涵和朱英明，2017；崔书会等，2019；高康和原毅军，2020）。既有研究基本上从城市规模或者城市行政级别等角度研究资源配置效率的问题（李澎等，2016；张天华等，2017；江艇等，2018），没有从城市规模分布异化的视角出发深入探究城市规模分布合理化背后实际上是城市和产业的良性互动和发展，进而促进了城市层面的资源优化配置的过程。

为此，本章采用如下策略来实证分析中国城市规模分布异化对资源错配的影响及发生机制。首先，在 Aoki（2012）模型计算方法的基础上，本章建立城市层面的资源错配模型，利用 2010~2019 年 267 个地级市及以上的城市数据测度了城市层面的资源错配程度；与此同时，本章根据城市规模分布的"序位—规模"法则，测度了中国城市规模实际分布与最优规模分布之间的偏差，来表示中国城市规模分布异化程度。其次，本章通过构建固定效应模型来实证分析中国城市规模分布异化对城市资源错配的影响，进一步通过异质性分析、内生工具变量法及稳健性检验来验证本章基本结论的可靠性。最后，本章从产业集聚的角度分析城市规模分布异化对资源错配的传导渠道，并进一步检验 MAR 外部性和 Jacobs 外部性对资源错配的影响，尤其是深入分析产业多样化集聚和产业专业化集聚在不同规模级别城市发展的适用性以及对资源错配的调节作用。

本章研究发现：①我国城市规模分布异化显著恶化了城市层面的资源错配情况，而且不合理的城市规模分布主要是造成了城市层面的资本错配而非劳动错配。这个结论同样适用于中部地区、南方城市和收缩型城市。②从资源配置区域来看，中部地区、南方城市和收缩型城市表现得更为明显，说明中部地区的城市可能就是"大的不够大，小的不够小"，因而形成城市和产业发展中的"中部塌陷效应"；"南北经济差距"形成的产业结构不同可能造成南方城市的资源加剧程度更大；收缩型城市相比于非收缩型城市，城市规模分布异化将进一步加剧资源错配。从资源配置程度来看，当存在资本配置过剩和劳动配置过剩时，不合理的城市规模分布将加剧城市层面的资源错配，说明城市层面的要素投入过度将导致城市的规模经济效应转变为拥挤效应，不利于城市和产业的共荣发展。从城市群规划来看，纳入城市群的城市因不合理的城市规模分布而造成的资源错配程度更大。③尽管不合理的城市规模分布会造成城市层面的资源错配，但是产业集聚总体而言可以缓解这种效应。具体而言，专业化集聚可以缓解城市规模分布异化对资源错配的恶化作用，即专业化集聚对城市规模分布异化与资源错配的影响关系具有显著的削弱作用，具有显著的负向调节效应。相反，多样化集聚则进一步强化了城市规模偏差对资源错配的正向作用，即多样化集聚对城市规模分布异化与资源错配的影响关系具有显著的强化作用，具有显著的正向调节效应。而且进一步分析表明，大城市更适合多样化集聚而非专业化集聚，而中小城市更适合专业化集聚而非多样化集聚。

本章的边际贡献体现在：①以往的学者主要从资源配置的角度研究单个城市规模的经济效应，本章在此基础上更进一步，从城市规模分布的角度，探索城市规模分布偏离最优城市规模对城市资源错配的影响程度，是对现有城市效率研究的重要补充。②为探究更深层次的传导渠道，本章采用调节效应方法作为分析工具，研究产业专业化集聚和多样化集聚作为调节变量在城市规模分布异化导致资源错配效应中的作用机制，探索产业集聚的外部性影响，为改善城市资源配置效率提供理论依据。

其余部分结构安排如下：第二部分是文献综述，阐述城市规模对城市生产率及资源配置的影响。第三部分是理论分析，具体分析城市规模分布异化对资源错配的影响及传导机制。第四部分是模型、变量与数据说明。第五部分是实证结果与分析。最后是结论与启示。

二、文献综述

城市经济学一直是产学研各界关注的热点。围绕城市规模和城市效率的研究并不少见，本章主要从城市规模与城市生产率的关系及城市规模影响资源配置效率两方面进行文献梳理，并在现有文献的基础上进一步开展本章研究。

（一）城市规模与城市生产率

集聚经济是在城市层面"运作"的（Giuliano et al.，2019），城市的集聚效应和规模效应是现代城市经济增长的重要源泉。Black and Henderson（1999）在外生人口增长和内生经济增长的条件下，建立了一个由内生规模和数量的城市组成的经济模型，讨论了城市化如何影响增长过程的效率，以及增长如何影响城市化模式。Au and Henderson（2006）在考虑了城市规模经济与不经济的情况下，使用中国城市数据来评估城市的净集聚效应，研究发现城市规模与城市劳动生产率呈现倒"U"型关系，即净聚集效应首先随着城市规模上升而急剧上升，在超过峰值之后缓慢下降；中国城市的净聚集收益很高，但由于迁移的限制使中国一大部分城市的规模低于最优规模，城市平均规模过小进而造成了收入损失。谢小平和王贤彬（2012）发现中国的城市体系仍未达到最优分布状态，呈现小城市过多而大城市过少、少数大城市相对规模过大的城市分布特征，并识别了城市规模分布演进通过影响整个城市体系的外部性进而影响经济增长的机制，并发现城市首位率和经济增长呈现倒"U"型的关系。通过对集聚经济的大量研究，柯善咨和赵曜（2014）、梁婧等（2015）、王垚等（2017）也同样证实了上述城市经济效率或劳动生产率可能随着城市规模增长呈现倒"U"型的结论。

孔令乾等（2019）呈现倒"U"型背后的逻辑是城市规模对城市生产率分别有着正向和负向效应。正向效应主要体现在技术外部性和货币外部性。具体来说，技术外部性使知识和技术可以在不同企业之间传播、积累和运用；货币外部性指的是不同企业之间因为上下游关联、本地市场化和劳动力蓄水池等效应使成本减少。负向效应主要体现的是拥挤效应。当城市中的企业数量超过承载范围的时候，便会出现拥挤效应，即争夺资源、企业迁出等，不利于生产效率的现象。

在经典的经济增长理论中，全要素生产率的变化不仅包括技术进步和规模经济等内容，资源配置效率的变化也在全要素生产率的提升中起着重要的作用。郭晓丹等（2019）发现，大城市明确存在企业生产率的动态优势，主要来源于企业间较高的资源配置水平及其改进，特别是在区别了城市规模后发现，不同规模城市间企业生产率提升差异并非主要来自企业成长（组内效应），而是取决于企业间资源配置效率（组间效应）的不同。这也说明资源配置效率对生产率的提升是至关重要的。综上所述，城市规模与城市生产率呈现倒"U"型关系，具体解释为集聚作用的正负向效应对生产率的影响。在梳理完城市规模与城市生产率的关系后，接下来本章进一步探究城市规模分布与资源配置效率之间究竟存在何种程度的关系。

（二）城市规模与资源配置效率

不少学者分别从不同角度研究了中国资源错配的来源，包括政府干预和制度约束（韩剑和郑秋玲，2014；靳来群等，2015），以及企业所有制、企业成立年限、企业规模、省份地区、城市等级、补贴政策六个被广泛讨论的扭曲来源（郎昆和刘庆，2021）。回顾文献可以发现，虽然学者们在资源错配来源方面的研究已经取得一定成果，但是从城市规模的角度考察资源错配的文献仍然相对匮乏。

聚焦到城市规模视角，既有文献已经有了城市规模影响资源配置的发现，认为城市规模会影响外部性的发挥，进而影响资源配置效率。例如，Duranton and Puga（2001）认为，城市的大小通过改变本地化经济和拥堵成本之间的平衡来影响其效率。但是，实际上一个城市体系是由具有不同人口规模的城市共同构建而成的，因此，如果仅仅从单个城市的规模来看待整个城市体系的发展，可能没有把握问题的关键。而且，现实中的城市规模往往偏离最优状态，可能会对城市的资源配置效率产生潜在影响。Henderson（2002a）认为，在发展中国家快速城市化的进程中，城市规模分布高度集中（主要反映在城市的首位度上），对经济和生活等方面都会产生负外部性的损失。具体而言，过度集中导致的增长损失可能与人力、实物资本投资严重不足造成的损失一样大，原因在于工资、土地和基础设施成本会随着特大城市规模的扩大而上升，使吸引外国投资和保持国际市场竞争力变得更加困难。而且，随着人口集中度的上升，在缺乏科学规划和管理的情况下，过度集中则会导致生活质量和公共服务问题变得更加严重。同时，Henderson（2002b）进一步发现，过度集中造成的经济损失不仅体现在单个城市，还可能对整个城市系统造成压力。城市规模分布过度集中意味着某些城市规模太大，而某些城市规模太小，资源从非首位城市流向首位度的城市，以改善首位城市拥堵和控制首位度城市环境成本的增加，结果导致非首位城市的生活质量下降。这些因素都不利于城市之间资源的有效配置。因此，城市规模分布无论是过于集中还是过于分散，都将不利于资源配置的优化。

也有不少学者研究城市行政级别对资源配置效率的影响。一般情况下，市场在资源配置中起决定性作用。但在中国，行政级别也同样作用于资源配置，即等级化的城市通过行政手段配置资源。因此，城市行政级别越高，城市的规模就越大，所掌握的资源也就越多，政府行政干预的动机就会越强烈，政府过多干预下的资源集聚可能并非源于规模经济的内在需求，因此也越容易违反市场经济行为进而对资源配置效率产生负面影响，造成资源错配的现象，这也从侧面反映了城市规模与资源错配的关系。例如，李澎等（2016）运用 DEA 方法发现，相比于低行政等级的城市，高行政等级城市获得资源的能力更强，这形成了城市之间非公平的竞争环境，导致高行政等级城市要素投入相对过多，对资源的有效配置产生负向影响。江艇等（2018）基于中国独特的政治背景，从城市行政级别的视角解释城市生产效率和资源错配之间的关系，发现城市级别提高了城市生产率的整体水平，但是也加剧了城市内部资源错配程度，主要体现在国企和外企内部资源配置的恶化。而城市规模大小及增长又与其行政等级高低密切相关。目前，中国的城市化发展模式还是以"政府主导+市场推动"为主，行政等级越高的城市获得中央政府支持的资源越多，配置市场资源的能力也越强，当财政政策和资本市场向某些高行政级别的大城市倾斜的时候，会鼓励人口向这些城市过度集中（王小鲁，2010；王垚和年猛，2015）。

同样，还有部分学者研究城市协同配置对于资源配置效率的影响。国家强调"以城市群为主体构建大中小城市和小城镇协调发展的城镇格局"，旨在通过优化城市体系结构来释放区域效率潜能。当前，城镇化发展由最初的城市内部扩张延伸至区域城市协同发展，长三角、珠三角及京津冀等城市群成为中国经济发展的重要增长极，中西部地区也逐渐形成了区域城市圈，区域城市协同发展已经成为中国新型城镇化的趋势（王雨枫，2021）。区域一体化有助于打破城市之间的市场分割，消除贸易壁垒，加快生产要素在城市之间的流通速度，提高生产要素回报从而提升资源配置效率，实现区域经济平衡发展。已有研究证实上述观点，如刘瑞翔（2019）发现长三角区域一体化能显著改善区域内部资源配置效率，其中资本错配先升后降，劳动错配趋于下降；吴青山等（2021）从长三角扩容视角，发现区域一体化改善了城市群内部的劳动错配。上述文章对本章有一定的启发，但本章更多的是从城市分布异化的角度，从相反的角度进行研究作为城市协同配置的重要补充。

综上所述，现有研究城市与资源配置的文献可以总结为三类：一是单一地研究城市规模对经济增长、城市生产效率的影响，较少涉及城市规模与资源错配的关系，且没有从城市规模分布异化的角度深入分析。城市作为资源配置的空间载体。本章在此基础上更进一步，测算城市规模分布在偏离理想程度的情况下，对资源错配造成多大程度的影响。二是研究城市行政级别与城市生产效率、资源配置效率之间的关系，这类文章从更一般的意义上强调了行政手段作为资源配置方式的经济学意义。三是研究城市协同配置对于资源配置效率的影响，本章则从城市规模分布异化这一相反的角度进行补充。这对于我们理解城市的资源配置效率问题以及如何在中国协同与发展的背景下制定最优城市规模体系具有重要的理论价值和现实意义。

总之，中国在经历大规模快速的城市化过程中，城市规模是不断调整和变化的，既受到经济规律的驱动，又受到政策的影响和干扰，而城市规模分布作为一个整体则呈现出一个不断动态演化的过程。根据新经济地理学，合理的城市规模分布体系，可以通过共享、匹配和学习等效应来促进产业集聚和产业协调发展，进而在城市层面优化资源配置和提高总量生产率水平。而现有研究往往会忽视城市化过程中产业发展和城市演化之间的共生共荣关系，尤其是没有挖掘中国城市规模分布不合理情况下，对产业发展、产业集聚和产业协调的不利影响，进而造成城市层面的资源严重错配。

三、理论分析

（一）城市规模分布异化与资源错配

如何选择和判断合理的城市发展路径来避免资源的无效配置，正是当前处于城市化加速期的广大发展中国家所面临的共同难题（王垚等，2017）。中国城市规模的分布问题本质上是资源配置效率的问题。在市场机制的作用下，城市化和大城市的发展，都反映了城市聚集效应带来的资源配置优化的结果（王小鲁，2010；武英涛等，2018）。

城市规模影响了要素流动，而资源配置效率是被生产要素的自由流动所保证的，因此城市规模也会影响城市间的资源配置效率。但是，现实中一个城市体系是由具有不同人口规模的城市共同构建而成的，因此，不能仅从单个城市规模来看待整个城市体系的发展（谢小平和王贤彬，2012）。而且，现实中的城市规模往往偏离最优状态，可能会对城市的资源配置效率产生潜在影响。城市规模分布偏离最优状态的程度越大，越不利于要素的有效流动，越可能形成资源错配。

城市规模扩张对资源配置效率的改善作用可能呈现先增后减的非线性特征。参考 Duranton and Kerr（2015）的关于集聚和城市形成的概念模型，本章给出城市规模分布异化影响的理论模型（见图 7-1）。横轴表示城市人口规模 N。纵轴上半部分显示工资或生产率曲线 w（N），集聚模型的特点是工资曲线向上倾斜，表示一个地区经济活动的增加提高了城市或集群内公司的生产率和劳动力工资。纵轴下半部分还显示了一条成本曲线 $H(N)$，$w(N)-H(N)$ 表示从工资曲线中减去成本曲线后得到的城市净收益。如图 7-1 的下半部分所示，净收益呈现倒"U"型曲线。在城市规模上升的阶段，城市规模增加带来的生产力提升大于成本的增加；在拐点 B 点之后，城市规模继续扩大导致了成本大于收益，进而使城市净收益会下降。这意味着，大城市规模并不是越大越好。随着城市规模的扩大，伴随的是更高的成本（包括更高的租金和运输成本、交通拥堵及环境恶化等）。因此，城市的形成是城市集聚的利益与大城市承受的日益增长的生活成本之间的均衡结果。

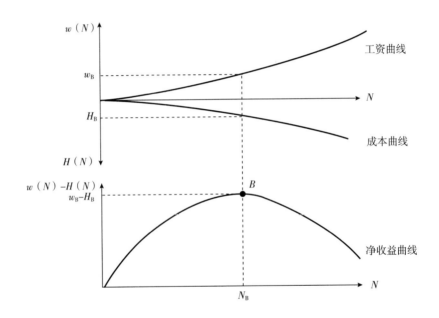

图 7-1　集聚和城市规模的收益模型

单个城市的规模净效应是呈现倒"U"型的，而一个国家内部由多个不同规模的城市组成，共同构成城市规模分布体系。进一步从城市规模分布的视角分析，推演出城市规模分布过于分散和集中产生的正、负效应。当城市规模分布过于分散时，城市集中度低或资源投入不足会导致城市无法形成规模经济，知识积累程度低、技术创新不足及社会需求不足，均不利于城市整体生产率的提高和资源配置效率。而当城市规模分布过于集中，即少数城市规模过大和大量较小规模城市同时存在时，一方面会导致规模过大城市的资源过度集聚，人口与资源集聚超过单个城市所能承受的最优规模，这种资源的集中可能并不是规模经济的内在需求而是由于行政干预的作用所致，同时大城市"一枝独秀"也不利于知识的溢出，还可能会导致资源浪费在非生产性活动中，即过度集中使规模效应转变为拥挤效应、规模经济转变为规模不经济；另一方面较小规模城市的规模效应不足，同样导致资源配置的低效。因此，过于集中或者过于分散的城市规模分布均不利于资源的有效配置和国民经济的发展（丁从明和聂军，2016；王垚等，2017）。而且，王垚等（2017）进一步发现城市偏离最优规模会造成聚集收益的损失，而且未达到最优规模的城市经济收益损失要大于超过最优规模的城市（人口过度聚集）产生的经济收益损失。总体而言，城市规模分布过于分散，可能以牺牲规模经济为代价造成资源错配；城市规模分布过于集中，可能造成拥挤效应及行政干预形成的资源浪费。据此，本章提出假说1。

假说1：城市规模分布异化会加剧城市的资源错配。

（二）产业集聚、集聚外部性与资源错配

本章探究在城市内形成的产业集聚效应是不是城市规模分布异化影响资源配置效率的渠道。当前，中国资源错配严重，改善资源配置效率成为中国在经济发展过程中亟待解决的瓶颈问题。而产业集聚作为当今世界最为显著的经济现象，本质是资本、劳动力等生产要素的跨区域流动与积累，即其自身演变就是要素资源的动态流动过程，与资源优化配置的过程"异曲同工"。因此，产业集聚在演变过程中如何影响资源的空间配置是当前重点研究的内容。

产业活动的空间集聚成为经济学家长期关注的话题。新经济地理（New Economic Geography，NEG）理论的代表人物Krugman构建了"核心—外围"模型，指出工业生产活动将趋向于空间集聚，从而使运输成本最小并实现规模报酬递增。在Marshall集聚外部性的三个来源——中间产品的投入、劳动蓄水池和知识溢出的基础上，Duranton and Puga（2004）进一步指出，城市集聚促进经济增长的微观机制是共享（Sharing）、匹配（Matching）和学习（Learning）。同时，国内不少学者研究了产业集聚对资源错配的纠正效应，具体途径有降低资本门槛、优化劳动力结构、产业协同集聚及空间溢出效应等（季书涵和朱英明，2017；崔书会等，2019；高康和原毅军，2020）。在中国当前新型城镇化的背景下，郝良峰等（2021）也指出，现有研究在解释城市体系结构与生产率之间关系时，往往

忽略了产城融合的过程，忽略产业的集聚过程而单纯评价城市体系结构的效率问题，得出的结果是片面的，难以解释其中的影响机制。

结合"产城联动"的视角，本章认为产业集聚主要从以下四个效应发挥作用：一是规模效应。通过集聚形成规模化大生产的同时，集聚上下游企业逐步形成相对更完整的生产链，分工细化，协作效率提高从而提高生产率。二是溢出效应。在知识经济时代，产业集聚通过上下游企业之间的信息交换、同行企业之间的员工沟通、企业与用户之间的互动等方式，促进新技术、新灵感的迸发与传播，具体表现为技术外溢性和知识外溢性。三是成本效应。一方面，产业集聚有助于上下游企业降低搜索成本和交易费用从而降低生产成本；另一方面，产业集聚提供大量的就业岗位，同时聚集区内拥有大量掌握各种专业技能的人才，使企业在短时间内以较低的费用找到合适的岗位人才从而降低用人成本、减少结构性失业，提高人力资本配置效率。四是竞争效应。由于"优胜劣汰"的机制，集聚区加剧了竞争，具体表现为市场份额的竞争、同一地区同业的压力、创新的紧迫性等，集聚区内企业只能依靠提高自主创新能力和资源利用效率来增强自身的市场竞争能力，这也提升了城市资源配置效率。

具体而言，产业集聚分为专业化集聚和多样化集聚，不同集聚模式对经济的外部性产生机理不同。一是 MAR 外部性。Glaeser et al（1992）将 Marshall-Arrow-Romer 外部性称为"MAR 外部性"。该理论认为，在特定空间下同行业专业化集聚能促使同一产业企业间的知识溢出和技术扩散；同时，地方垄断比地方竞争更能使外部性内部化。除此之外，本章还认为专业化集聚影响资源配置效率的机制还在于，专业化集聚充分发挥"劳动蓄水池"的作用，在产业集聚区内形成专业化劳动力市场、专业化投入产品市场及专业知识的外溢，有利于劳动分工和产品的集体化、规模化与专业化生产，发挥规模效应和竞争效应，促使资源向高效率企业转移，从而提高区域内的资源配置效率。二是 Jacobs 外部性。Jacobs（1969）提出，最重要的知识溢出和思想碰撞往往来自多样化产业之间，推动创新和增长的是产业多样性而非产业专业化；同时认为地方竞争比地方垄断更能刺激创新。本章认为多样化集聚影响资源配置效率的机制还在于，多样化集聚能够利用地方性公共产品在生产中形成范围经济，使聚集区的企业获得更广泛和互补的中间产品与服务，降低企业的交易成本，促进不同产业间协同合作，同时集聚上下游产业链有助于消除产业间信息不对称，优化资本和劳动在各产业间的配置结构，拓宽生产渠道，发挥成本效应和溢出效应，从而达到改善资源配置效率的效果。

综上所述，城市规模分布异化可能造成城市资源错配，而理论上通过产业集聚如专业化集聚和多样化集聚渠道，可以产生规模效应、溢出效应、成本效应、竞争效应，来改善劳动力错配、资本错配甚至技术错配，进而缓解资源错配。但是，多样化集聚对城市发展发挥积极作用的前提条件是知识能够在产业间存在溢出，即产业间需要有较强的联系和较强的协同效应。若各个产业之间的联系不紧密，协同效应较弱，产业之间的差异较大，就无法产生 Jacobs 外部性，来提高投入要素的配置效率（张天华等，2017）。因此，本章通过调节效应模型来探究在现实中不同产业集聚类型对城市总的资源错配存在什么程度的影响，并提出假说2 和假说3。

假说2：产业集聚可能缓解城市层面的资源错配。

假说3：理论上专业化集聚和多样化集聚可能缓解城市层面的资源错配，但在现实产业之间缺乏协同效应的情况下，多样化集聚可能达不到缓解城市资源错配的效果。

四、模型、变量与数据说明

（一）实证模型

为探究城市规模分布异化如何影响城市层面的资源错配，本章建立如下的实证模型：

$$\ln|\tau_{it}| = \alpha_0 + \beta\ln|deviation_{it}| + \sum \gamma X_{it} + \mu_i + \lambda_t + \varepsilon_{it} \qquad (7-1)$$

$$\ln|\tau_{Kit}| = \alpha_0 + \beta\ln|deviation_{it}| + \sum \gamma X_{it} + \mu_i + \lambda_t + \varepsilon_{it} \qquad (7-2)$$

$$\ln|\tau_{Lit}| = \alpha_0 + \beta\ln|deviation_{it}| + \sum \gamma X_{it} + \mu_i + \lambda_t + \varepsilon_{it} \qquad (7-3)$$

其中，i 表示城市，t 表示年份，被解释变量 $\ln|\tau|$、$\ln|\tau_K|$、$\ln|\tau_L|$ 分别表示各城市的资源错配程度、资本错配程度和劳动力错配程度，核心解释变量 $\ln|deviation|$ 表示城市规模分布异化，X 表示一系列控制变量，ε_{it} 表示随机干扰项，模型控制了城市固定效应和年份固定效应。

（二）变量定义

1. 被解释变量：城市层面的资源错配

城市层面的资源错配程度用 $\ln|\tau|$ 来表示。资本错配指数 τ_K 和劳动错配指数 τ_L 先取绝对值再取对数，得到城市层面的资本错配程度 $\ln|\tau_K|$ 和劳动错配程度 $\ln|\tau_L|$。本章在 Aoki（2012）模型的基础上，将资源错配从行业间层面转变到城市间层面进行测度。

（1）城市的生产问题。由于本章的研究重点是城市之间的资源错配，这里假定同一个城市内部所有企业生产函数都是同质的，因此每个城市就可以被视为一个代表性企业进行生产，不同城市之间的企业的生产函数是异质的。假设每个城市中的企业都利用两种要素进行生产，分别是 K 和 L，暂不考虑中间投入品。假定生产要素可以自由流动，企业无论是在要素市场上还是在产品市场上均为价格接受者。但是在要素市场上，由于存在要素扭曲，所以不同城市的企业面临的价格也是扭曲的，企业要支付显性的要素价格税收。城市 i 中企业的产品价格为 P_i，支付的资本和劳动的单位成本分别为 $(1+\tau_{K_i})\,p_K$ 和 $(1+\tau_{L_i})\,p_L$，其中 τ_{K_i} 和 τ_{L_i} 分别为企业面临的资本税和劳动税，p_K 和 p_L 分别为资本和劳动的单位价格。

假设代表性企业的生产函数为 C—D 生产函数，并且规模报酬不变，因此城市 i 企业的生产函数为：

$$Y_i = F_i(K_i,\ L_i) = A_i K_i^{\beta_{K_i}} L_i^{\beta_{L_i}} \tag{7-4}$$

其中，Y_i 为产出，K_i 为资本投入，L_i 为劳动投入，A_i 为全要素生产率。本章假设资本的产出 β_{K_i} 在不同城市之间不同。

因此，企业的利润最大化问题可以表示为如下形式：

$$\max_{K_i,L_i} \pi_i = P_i F_i(K_i,\ L_i) - (1+\tau_{K_i}) p_K K_i - (1+\tau_{L_i}) p_L L_i$$

其中，P_i 是产品价格。利润最大化的一阶条件可得：

$$\frac{\beta_{K_i} P_i Y_i}{K_i} = (1+\tau_{K_i}) p_K \tag{7-5}$$

$$\frac{\beta_{L_i} P_i Y_i}{L_i} = (1+\tau_{L_i}) p_L \tag{7-6}$$

（2）加总生产函数。本章假设加总的生产函数为规模报酬不变型：

$$Y = Y(Y_1,\ \cdots,\ Y_I) \tag{7-7}$$

此外，本章还假设生产函数满足以下条件：

$$\frac{\partial Y}{\partial Y_i} = P_i \qquad\qquad (7-8)$$

本章可以将上述的加总方式视为市场上存在一个最终产品厂商，这里假设最终产品的单位售价为 1，将各个城市生产的产品打包起来出售给消费者。从另一个角度来看，本章也可以将上述过程看作是消费者在不同的城市以价格 P_i 购买 Y_i，最终要实现 Y 的最大化。在上述假设下，有如下条件成立：

$$Y = \sum_i P_i Y_i \qquad\qquad (7-9)$$

从城市层面的角度出发，整个经济体的产值等于各个城市产出的加总。

（3）资源约束。本章假定每一期的生产要素，包括总的资本供给和劳动供给都是外生的，因此有如下的资源约束条件：

$$\sum_i K_i = K \qquad\qquad (7-10)$$

$$\sum_i L_i = L \qquad\qquad (7-11)$$

（4）均衡条件。通过上述设定，本章可以用如下条件来定义带有扭曲的竞争均衡：假设给定各城市的技术和税收扭曲 $\{A_i, 1+\tau_{K_i}, 1+\tau_{L_i}\}$，以及总资本 K 和总劳动 L。竞争均衡下各城市的产出、资本、劳动和价格 $\{Y_i, K_i, L_i, P_i\}$，以及总产出 Y 和要素价格 p_K 和 p_L 满足以下条件：

1）企业利润最大化的一阶条件满足式（7-5）和式（7-6）。

2）加总生产函数式（7-7）满足规模报酬不变，且边际条件满足式（7-8）。

3）资源约束满足式（7-10）和（7-11）。

通过整理得出，带有扭曲的竞争均衡下的 K_i 为：

$$K_i = \frac{\dfrac{(1+\tau_{K_i})p_K K_i}{(1+\tau_{K_i})p_K}}{\sum_j \dfrac{(1+\tau_{K_j})p_K K_j}{(1+\tau_{K_j})p_K}} K = \frac{\beta_{K_i} P_i Y_i \dfrac{1}{(1+\tau_{K_i})p_K}}{\sum_j \beta_{K_j} P_j Y_j \dfrac{1}{(1+\tau_{K_j})p_K}} K = \frac{s_i \beta_{K_i} \dfrac{1}{1+\tau_{K_i}}}{\sum_j s_j \beta_{K_j} \dfrac{1}{1+\tau_{K_j}}} K \qquad (7-12)$$

其中 s_i 是城市 i 的产品占总产出的份额，为 $\dfrac{P_i Y_i}{Y}$，将式（7-12）重新整理可得：

$$K_i = \frac{s_i \beta_{K_i}}{\beta_K} \widetilde{\lambda}_{K_i} K \qquad\qquad (7-13)$$

其中 β_K 是利用各城市份额做加权平均得到的资本产出弹性，而 $\widetilde{\lambda}_{K_i}$ 则是城市 i 相对于整体水平的资本相对扭曲系数，λ_{K_i} 是城市 i 的资本绝对扭曲系数，其表达式如下：

$$\widetilde{\lambda}_{K_i} = \frac{\lambda_{K_i}}{\sum_j \left(\frac{s_j \beta_{K_j}}{\beta_K} \right) \lambda_{K_j}} \text{ 并且 } \lambda_{K_i} = \frac{1}{1 + \tau_{K_i}} \tag{7-14}$$

利用类似的方法，整理得出：

$$L_i = \frac{s_i \beta_{L_i}}{\beta_L} \widetilde{\lambda}_{L_i} L \tag{7-15}$$

$$\widetilde{\lambda}_{L_i} = \frac{\lambda_{L_i}}{\sum_j \left(\frac{s_j \beta_{L_j}}{\beta_L} \right) \lambda_{L_j}} \text{ 并且 } \lambda_{L_i} = \frac{1}{1 + \tau_{L_i}} \tag{7-16}$$

从式（7-13）和式（7-14）可以发现，价格扭曲主要通过 $\widetilde{\lambda}_{K_i}$ 来影响资本在不同城市之间的分配。通过式（7-14）和式（7-16）本章发现，$\widetilde{\lambda}_{K_i}$ 受到产业的资本产出弹性和税收扭曲程度的影响。因此可以看出，λ_{K_i} 和 λ_{L_i} 所代表的绝对扭曲程度并不重要，这是因为如果所有城市的扭曲程度都相同，那么 $\widetilde{\lambda}_{K_i}$ 和 $\widetilde{\lambda}_{L_i}$ 均为 1，这就意味着这种扭曲并不会影响资本和劳动在不同城市的分配。相反，如果某一个城市 i 由于某种原因承受了较高的资本税收 τ_{K_i}，则 λ_{K_i} 相对较小，再如份额 σ_i 在不同城市之间的变化幅度不大，则 $\widetilde{\lambda}_{K_i} < 1$，在这种情况下，相比较于没有扭曲的情况，城市 i 的资本较少。

因此，本章实证部分没有计算扭曲的绝对水平 λ_{K_i} 和 λ_{L_i}，而是计算了 $\widetilde{\lambda}_{K_i}$ 和 $\widetilde{\lambda}_{L_i}$，通过相对扭曲系数代替绝对扭曲系数。由式（7-13）和式（7-15）可得：

$$\widetilde{\lambda}_{K_i} = \left(\frac{K_i}{K} \right) \bigg/ \left(\frac{s_i \beta_{K_i}}{\beta_K} \right) \tag{7-17}$$

$$\widetilde{\lambda}_{L_i} = \left(\frac{L_i}{L} \right) \bigg/ \left(\frac{s_i \beta_{L_i}}{\beta_L} \right) \tag{7-18}$$

式（7-17）中，$\frac{K_i}{K}$ 表示城市 i 的资本占总资本的比例，s_i 表示城市 i 的产出占总产出的比例，β_{K_i} 表示各城市的资本产出弹性，$\frac{s_i \beta_{K_i}}{\beta_K}$ 表示资本有效配置时城

市 i 使用资本的比例，这两者的比值可以度量城市 i 的资本错配程度。根据上述分析，如果该比值为最优理想状态 1，则城市 i 的资本使用量等于理想资本使用量，不存在资源错配的情况。如果该比值大于 1，则表示相对于整个经济体，城市 i 的资本使用成本较低，导致该城市的资本配置过度，形成资本错配。如果该比值小于 1，则表示该城市资本使用量小于有效配置时的理论水平，导致该城市的资本配置不足，同样也形成资本错配。显然，通过式（7-17）就建立起了要素使用成本扭曲和要素错配的关系。劳动力扭曲公式（7-18）中的变量含义与此类似。

由式（7-14）式（7-16）可以换算出城市资本错配指数（τ_{K_i}）和劳动力错配指数（τ_{L_i}）：

$$\tau_{K_i} = \frac{1}{\widetilde{\lambda}_{K_i}} - 1 \tag{7-19}$$

$$\tau_{L_i} = \frac{1}{\widetilde{\lambda}_{L_i}} - 1 \tag{7-20}$$

由式（7-17）、式（7-18）可知，要测算出城市的资本错配指数（τ_{K_i}）和劳动力错配指数（τ_{L_i}），关键要先估计出各城市的资本产出弹性 β_K 和劳动产出弹性 β_L。对于 β_K 和 β_L 的确定，本章通过构建规模报酬不变的柯布—道格拉斯生产函数进行估算。

$$Y_{it} = A K_{it}^{\beta_{K_i}} L_{it}^{1-\beta_{K_i}} \tag{7-21}$$

两边同时取对数，整理可得：

$$\ln\left(\frac{Y_{it}}{L_{it}}\right) = \ln A + \beta_{K_i} \ln\left(\frac{K_{it}}{L_{it}}\right) + \varepsilon_{it} \tag{7-22}$$

其中，产出总量 Y_{it} 用各城市实际 GDP 表示，通过 GDP 指数，计算 2010 年不变价的实际 GDP。劳动投入量 L_{it} 用各城市城镇单位从业人员表示。资本投入量 K_{it} 通过永续盘存法计算得到的固定资本存量表示如下：

$$K_{it} = \frac{I_{it}}{P_{it}} + (1-\delta) K_{it-1} \tag{7-23}$$

其中，K_{it} 表示城市 i 的当期固定资本存量；K_{it-1} 表示上一期固定资本存量；I_{it} 表示城市 i 当期的固定资产投资额；P_{it} 表示固定资产投资价格指数，由于缺少城市层面的固定资产投资价格指数，故利用各省级的固定资产投资价格指数代替。δ 为固定资产折旧率，借鉴张军等（2004）的做法，δ 取值 9.6%。由于

2018 年以来，按照国家统计局统一要求，各省市暂停公布固定资产投资总额，因此 2018~2019 年的固定资产投资总额根据各省市统计局公布的固定资产投资增速进行推算得出。

对于第一期资本存量，则直接使用：

$$K_{it} = I_{it}/P_{it} \tag{7-24}$$

由于生产过程中，各城市的资源禀赋、经济和技术水平等存在差异，各城市的资本和劳动力产出弹性可能也存在差异，因而本章采用变截距、变斜率的变系数面板模型来估计参数。在具体估计时，在回归方程中引入各城市虚拟变量与解释变量 ln（K_{it}/L_{it}）的交互项，控制个体效应和时间效应，交互项系数则为各城市的资本产出弹性。回归结果显示，交互项系数是显著的，说明本章使用变系数模型测度是合理的。在得到各城市的资本和劳动产出要素后，通过式（7-17）、式（7-18）可以得到各城市资本相对扭曲指数 $\widetilde{\lambda}_{K_i}$ 和劳动相对扭曲系数 $\widetilde{\lambda}_{L_i}$，最终得到资本错配指数（$\tau_{K_i}$）和劳动力错配指数（$\tau_{L_i}$）。

如果资本错配指数（τ_{K_i}）大于 0，说明资本配置不足，反之说明资本配置过度；如果劳动力错配指数（τ_{L_i}）大于 0，说明劳动力配置不足，反之说明劳动力配置过度。指数的绝对值越大，代表资源错配程度越大，反之代表资源错配程度在减少。

根据上述测算方法，中国 2010~2019 年资源错配指数的变化趋势结果如图 7-2 和表 7-1 所示。其中，若 $\tau>0$，则表现为价格高估，资源配置不足；若 $\tau<0$，则表现为价格低估，资源配置过剩。指数的绝对值越大，代表资源错配程度越大，反之说明资源错配程度在减少。根据图 7-2 和表 7-1 的测算结果，2010~2019 年中国资源错配情况为：$\tau_{K_i}<0$，资本配置过剩；$\tau_{L_i}>0$，劳动力配置不足。且从绝对值大小的比较来看，劳动力错配程度略大于资本错配程度；资本错配程度在减缓，劳动力错配呈现波动的趋势。可能的原因是，过去中国的经济增长是"粗放式增长"，大规模的投资驱动造成了资本的配置过剩；同时，随着中国人口红利的消失及户籍制度的限制，劳动力配置不足的压力逐渐显现。

具体从图 7-3 分区域资本错配指数的变化趋势可以看出，不同区域之间的资本错配程度明显不同。其中，东部地区 $\tau_K>0$，表现为资本配置不足；中、西部地区 $\tau_K<0$，表现为资本配置过剩。从绝对值的大小来看，东部和中部的资本错配程度较大，且两个地区的资本错配呈现上升的趋势，而西部地区的资本错配变化相对平稳。可能的原因是，国家在过去一段时间内实行区域协调发展战略，包括中部

崛起、西部大开发等政策，使资本向中西部地区倾斜，导致资本配置过度；而经济较发达的东部地区资本配置速度跟不上发展速度，导致资本配置不足。

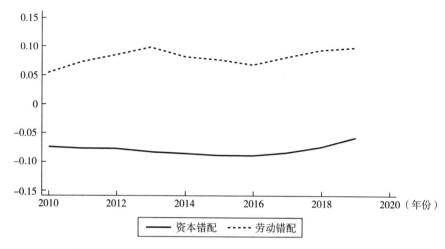

图 7-2　2010~2019 年资本错配与劳动力错配指数的变化趋势

表 7-1　2010~2019 年中国资源错配指数的描述性统计

变量	样本量	均值	标准差	最小值	最大值
资本错配	2670	-0.080	0.421	-0.797	3.383
劳动错配	2670	0.081	0.573	-2.199	8.394

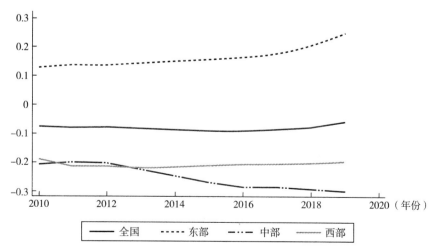

图 7-3　2010~2019 年中国分区域资本错配指数的变化趋势

根据图7-4劳动力错配指数的变化趋势，东、中、西部地区$\tau_L > 0$，劳动力配置不足。从绝对值的大小来看，2013年以前，劳动力错配指数逐渐收敛到一处，错配程度在逐渐缩小；2013年后，又呈现出错配加剧的趋势。可能的原因是，2013年前的中国存在大量廉价劳动力，而2013年后随着刘易斯拐点的到来，中国人口红利的优势逐渐消失和老龄化问题的加剧，使劳动力变得相对短缺。而且，户籍制度等依旧限制了人口的流动，使劳动力跨地区转移受到了影响，这些都使劳动力错配的绝对值增大。

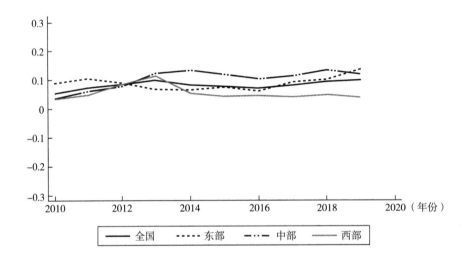

图7-4　2010~2019年中国分区域劳动力错配指数的变化趋势

但结合图7-3和图7-4分区域的绝对值大小来看，总体上资本错配的程度是大于劳动力错配的程度。但错配指数存在正负之分，代表的经济含义也不同，数值大小仅代表错配程度，因此简单求和是不合理的。这里将资本错配指数和劳动力错配指数取绝对值并求和，则得到资源错配总指数，该指数越大，表示资源错配程度越高。由于资源错配指数为负向指标（在后文实证部分）若其回归系数为负，表示可改善资源错配；若为正，则表示加剧了资源错配。资源错配总指数计算公式如下：

$$\tau = |\tau_K| + |\tau_L| \tag{7-25}$$

2. 核心解释变量：城市规模分布异化

城市规模分布异化用$\ln|deviation|$来表示。本章衡量城市规模的指标是城

市常住人口数量，城市常住人口数量比城市户籍人口数量更能反映一个城市的真实规模。参考魏守华等（2013）计算城市"序位—规模"法则的偏差，本章使用一个城市实际人口规模的对数与 Zipf 定律下指数等于 1 时理想规模的差值来表示偏差。一般来说，如果两者差值为正，则表明城市的实际规模大于 Zipf 定律下的理想规模，说明该城市规模在城市体系中相对偏大；反之亦然。计算公式如下：

$$\ln S_{it} = \ln A_{it} - \alpha R_{it} \tag{7-26}$$

$$deviation_{it} = \ln S_{it} - (\ln A_{it} - \ln R_{it}) \tag{7-27}$$

S_{it} 代表 i 城市 t 时点的实际人口规模，A_{it} 代表 t 时点最大城市的人口规模，R_{it} 代表 i 城市 t 时点的排序，这样，$deviation_{it}$ 表示在标准的 Zipf 定律（指数为 1）时，实际规模与理想规模的偏差。本章对 $deviation$ 先取绝对值再取对数。

3. 控制变量

城市的资源错配除了受城市规模分布异化的影响，还可能受其他因素的影响。因此除核心解释变量外，本章还在计量模型中控制以下变量：①产业结构（ $structure$ ）。产业结构反映了资源在不同产业部门的调整，带动了劳动和资本等生产要素从低生产率的部门向高生产率的部门进行重新配置，进而影响资源配置效率（白俊红和刘宇英，2018）。本章使用第三产业产值占 GDP 的比重来衡量产业结构。②政府干预（ $government$ ）。财政支出作为政府干预的重要方式，对于地区资源错配的影响不容小觑（韩剑和郑秋玲，2014；靳来群等，2015）。可能的原因是，一方面，政府通过税收优惠和财政补贴对一些国有企业和外企进行政策性的干预，扭曲了市场机制，不可避免地带来效率的扭曲，导致资源错配。另一方面，政府采取的户籍制度的存在意味着劳动力流动受到约束，一定程度上阻碍了劳动力从效率低的农村或城市转移到效率高的城市，造成了劳动力市场的扭曲。本章使用各城市地方政府财政支出占 GDP 比重来衡量政府干预水平。③金融深化水平（ fd ）。金融深化水平反映的是金融资源的信贷配置对资源错配产生的影响，金融深化水平的提高有利于资本要素依据市场利率在各部门之间优化配置，使资源流向效率更高的部门，进而提高资源配置效率。本章使用各城市金融机构贷款余额占 GDP 比重来衡量金融深化水平。④劳动力成本（ $lnwage$ ）。工资差异可以解释各地区的劳动力错配情况，本章使用各城市职工平均工资的对数来衡量各城市的劳动力成本。⑤信息化水平（ $lninformation$ ）。信息化水平的提高可以增加知识溢出、减少信息不对称，从而达到改善资源错配的效果。本章使用各城市互联网用户数的对数来衡量城市的信息化水平。⑥交通设施情况（*road*）。本章使用各城市的道路面积来衡量城市的交通基础设施情况。交通基础设施作为一种具有外部性的"准公共品"，能够减少生产要素的运输成本，促进各种要素的流动速度与频率，缓解地域间市场的分割，从而促进全要素生产率的提高，优化资源配置效率（步晓宁等，2019）。

本章所使用的主要变量及定义如表7-2所示。变量的描述性统计如表7-3所示。

表7-2　主要变量及定义

	变量	符号	定义
因变量	资源错配指数	$\ln|\tau|$	各城市的资源错配情况
	资本错配指数	$\ln|\tau_K|$	各城市的资本错配情况
	劳动力错配指数	$\ln|\tau_L|$	各城市的劳动力错配情况
自变量	城市规模分布异化	$\ln|deviation|$	各城市的规模分布偏差情况
控制变量	产业结构	*structure*	第三产业产值占GDP的比重
	政府干预	*government*	各城市地方政府财政支出占GDP比重
	金融深化水平	*fd*	各城市金融机构贷款余额占GDP比重
	劳动力成本	*lnwage*	各城市职工平均工资的对数
	信息化水平	*lninformation*	各城市互联网用户数的对数
	交通设施情况	*road*	各城市的道路面积

表7-3　各变量的描述性统计

变量	样本	均值	标准差	最小值	最大值
$\ln|\tau|$	2670	−0.620	0.699	−5.433	2.206
$\ln|\tau_K|$	2670	−1.581	1.034	−8.254	1.219
$\ln|\tau_L|$	2670	−1.518	1.209	−11.347	2.127
$\ln|deviation|$	2670	0.473	0.521	−2.788	0.734
structure	2670	0.405	0.088	0.261	0.585
government	2670	0.192	0.081	0.094	0.394
fd	2670	0.942	0.466	0.422	2.121
lnwage	2670	10.824	0.319	10.241	11.357
lninformation	2670	4.087	0.883	2.485	5.700
road	2670	18.087	18.304	2.670	74.435

对比表 7-3 的三个因变量, $\ln|\tau|$ 的均值为 -0.620, 最小值为 -5.433, 最大值为 2.206; $\ln|\tau_K|$ 的均值为 -1.581, 最小值为 -8.254, 最大值为 1.219; $\ln|\tau_L|$ 的均值为 -1.518, 最小值为 -11.347, 最大值为 2.127。从标准差和最值的描述来看, $\ln|\tau_L|$ 的变动幅度是最大的, 相对于资本 $\ln|\tau_K|$, 初步反映了国内的 $\ln|\tau_L|$ 存在的差异性更大, 这也和中国当前户籍制度约束与人口迁移的背景相契合; 整体来看, $\ln|\tau|$ 的变化幅度是最低的。从本章的核心解释变量来看, 城市规模分布偏差 $\ln|deviation|$ 的均值为 0.473, 最小值为 -2.788, 最大值为 0.734, 说明各个城市的城市化发展水平也不大相同, 因此研究整体的城市规模分布体系是有必要的。从控制变量来看, 以 $road$ 为例, 其标准差是最大的, 说明各城市的交通基础设施情况存在较大异质性。

(三) 数据说明

本章选取的研究时期和对象为 2010~2019 年中国地级市及以上城市。由于黑龙江省和吉林省在非普查年不公布城市常住人口数据、部分城市年份数据缺失严重及行政区划调整的原因, 本章剔除了西藏自治区、黑龙江省、吉林省、安徽省巢湖市、海南省的三沙市和儋州市、新疆维吾尔自治区的哈密市和吐鲁番市、山东省的莱芜市, 剩余 267 个城市样本, 并处理了部分异常值的数据, 缺失值通过插值法处理。数据来源为各年份的《中国城市统计年鉴》、各省市统计年鉴、国民经济和社会发展统计公报、EPS 数据库及 CEIC 数据库。

五、实证结果与分析

(一) 基准回归

基于 2010~2019 年中国 267 个地级市及以上的城市面板数据, 本章采用固定效应模型进行估计。回归结果如表 7-4 所示。其中, 列 (1) ~列 (2) 是城市规模分布异化对资源错配的影响, 列 (3) ~列 (4) 是城市规模分布异化对资本错配的影响, 列 (5) ~列 (6) 是城市规模分布异化对劳动错配的影响。

表7-4 城市规模分布异化对资源错配的基准回归

	资源错配		资本错配		劳动错配	
	(1)	(2)	(3)	(4)	(5)	(6)
ln｜deviation｜	0.279**	0.266**	0.881***	0.841***	−0.050	0.011
	(2.354)	(2.232)	(4.011)	(3.822)	(−0.197)	(0.046)
structure	—	0.460*		0.096		−0.045
		(1.891)		(0.215)		(−0.088)
government	—	−0.102		−0.076		0.308
		(−0.323)		(−0.130)		(0.460)
fd	—	−0.051		0.260***		−0.299***
		(−0.997)		(2.742)		(−2.749)
lnwage	—	−0.062		−0.364**		0.406**
		(−0.721)		(−2.281)		(2.216)
lninformation	—	0.033		−0.006		0.028
		(1.172)		(−0.111)		(0.461)
road	—	0.003		0.011***		0.006
		(1.590)		(3.010)		(1.341)
常数项	−0.800***	−0.414	−2.144***	1.290	−1.388***	−5.605***
	(−13.210)	(−0.467)	(−19.120)	(0.790)	(−10.809)	(−2.991)
N	2670	2670	2670	2670	2670	2670
R²	0.031	0.035	0.054	0.063	0.007	0.014
F	7.719	5.393	13.590	10.046	1.789	2.148
城市固定	·Y	Y	Y	Y	Y	Y
年份固定	Y	Y	Y	Y	Y	Y

注：***、**和*分别表示在1%、5%和10%的显著性水平下通过了显著性检验，括号内为标准误。

从表7-4的结果可以看出，核心解释变量 ln｜deviation｜ 的回归系数显著为正，这说明在其他因素不变的情况下，城市规模分布异化均在一定程度上加剧了资源错配、资本错配，但对劳动错配的影响不显著。进一步地，列（2）、列（4）、列（6）分别加入其他控制变量后，城市规模偏差对城市层面资源错配的加剧作用依旧显著。城市规模分布异化对资源错配产生影响，具体来看主要是通过资本错配的效应。根据新马克思主义城市理论，资本流动过程中的积累与循环是解释城市发展的重要逻辑。城市作为资本积累与循环最为集中的空间，城市化的过程被理解为城市空间的资本主义再生产过程：一方面，资本流动在不断追寻利益的同时也不断塑造城市空间，进而带动城市的增长和扩张；另一方面，资本过多地向城市流动也会引发城市危机，导致城市的收缩（杜志威和李郇，2017）。由于当前中国的城市规模分布呈现中小城市偏多、大城市偏少的扁平化特征，城市规模分布异化实际上更多地表现为中国城市规模相对过小，可能存在资本在城市之间的不断流入和流出进而影响城市规模分布异化，最终造成资源错配的现象。

同时，劳动力错配不显著的原因可能有两方面：一是由于中国户籍制度的影响。中国户籍制度特别是大城市更为严格的户籍制度，带来的人口流动壁垒尚未消除，在一定程度上限制了劳动力的有效流动。因此相对于资本外逃的速度，劳动力调整并没有这么迅速，进而导致回归系数的不显著。二是可能受数据质量的影响。由于数据可得性的限制，本章的劳动投入数据是使用城镇单位职工数量作为代理变量，统计范围上覆盖面不如全社会就业劳动力广泛，因此可能会对估计结果产生影响，因而导致劳动错配的回归系数不显著。总的来说，城市规模分布异化均在一定程度上加剧了资源错配，因此假说 1 成立。

（二）异质性分析

1. 区域异质性

中国东部、中部、西部地区的城市规模、经济发展水平、资源禀赋和开放程度等有较大差异，因此本章在此检验城市规模偏差对资源错配的影响是否存在地区差异①。分地区的回归结果如表 7-5 所示，其中，列（1）~列（3）是研究分地区城市规模分布异化对资源错配的影响，列（4）~列（6）是研究分地区城市规模分布异化对资本错配的影响，列（7）~列（9）是研究分地区城市规模分布异化对劳动错配的影响。

从表 7-5 的回归结果可以看出，城市规模分布异化 $\ln|deviation|$ 在中部地区的资源错配、资本错配的系数显著为正，而其他地区的系数不显著，说明城市规模分布异化加剧了中部地区城市的资源错配程度，而对东部地区和西部地区的资源错配没有影响。可能的原因是，东部地区经济发展比较快、市场化程度高，城

---

① 本章东部、中部和西部地区的具体划分为：东部地区包括北京、天津、河北、上海、江苏、浙江、福建、山东、广东、海南和辽宁 11 个省份；中部地区包括山西、安徽、江西、河南、湖北和湖南 6 个省份；西部地区包括内蒙古、广西、重庆、四川、贵州、云南、西藏、陕西、甘肃、青海、宁夏和新疆 12 个省份。

表7-5 分中东西部地区回归

	资源错配			资本错配			劳动错配		
	(1)东	(2)中	(3)西	(4)东	(5)中	(6)西	(7)东	(8)中	(9)西
ln|deviation|	-0.082	0.964***	-0.373	0.083	2.289***	0.015	-0.233	0.757	-0.840
	(-0.537)	(3.700)	(-1.331)	(0.245)	(5.847)	(0.031)	(-0.827)	(1.306)	(-1.211)
structure	0.430	2.357***	-0.068	-0.495	1.327	0.532	1.148	2.151	-1.788**
	(0.947)	(3.902)	(-0.210)	(-0.491)	(1.462)	(0.940)	(1.365)	(1.601)	(-2.250)
government	-1.094**	0.411	-0.441	-3.390***	3.039***	0.545	0.701	-1.511	-0.245
	(-2.111)	(0.529)	(-0.985)	(-2.944)	(2.602)	(0.692)	(0.729)	(-0.874)	(-0.221)
fd	0.201***	-0.437***	-0.112	0.702***	-0.151	-0.020	-0.328**	-0.779***	0.054
	(2.614)	(-3.820)	(-1.251)	(4.102)	(-0.880)	(-0.129)	(-2.293)	(-3.061)	(0.243)
lnwage	-0.244	0.279*	0.181	-0.331	0.011	-0.233	0.361	0.867**	0.520
	(-1.569)	(1.658)	(1.306)	(-0.960)	(0.044)	(-0.957)	(1.253)	(2.318)	(1.518)
lninformation	0.026	0.067	0.021	-0.185	0.110	0.100	0.065	-0.086	0.025
	(0.489)	(1.004)	(0.547)	(-1.579)	(1.099)	(1.513)	(0.665)	(-0.579)	(0.266)
road	0.004	0.013***	-0.007**	0.013**	0.023***	-0.009	0.001	0.032***	-0.004
	(1.390)	(2.618)	(-2.216)	(1.973)	(3.051)	(-1.533)	(0.139)	(2.901)	(-0.453)
常数项	1.655	-5.303***	-2.028	2.021	-4.574*	0.359	-5.313*	-11.215***	-5.733
	(1.064)	(-3.081)	(-1.401)	(0.585)	(-1.768)	(0.141)	(-1.842)	(-2.929)	(-1.602)
N	1000	800	870	1000	800	870	1000	800	870
R^2	0.092	0.143	0.027	0.117	0.144	0.024	0.029	0.040	0.033
F	5.609	7.325	1.352	7.333	7.419	1.181	1.660	1.841	1.615
城市固定	Y	Y	Y	Y	Y	Y	Y	Y	Y
年份固定	Y	Y	Y	Y	Y	Y	Y	Y	Y

注：***、**和*分别表示在1%、5%和10%的显著性水平下通过了显著性检验，括号内为标准误。

市规模分布与经济发展水平相匹配；西部地区欠发达因而城市规模偏小，分布也较为合理。反观中部地区的城市规模分布异化相比于东部和西部地区是最大的，城市规模分布与经济发展水平不平衡影响了要素的流动，造成资源错配。在东部率先发展、西部大开发战略以后，中部地区发展水平低于东部地区，发展速度低于西部地区，中部崛起战略和政策也相继出台。中部地区的部分城市长期扮演着"劳务输出地"的角色，资源相对丰富却陷入了"资源诅咒"的怪圈，这些因素都制约着中部地区的高质量发展。这说明，扮演着"承东启西"角色的中部地区，从"中部塌陷"到"中部崛起"的转变仍然任重而道远。因此总体上，城市规模分布异化对资源错配的影响存在着地区的差异。

2. 资源配置异质性

城市资源错配分为配置过剩和配置不足两种，其中 $\tau > 0$ 表示资源配置不足，$\tau < 0$ 表示资源配置过剩。城市规模分布异化可能对不同资源错配类型有不同的影响。因此，本章进一步分别将资本错配和劳动错配从配置过剩和配置不足划分，最终得到四种情况，以分析不同配置情况的影响程度。估计结果如表7-6所示。

表7-6　分资源配置过剩和资源配置不足回归

因变量： 资源错配 ln $\mid \tau \mid$	（1） 资本配置不足 $\tau_K > 0$	（2） 资本配置过剩 $\tau_K < 0$	（3） 劳动配置不足 $\tau_L > 0$	（4） 劳动配置过剩 $\tau_L < 0$
ln $\mid deviation \mid$	−0.026 （−0.123）	0.230* （1.650）	0.008 （0.045）	0.578*** （4.018）
structure	0.363 （0.693）	0.514* （1.860）	1.253*** （3.765）	−0.577* （−1.884）
government	−1.455** （−2.197）	0.902** （2.406）	0.606 （1.213）	−1.005*** （−2.906）
fd	0.344*** （3.312）	−0.254*** （−4.349）	−0.283*** （−3.594）	0.258*** （4.399）
lnwage	−0.329* （−1.874）	0.181* （1.820）	0.103 （0.775）	−0.275*** （−2.821）
lninformation	−0.029 （−0.468）	0.062** （2.019）	−0.008 （−0.195）	−0.043 （−1.191）

续表

因变量： 资源错配 $\ln|\tau|$	（1） 资本配置不足 $\tau_K > 0$	（2） 资本配置过剩 $\tau_K < 0$	（3） 劳动配置不足 $\tau_L > 0$	（4） 劳动配置过剩 $\tau_L < 0$
road	0.003	0.002	0.004	0.004 *
	(1.022)	(0.668)	(1.235)	(1.936)
常数项	2.691	−3.058 ***	−2.132	2.283 **
	(1.542)	(−2.940)	(−1.546)	(2.315)
N	815	1855	1446	1224
R²	0.074	0.047	0.092	0.093
F	3.398	5.058	7.856	6.723
城市固定	Y	Y	Y	Y
年份固定	Y	Y	Y	Y

注：＊＊＊、＊＊和＊分别表示在 1%、5% 和 10% 的显著性水平下通过了显著性检验，括号内为标准误。

从表 7-6 的结果可以看出，城市规模偏差 $\ln|deviation|$ 对总的资源错配的影响为：当存在资本配置不足和劳动力配置不足时，核心解释变量系数不显著，城市规模偏差对城市资源错配没有影响；当存在资本配置过剩和劳动配置过剩时，核心解释变量系数显著为正，城市规模偏差加剧了城市资源错配。背后的潜在原因是，资本要素和劳动要素是具有流动性的，且对经济危机反应更为灵敏（杜志威和李郇，2017）。资本过剩意味着存在待投资资本，且这些资本缺乏安全和有利可图的投资机会，最终导致资本外逃；劳动力过剩意味着存在失业和半失业的人，进而导致人口外迁。当资本配置过剩、劳动配置过剩时，投入要素过多超出城市生产与消费所能消耗的范围，使城市的规模效应转变为拥挤效应，产生规模不经济。因此，当过剩的资本出现时间和空间的流动后，过剩的劳动力也随着外流，最终生产力和生产资料不匹配造成生产力剩余（工厂、机器设备及住房的空置），这必然也会对总的资源配置效率造成影响。因此，城市规模分布异化在资本和劳动配置过剩时加剧城市的资源错配。

3. 城市收缩类型异质性

根据第五次全国人口普查和第六次全国人口普查的乡镇和街道办尺度的人口数据，龙瀛等（2015）发现，全国 654 个城市中，180 个城市发生收缩，其中有 1 个省会城市（乌鲁木齐市辖区）、40 个地级市（市辖区）、139 个县级市。国家发展和改革委员会《2019 年新型城镇化建设重点任务》更是首次提出收缩型城市概念，由此可知中国城市收缩的问题并不能忽视。本章依据龙瀛等（2015）的测度结果划分具体收缩城市（地级市及地级市以上），如表 7-7 所示。本章参考该文章识别出来的结果，将本章的城市样本划分为收缩城市和非收缩城市，从资源错配的视角考虑城市收缩问题，回归结果如表 7-8 所示。由于数据可得性问题，本章的收缩城市不包括伊春市、鹤岗市和鸡西市。

表 7-7　收缩城市（地级市及地级市以上）

城市名	比例	城市名	比例	城市名	比例	城市名	比例
吕梁	0.313	内江	0.898	南平	0.957	宁德	0.980
定西	0.405	随州	0.899	商洛	0.961	荆州	0.980
庆阳	0.566	鹤壁	0.903	普洱	0.962	盐城	0.981
呼伦贝尔	0.679	自贡	0.904	鸡西	0.962	景德镇	0.984
临沧	0.682	乌鲁木齐	0.905	昭通	0.962	广元	0.987
乌兰察布	0.704	张掖	0.917	荆门	0.963	武威	0.989
广安	0.789	伊春	0.930	宣城	0.964	安顺	0.995
固原	0.795	鹤岗	0.936	抚顺	0.970	襄樊	0.997
巴彦淖尔	0.874	淮安	0.948	黄冈	0.977		
资阳	0.891	遂宁	0.948	铁岭	0.978		
咸宁	0.892	巴中	0.950	信阳	0.980		

注：比例 = $\dfrac{第六次人口普查人口数据}{第五次人口普查数据}$。

资料来源：https：//www.beijingcitylab.com/ranking/。

表 7-8　分收缩城市与非收缩城市回归

	资源错配		资本错配		劳动错配	
	（1）收缩城市	（2）非收缩城市	（3）收缩城市	（4）非收缩城市	（5）收缩城市	（6）非收缩城市
$\ln\left|deviation\right|$	5.480***	0.235*	10.535***	0.797***	3.230	0.011
	（4.485）	（1.889）	（3.340）	（3.599）	（1.036）	（0.043）
structure	-0.540	0.634**	-0.054	0.106	-2.274*	0.418
	（-1.067）	（2.340）	（-0.041）	（0.220）	（-1.760）	（0.739）
government	0.194	-0.328	2.283	-0.926	-0.528	0.192
	（0.354）	（-0.892）	（1.617）	（-1.412）	（-0.379）	（0.250）

	资源错配		资本错配		劳动错配	
	（1） 收缩城市	（2） 非收缩城市	（3） 收缩城市	（4） 非收缩城市	（5） 收缩城市	（6） 非收缩城市
fd	−0.118*	−0.014	−0.118	0.408***	0.068	−0.383***
	（−1.654）	（−0.227）	（−0.637）	（3.720）	（0.375）	（−2.982）
lnwage	−0.121	−0.065	−0.362	−0.404**	−0.790**	0.631***
	（−0.835）	（−0.644）	（−0.971）	（−2.261）	（−2.144）	（3.015）
lninformation	−0.129**	0.073**	−0.339**	0.058	−0.233*	0.070
	（−2.374）	（2.277）	（−2.411）	（1.013）	（−1.676）	（1.038）
road	−0.016***	0.004*	−0.022*	0.014***	−0.011	0.006
	（−3.345）	（1.804）	（−1.768）	（3.530）	（−0.853）	（1.180）
常数项	−2.215	−0.610	−4.104	1.447	6.306	−8.191***
	（−1.313）	（−0.598）	（−0.943）	（0.796）	（1.465）	（−3.845）
N	380	2290	380	2290	380	2290
R²	0.123	0.042	0.136	0.067	0.067	0.019
F	2.853	5.613	3.204	9.105	1.455	2.508
城市固定	Y	Y	Y	Y	Y	Y
年份固定	Y	Y	Y	Y	Y	Y

注：***、**和*分别表示在1%、5%和10%的显著性水平下通过了显著性检验，括号内为标准误。

从表7-8的结果可以看出，收缩城市和非收缩城市的回归系数均显著为正，但收缩城市的系数明显要比非收缩城市的系数大得多，说明城市规模分布异化在城市收缩的情况下，对资源错配的加剧效应更大。本章的结果也给各界敲响了一个警钟，尽管中国大部分城市仍然处于扩张和增长的阶段，但由于区域发展不平衡、去工业化、人口老龄化等一系列原因，中国少部分城市出现了人口总量或者人口密度的下降，呈现出"增长"与"收缩"并存的状态；同时，上述选定的收缩城市多为资源型城市或老工业城市，随着资源日益枯竭和服务业占GDP的比重逐渐上升，这些城市的传统支柱产业已不再适应新发展的需求，经历着去杠杆、去库存及新一轮"去二进三"产业转型升级的阵痛，经济发展受到冲击，即城市收缩也可能伴随着经济下滑。城市收缩意味着劳动力外流，容易导致劳动力的结构性失业和产业资本外流，加剧劳动力错配和资本错配，最终造成资源错配。因此，在"城市收缩—城市分布不合理—资源错配—城市进一步收缩……"

的累积循环效应的驱动下，城市收缩的问题可能比想象中造成的影响要大。

4. 城市群规划异质性

当前，19大城市群集聚75%的人口和贡献88%的国内生产总值，城市群的经济效应和区域协调效应不可忽视。本章依据王鹏和李军花（2020）的划分标准，将样本分为纳入城市群规划与不纳入城市群规划两个子样本进行回归。回归结果如表7-9所示。

表7-9 分纳入城市群规划与不纳入城市群规划回归

	资源错配		资本错配		劳动错配	
	（1）纳入	（2）不纳入	（3）纳入	（4）不纳入	（5）纳入	（6）不纳入
$\ln \left\| deviation \right\|$	0.305**	−0.080	0.970***	−0.010	0.067	0.199
	(2.267)	(−0.228)	(4.946)	(−0.013)	(0.219)	(0.287)
structure	0.055	0.951***	−0.501	0.157	−0.330	0.977
	(0.133)	(2.990)	(−0.827)	(0.229)	(−0.352)	(1.563)
government	1.119*	−0.903**	−0.790	0.287	3.152**	−1.584**
	(1.921)	(−2.272)	(−0.930)	(0.336)	(2.397)	(−2.026)
fd	−0.238**	−0.005	0.112	0.310**	−0.727***	−0.239**
	(−2.178)	(−0.093)	(0.699)	(2.473)	(−2.945)	(−2.087)
lnwage	−0.238*	0.066	−0.362*	−0.372	0.399	0.403*
	(−1.665)	(0.566)	(−1.736)	(−1.485)	(1.238)	(1.760)
lninformation	0.119**	−0.009	0.174**	−0.094	−0.009	0.039
	(2.314)	(−0.267)	(2.318)	(−1.283)	(−0.077)	(0.584)
road	0.000	0.005**	0.014***	0.010*	0.003	0.008
	(0.137)	(2.028)	(2.629)	(1.794)	(0.327)	(1.644)
常数项	1.153	−1.428	1.053	1.939	−5.566*	−5.645**
	(0.815)	(−1.150)	(0.511)	(0.726)	(−1.746)	(−2.312)
N	1160	1510	1160	1510	1160	1510
R^2	0.038	0.050	0.106	0.054	0.030	0.025
F	2.571	4.392	7.655	4.835	1.964	2.187
城市固定	Y	Y	Y	Y	Y	Y
年份固定	Y	Y	Y	Y	Y	Y

注：***、**和*分别表示在1%、5%和10%的显著性水平下通过了显著性检验，括号内为标准误。

从上述结果来看，纳入城市群规划的城市样本核心解释变量至少在5%的水平上显著为正，而不纳入城市群规划的城市则不受影响，说明纳入城市群规划的城市受影响更大。从规模经济的角度解释，纳入城市群规划意味着集聚和融合多个不同规模的城市，进而产生1+1>2的规模效应，通过整合人口、资本、产业、商品贸易及基础设施等方面的资源进而达到一种组合创新的效果。从产业结构升级的角度解释，经济结构会在城市群的整体规划中发生变化，核心城市引领周边城市向着产业升级的方向发展。但值得注意的是，这些效果是建立在城市群内城市之间的协同合作、优势互补、互联互通的前提下的，如果出现城市规模分布偏离最优分布的情况，纳入城市群规划反而可能产生适得其反的结果，"虹吸效应"使"大城市更大，小城市更小"的情况出现，进而导致资源分配不均的后果。

5. 南北异质性

中国地域辽阔，受资源、气候、人口等天然因素的影响，以及不同历史时期产业布局、渐进式改革开放等政策的影响，南北地区城市在经济发展、对外开放程度等方面存在一定的差异。因此，本章将样本分为南方城市与北方城市进行分样本回归，结果如表7-10所示。

表7-10　分南方城市与北方城市回归

	资源错配		资本错配		劳动错配	
	(1) 南方	(2) 北方	(3) 南方	(4) 北方	(5) 南方	(6) 北方
$\ln|deviation|$	0.415**	0.089	1.570***	0.029	0.005	-0.010
	(2.354)	(0.566)	(5.554)	(0.084)	(0.013)	(-0.028)
structure	-0.203	1.161***	0.164	-0.470	-1.181*	1.616**
	(-0.588)	(3.234)	(0.296)	(-0.591)	(-1.684)	(1.980)
government	0.009	-0.539	0.209	-0.685	0.979	-1.213
	(0.021)	(-1.089)	(0.302)	(-0.625)	(1.113)	(-1.078)
fd	-0.173*	-0.085	0.157	0.186	-0.626***	-0.220
	(-1.778)	(-1.403)	(1.008)	(1.394)	(-3.165)	(-1.603)
lnwage	-0.024	0.042	-0.377**	0.095	0.546**	0.258
	(-0.205)	(0.314)	(-1.990)	(0.320)	(2.269)	(0.843)
lninformation	0.109***	-0.056	0.116*	-0.207**	0.093	-0.018
	(2.842)	(-1.323)	(1.885)	(-2.202)	(1.184)	(-0.189)

	资源错配		资本错配		劳动错配	
	(1) 南方	(2) 北方	(3) 南方	(4) 北方	(5) 南方	(6) 北方
road	0.002 (0.785)	0.004 (1.537)	0.016*** (3.314)	0.002 (0.360)	0.004 (0.621)	0.011* (1.702)
常数项	−0.803 (−0.664)	−1.306 (−0.958)	0.693 (0.357)	−2.154 (−0.714)	−6.710*** (−2.728)	−4.318 (−1.393)
N	1560	1110	1560	1110	1560	1110
R²	0.027	0.082	0.061	0.097	0.018	0.027
F	2.424	5.453	5.649	6.586	1.634	1.721
城市固定	Y	Y	Y	Y	Y	Y
年份固定	Y	Y	Y	Y	Y	Y

注：***、**和*分别表示在1%、5%和10%的显著性水平下通过了显著性检验，括号内为标准误。

从上述的回归结果来看，相比于北方城市，南方城市的核心解释变量在5%的水平下显著为正，说明南方城市受城市规模分布异化的影响造成对资源错配的加剧作用更大。背后的原因可能是，"南北经济差距"体现着中国南北经济发展的现状。由于资源禀赋和不同经济阶段发展的需求原因，北方城市以重工业和农业为主，南方城市以轻工业和外贸为主，这种产业结构的差异造成投资驱动下降后北方城市重化工业受到一定冲击，而南方城市因其外向型经济而受到负面影响较小，因此在经济增速上南北呈现一定的差距。但反过来，也正是由于这种南北产业结构差异，以人力劳动为主的轻工业在南方城市起着举足轻重的作用，使南方城市人口规模分布不合理的情况下，相比于北方城市造成的资源错配影响程度更大。

（三）内生性问题处理

为提高基准回归结果的可靠性，本章对上述结果进行内生性检验。已有文献表明，资本配置扭曲是导致中国大中城市偏少、小城市数目过多的重要原因（陈诗一等，2019），这意味着资源错配可能是导致城市规模分布异化的原因，即城市规模分布异化和资源错配可能存在双向因果关系，导致本章的模型存在内生性问题。因此，本章拟采用工具变量法来处理核心变量的内生性问题，从而对城市规模分布异化对资源错配的影响进行更为稳健的因果推断。

已有文献一般从历史和地理的视角选择工具变量。本章分别选择城市高程（*hight*）和城市地形起伏度（*rdls*）作为城市规模分布异化的工具变量。主要基于以下考虑：①城市高程和地形起伏程度是影响城市交通基础设施建设形态和投资成本的重要因素。城市高程越高、地形起伏程度越大，交通基础设施建设的难度越高，城市扩建的成本越高，城市规模扩张受限进而导致城市规模分布出现偏差，因此从逻辑上看，这一指标满足相关性要求。②城市高程和地形起伏度作为城市天然独有的地理因素，这一客观存在的自然属性难以和城市创新活动形成直接联系，城市资源配置效率基本不会对城市固有的地理形态产生影响，满足外生性的假定条件。因此，本章选择使用城市高程（*hight*）和城市地形起伏度（*rdls*）作为城市规模分布异化的工具变量是合理的。但由于城市高程和城市地形起伏度是截面数据，而本章的数据样本是包含城市与时间的面板数据，因此为使工具变量具有时变特征，本章参考孙传旺等（2019）、杨青等（2019）的做法，分别将高程与年份虚拟变量的交互项、地形起伏度和年份虚拟变量作为最终工具变量引入模型。工具变量的两阶段回归结果如表 7-11 所示。其中，列（1）～列（3）为以城市高程为 IV 的两阶段回归结果；列（4）～列（6）为以地形起伏度为 IV 的两阶段回归结果。

表 7-11　工具变量法

	IV：高程（*hight*）			IV：地形起伏度（*rdls*）		
	（1） 资源错配	（2） 资本错配	（3） 劳动错配	（4） 资源错配	（5） 资本错配	（6） 劳动错配
$\ln\mid deviation\mid$	2.378 ** (2.260)	7.892 *** (3.615)	−0.152 (−0.073)	2.257 ** (2.231)	8.741 *** (3.988)	−0.737 (−0.363)
structure	0.334 (1.256)	−0.323 (−0.586)	−0.036 (−0.067)	0.341 (1.294)	−0.374 (−0.654)	−0.001 (−0.001)
government	−0.190 (−0.559)	−0.367 (−0.522)	0.315 (0.466)	−0.185 (−0.548)	−0.402 (−0.551)	0.339 (0.501)
fd	−0.055 (−1.013)	0.246 ** (2.168)	−0.299 *** (−2.744)	−0.055 (−1.015)	0.244 ** (2.076)	−0.297 *** (−2.729)
lnwage	0.070 (0.619)	0.078 (0.331)	0.396 * (1.760)	0.062 (0.562)	0.131 (0.544)	0.359 (1.612)

续表

	IV：高程（hight）			IV：地形起伏度（rdls）		
	(1) 资源错配	(2) 资本错配	(3) 劳动错配	(4) 资源错配	(5) 资本错配	(6) 劳动错配
ln information	0.012	−0.076	0.029	0.013	−0.085	0.035
	(0.379)	(−1.152)	(0.461)	(0.421)	(−1.238)	(0.554)
road	0.004 *	0.013 ***	0.006	0.004 *	0.013 ***	0.006
	(1.716)	(2.872)	(1.323)	(1.714)	(2.812)	(1.289)
常数项	−2.669 *	−6.241 **	−5.431 *	−2.540 *	−7.147 **	−4.806 *
	(−1.828)	(−2.060)	(−1.869)	(−1.785)	(−2.318)	(−1.684)
N	2670	2670	2670	2670	2670	2670
F 统计量	521.70	521.70	521.70	521.58	521.58	521.58
城市固定	Y	Y	Y	Y	Y	Y
年份固定	Y	Y	Y	Y	Y	Y

注：①*** 、** 和 * 分别表示在 1%、5%和 10%的显著性水平下通过了显著性检验，括号内为标准误。②限于篇幅，IV-2SLS 回归中第一阶段的回归结果未作展示。③表中的 F 统计量是第一阶段的回归结果 F 的统计量，上述 F 统计量均大于 10 这一经验值，因此拒绝"弱工具变量"的原假设。④本章进一步使用城市高程的标准差与年份交互作为 IV，城市高程标准差同样表征了城市地形起伏的程度，回归结果依旧稳健。⑤本章进一步使用对弱工具变量较不敏感的有限信息最大似然估计方法（LIML 法）替换两阶段最小二乘法（2SLS 法）进行估计，回归结果依旧稳健，结果限于篇幅暂不列出。

从列（1）~列（3）可以看出，第一阶段回归结果 F 统计量 521.70 远大于 10，说明工具变量和内生变量具有较强的相关性，不存在弱工具变量的问题。第二阶段的回归结果显示，城市规模分布异化（$\ln|deviation|$）的回归系数至少在 5%的水平下显著为正，说明城市规模分布异化加剧了城市资源错配，本章的基本结论基本稳健。但从回归系数的大小来看，与基准结果 0.266 相比，资源错配的工具变量法回归系数 2.378 明显更大，即城市规模分布异化上升 1%，资源错配程度上升 2.378%，说明潜在的内生性问题在一定程度上低估了城市规模异化对城市资源错配的加剧效应；同理，与基准结果 0.841 相比，资本错配的工具变量法回归系数 7.892 也相对更大，即在处理内生性问题后，城市规模分布异化对资本错配的加剧效应更显著。另外，本章进一步通过使用地形起伏程度作为城市规模分布异化的工具变量，再次进行两阶段工具变量回归，结果如列（4）~列（6）所示，回归结果也再一次印证了上述的基本结论。

（四）稳健性检验

针对前文的城市规模分布异化对城市资源错配的回归结果，本章主要从以下剔除一线城市、替换因变量及使用系统 GMM 三方面进行稳健性检验，使本章的研究结论更具可靠性和科学性。

1. 剔除一线城市

由于北京、上海、广州、深圳四个城市在政策倾斜、规模体量、创新水平等方面与其他城市差别较大，考虑其特殊性问题可能影响估计结果的准确性，因此本章选择剔除这四个城市，将剩下的城市作为子样本进行稳健性回归。从表 7-12 列（1）的回归结果可以发现，城市规模分布异化对资源错配的加剧效应仍然在 5% 水平下显著，估计系数大小与基准回归差异不大，说明删去一线城市不会影响本章的估计结果，上述结论是稳健的。

2. 替换因变量

参考白俊红和刘宇英（2018）、崔书会等（2019）的研究，本章构建要素市场资本扭曲系数和劳动力扭曲系数。

$$dist_k = \frac{MP_K}{r} - 1 = \beta_{K_i} \frac{p_i y_i}{r K_i} - 1 \qquad (7-28)$$

$$dist_L = \frac{MP_L}{w} - 1 = \beta_{L_i} \frac{p_i y_i}{w_i L_i} - 1 \qquad (7-29)$$

其中，$p_i y_i$ 为产值，用各地区的 GDP 表示；r 为资本价格，依据一般文献做法取 10%；w_i 为各城市工资水平；MP_K 和 MP_L 分别是资本和劳动的边际产出。与前文一致，本章对 $dist_k$ 和 $dist_L$ 取绝对值再求和得到总的资源扭曲系数。回归结果如表 7-12 列（2）所示。从结果来看，城市规模分布异化对资源错配的加剧效应仍然在 5% 水平下显著，这在一定程度上表明本章结论的稳健性。

表 7-12　稳健性检验

	(1) 剔除北京、上海、广州、深圳	(2) 替换因变量	(3) 系统 GMM
$\ln|deviation|$	0.266** (2.137)	0.520** (2.463)	0.040** (2.025)
$structure$	0.485* (1.948)	0.818* (1.899)	0.196** (2.305)

续表

	（1） 剔除北京、上海、广州、深圳	（2） 替换因变量	（3） 系统 GMM
government	-0.144	3.630***	-0.020
	(-0.452)	(6.479)	(-0.261)
fd	-0.045	-0.092	-0.053***
	(-0.870)	(-1.014)	(-2.749)
lnwage	-0.042	0.004	0.042**
	(-0.466)	(0.029)	(1.995)
lninformation	0.036	-0.294***	0.000
	(1.248)	(-5.853)	(0.039)
road	0.003*	0.005	0.001
	(1.653)	(1.344)	(1.387)
$L.\ln\mid\tau\mid$	—	—	0.930***
			(69.969)
常数项	-0.665	6924.141***	-0.544***
	(-0.719)	(4414.423)	(-2.657)
N	2630	2670	2403
R^2	0.035	0.883	—
F	5.276	1129.783	—
AR（1）	—	—	0.000
AR（2）	—	—	0.146
Hansen test	—	—	0.285
城市固定	Y	Y	—
年份固定	Y	Y	—

注：***、**和*分别表示在 1%、5% 和 10% 的显著性水平下通过了显著性检验，括号内为标准误。

3. 动态面板估计

考虑到经济惯性的影响，资源配置可能存在时间上的动态效应，本章在模型中引入被解释变量资源错配的滞后一期，并使用系统 GMM 的方法进行回归，同时使用该方法也能降低潜在的内生性影响。回归结果如表 7-12 列（3）所示，模型通过了 AR（2）和 Hansen 检验，表明构建系统 GMM 模型是合适的。估计结果表明，城市规模分布异化在 5% 的水平上显著为正，加剧了城市资源错配，结论与前文一致；滞后一期的被解释变量在1%的水平上显著为正，说明资源错配存在一定的路径依赖。

（五）机制分析

1. 专业化集聚和多样化集聚的测度

产业集聚的测度有多种方法，代表性指标有区位熵指数、空间基尼系数和赫芬达尔指数等。本章参考季书涵和朱英明（2017）的方法，使用赫芬达尔指数来衡量产业集聚的程度。

$$HHI = \sum_{s=1}^{s} \left(\frac{E_{i,s}}{E_i} \right)^2 \tag{7-30}$$

其中，i表示城市，s表示行业，$E_{i,s}$表示城市i的s行业的就业人数，E_i表示城市i的全部就业人数，$\frac{E_{i,s}}{E_i}$表示某行业就业人数占整个城市就业人数的比重，$\frac{E_s}{E}$表示某行业就业人数占全国就业人数的比重。

进一步将产业集聚具体细分产业专业化集聚和产业多样化集聚。参考韩峰和李玉双（2019）的计算方法，产业专业化集聚的计算公式如下：

$$SI = \frac{\dfrac{E_{i,m}}{E_i}}{\dfrac{E_m}{E}} \tag{7-31}$$

其中，$E_{i,m}$表示城市i的制造业的就业人数，E_i表示城市i的全部就业人数，$\frac{E_{i,m}}{E_i}$表示制造业就业人数占整个城市就业人数的比重，E_m表示全国制造业总体就业人数，E表示全国总就业人数，$\frac{E_m}{E}$表示制造业就业人数占全国就业人数的比重。

参考张天华等（2017）的计算方法，本章使用（1-赫芬达尔指数）来测度产业多样化集聚，衡量产业在城市中的多样化水平。产业多样化指数越接近1，说明城市中不同行业的就业份额越接近，产业种类越多且越均衡，即产业多样化水平越高。

$$DI = 1 - \sum_{s=1}^{S} \left(\frac{E_{i,s}}{E_i} \right)^2 \tag{7-32}$$

数据来源于历年《中国城市统计年鉴》、《中国统计年鉴》及各省市的统计年鉴。每个城市中 19 个行业分别为农林牧渔业、采矿业、制造业、电力燃气及水的生产和供应业、建筑业、交通运输仓储及邮政业、信息传输计算机服务和软件业、批发和零售业、住宿餐饮业、金融业、房地产业、租赁和商业服务业、科学研究技术服务和地质勘查业、水利环境和公共设施管理业、居民服务和其他服务业、教育、卫生社会保障和社会福利业、文化体育和娱乐业、公共管理和社会组织。

2. 调节效应

为了进一步探究不同产业集聚类型对城市总的资源错配的影响，本章通过构建交互模型来验证产业集聚的调节效应，具体的实证模型如下：

$$\ln|\tau_{it}| = \alpha_0 + \alpha_1 \ln|deviation_{it}| + \alpha_2 dev\_HHI + \alpha_3 HHI + \sum \gamma X_{it} + \mu_i + \lambda_t + \varepsilon_{it} \tag{7-33}$$

$$\ln|\tau_{it}| = \beta_0 + \beta_1 \ln|deviation_{it}| + \beta_2 dev\_SI + \beta_3 SI + \sum \gamma X_{it} + \mu_i + \lambda_t + \varepsilon_{it} \tag{7-34}$$

$$\ln|\tau_{it}| = \rho_0 + \rho_1 \ln|deviation_{it}| + \rho_2 dev\_DI + \rho_3 DI + \sum \gamma X_{it} + \mu_i + \lambda_t + \varepsilon_{it} \tag{7-35}$$

其中，HHI 表示城市的产业集聚，dev_HHI 表示 $\ln|deviation|$ 与 HHI 的交互项，SI 表示城市的专业化集聚，dev_SI 表示 $\ln|deviation|$ 与 SI 的交互项，DI 表示城市的多样化集聚，dev_DI 表示 $\ln|deviation|$ 与 DI 的交互项。α_2、β_2 和 ρ_2 是本章要重点关注的估计系数。回归结果如表 7-13 ~ 表 7-15 所示。

表 7-13 产业集聚的调节效应

	（1） 资源错配	（2） 资本错配	（3） 劳动错配
$\ln\|deviation\|$	0.388 ***	1.052 ***	0.034
	(3.013)	(4.422)	(0.125)
dev_HHI	−0.572 **	−1.007 **	−0.098
	(−2.449)	(−2.337)	(−0.198)
HHI	0.440 ***	0.539 *	0.177
	(2.845)	(1.885)	(0.540)

续表

	（1）资源错配	（2）资本错配	（3）劳动错配
structure	0.467*	0.121	−0.050
	(1.922)	(0.271)	(−0.096)
government	−0.162	−0.145	0.283
	(−0.511)	(−0.249)	(0.421)
fd	−0.031	0.286***	−0.291***
	(−0.600)	(2.994)	(−2.655)
lnwage	−0.077	−0.389**	0.403**
	(−0.889)	(−2.430)	(2.194)
lninformation	0.022	−0.018	0.022
	(0.768)	(−0.338)	(0.369)
road	0.003	0.011***	0.006
	(1.473)	(2.933)	(1.316)
常数项	−0.320	1.453	−5.589***
	(−0.362)	(0.890)	(−2.979)
N	2670	2670	2670
R²	0.038	0.065	0.015
F	5.267	9.276	1.958
城市固定	Y	Y	Y
年份固定	Y	Y	Y

注：***、**和*分别表示在1%、5%和10%的显著性水平下通过了显著性检验，括号内为标准误。

表7-14 产业专业化集聚的调节效应

	（1）资源错配	（2）资本错配	（3）劳动错配
ln│deviation│	0.333***	0.953***	0.003
	(2.726)	(4.220)	(0.010)
dev_SI	−0.258***	−0.395**	−0.047
	(−2.588)	(−2.143)	(−0.224)
SI	−0.113***	0.030	−0.471***
	(−2.713)	(0.393)	(−5.379)

续表

	（1） 资源错配	（2） 资本错配	（3） 劳动错配
structure	0.427*	0.118	−0.211
	(1.758)	(0.263)	(−0.411)
government	−0.128	−0.112	0.296
	(−0.405)	(−0.191)	(0.444)
fd	−0.047	0.270***	−0.308***
	(−0.918)	(2.853)	(−2.845)
lnwage	−0.087	−0.376**	0.344*
	(−1.007)	(−2.351)	(1.882)
lninformation	0.037	−0.014	0.059
	(1.299)	(−0.260)	(0.976)
road	0.003	0.011***	0.004
	(1.335)	(2.991)	(0.936)
常数项	−0.088	1.337	−4.543**
	(−0.099)	(0.814)	(−2.422)
N	2670	2670	2670
R^2	0.040	0.065	0.026
F	5.531	9.216	3.542
城市固定	Y	Y	Y
年份固定	Y	Y	Y

注：***、**和*分别表示在1%、5%和10%的显著性水平下通过了显著性检验，括号内为标准误。

表7-15 产业多样化集聚的调节效应

	（1） 资源错配	（2） 资本错配	（3） 劳动错配
$\ln \lvert deviation \rvert$	0.307**	0.903***	0.025
	(2.565)	(4.082)	(0.097)
dev_DI	0.960***	1.538**	0.269
	(2.911)	(2.524)	(0.385)
DI	−0.207***	−0.110	−0.150
	(−2.886)	(−0.827)	(−0.985)

续表

	（1） 资源错配	（2） 资本错配	（3） 劳动错配
structure	0.441 * (1.814)	0.077 (0.172)	−0.056 (−0.108)
government	−0.157 (−0.497)	−0.131 (−0.224)	0.279 (0.416)
fd	−0.030 (−0.584)	0.285 *** (2.987)	−0.289 *** (−2.641)
ln*wage*	−0.078 (−0.897)	−0.387 ** (−2.425)	0.401 ** (2.186)
ln*information*	0.020 (0.704)	−0.019 (−0.369)	0.021 (0.346)
road	0.003 (1.481)	0.011 *** (2.949)	0.006 (1.313)
常数项	−0.062 (−0.069)	1.630 (0.992)	−5.415 *** (−2.867)
N	2670	2670	2670
R²	0.039	0.066	0.015
F	5.410	9.330	1.964
城市固定	Y	Y	Y
年份固定	Y	Y	Y

注：***、**和*分别表示在1%、5%和10%的显著性水平下通过了显著性检验，括号内为标准误。

从表7-13可以看出，核心解释变量 $\ln|deviation|$ 的回归系数依旧显著为正，交互项 *dev_HHI* 的回归系数显著为负，表明调节变量产业集聚缓解了城市规模分布异化对资源错配的正向作用，即产业集聚对城市规模分布异化与资源错配的影响关系具有显著的削弱作用，具有显著的负向调节效应。这印证了季书涵和朱英明（2017）的观点，产业集聚对资源错配具有纠正效应。"产城融合"作为当前中国城市转型升级的一种发展思路，城市规模合理分布的背后实际上是产业的高质量发展。产业是城市发展的基础，城市是产业发展的载体，"以产促城，以城兴产，产城融合"，城市才具有可持续发展的动力。同时，产业集聚又可以产生

经济外部性，进而影响城市资源配置效率。因此，通过城市产业集聚空间布局来改善资源错配，对实现中国经济向高质量发展的转变、经济区域协调发展具有重要的战略意义。

进一步考察不同经济集聚类型对资源错配的影响效果。根据表7-14、表7-15的结果可以看出，核心解释变量 $\ln|deviation|$ 的回归系数依旧显著为正，交互项 dev_SI 的回归系数显著为负，这表明调节变量专业化集聚缓解了城市规模分布异化对资源错配的正向作用，即专业化集聚对城市规模分布异化与资源错配的影响关系具有显著的削弱作用，具有显著的负向调节效应。而交互项 dev_DI 的回归系数显著为正，这表明调节变量多样化集聚强化了城市规模偏差对资源错配的正向作用，即多样化集聚对城市规模分布异化与资源错配的影响关系具有显著的促进作用，具有显著的正向调节效应。因此，专业化集聚和多样化集聚是城市规模分布异化影响资源错配的重要渠道。

上述结果与张天华等（2017）的结论相一致。张天华等（2019）研究发现，专业化集聚提高企业要素配置效率，但多样化集聚加剧企业要素错配。可能的原因在于：一是资本品的专用性问题。一般情况下，由于中国实际不同行业之间的资本物品专用性较高而流动性较低，因此专用性较高的特性有利于专业化集聚但不利于多样化集聚。而且在多样化集聚中，如果要素流动性较低、产业间缺乏较强的联系，不但可能起不到资源错配的改善作用，甚至可能加剧资源错配。二是不同规模城市的工业水平和工业结构不同。规模较小的城市由于工业化水平较低、工业结构较初级，因此专业化集聚模式更能起到提升工业效率和经济增长的作用；反之，规模较大的城市工业基础比较健全，多样化集聚发展模式对经济增长更能起到显著的正效应（孙晓华和周玲玲，2013；程中华等，2017）。因此，正如王丽莉和乔雪（2020）所提到的，当前中国的城市规模呈现中小城市偏多、大城市偏少的扁平化特征，因此实行产业多样化对于中国普遍规模不大的城市来说可能反而适得其反，加剧资源错配的程度，给城市的经济增长造成一定阻碍。

总的来说，产业集聚是城市规模分布异化影响资源错配的重要渠道。专业化集聚缓解了城市规模分布异化对资源错配的正向作用，多样化集聚加剧了城市规模分布异化对资源错配的正向作用，因此假说2和假说3成立。

3. 进一步分析

基于上述研究发现，总体而言，专业化集聚缓解了城市规模分布异化对资源错配的正向作用，多样化集聚加剧了城市规模分布异化对资源错配的正向作用。但是具体到不同规模城市层面，尤其是对于一个城市而言，究竟是应该选择多产业共同发展还是选择将资源集中到重点产业，这是一个值得进一步深入研究的课题。为此，本章进一步检验是否存在多样化集聚更适合大城市，专业化集聚更适合中小城市这一假设。根据本章的测算结果来看，城市规模分布偏差小于 0 的城市主要有 6 个，分别是北京市、上海市、天津市、重庆市、成都市、嘉峪关市，意味着这些城市规模比最优城市规模要小。由于城市规模分布偏差中偏小的城市与偏大的城市数量悬殊，为避免分样本回归造成样本量的损失，本章使用虚拟变量分组回归进行考察。

（1）城市规模偏差的异质性。本章构建虚拟变量 D_1；当城市规模分布偏差为偏小时，$D_1=1$，当城市规模分布偏差为偏大时，$D_1=0$，之后将交互项 dev_DI 与虚拟变量 D_1 相乘、交互项 dev_SI 与虚拟变量 D_1 相乘，分别纳入模型进行回归，考察多样化集聚和专业化集聚在不同城市规模偏差中的异质性。具体回归结果如表 7-16 的列（1）~列（2）所示。

表 7-16　机制检验的进一步分析

因变量：资源错配	城市规模偏差分组		城市级别分组 1		城市级别分组 2	
	（1）多样化	（2）专业化	（3）多样化	（4）专业化	（5）多样化	（6）专业化
$\ln\mid deviation\mid$	0.335 ***	0.347 ***	0.305 **	0.297 **	0.278 **	0.284 **
	（2.762）	（2.836）	（2.545）	（2.414）	（2.284）	（2.283）
$dev\_DI \times D_1$	-0.857	—	—	—	—	—
	（-1.496）					
$dev\_DI \times D_2$	—	—	-0.834	—	—	—
			（-0.974）			
$dev\_DI \times D_3$	—	—	—	—	-1.277	—
					（-1.307）	
dev_DI	1.329 ***	—	1.135 ***	—	1.124 ***	—
	（3.228）		（3.023）		（3.185）	
DI	-0.258 ***	—	-0.234 ***	—	-0.229 ***	—
	（-3.249）		（-3.044）		（-3.106）	
$dev\_SI \times D_1$	—	0.174 *	—	—	—	—
		（1.698）				

续表

因变量：资源错配	城市规模偏差分组		城市级别分组 1		城市级别分组 2	
	（1）多样化	（2）专业化	（3）多样化	（4）专业化	（5）多样化	（6）专业化
$dev\_SI \times D_2$	—	—	—	0.499** (2.335)	—	—
$dev\_SI \times D_3$	—	—	—	—	—	0.481** (2.134)
dev_SI	—	-0.359*** (-3.093)	—	-0.415*** (-3.452)	—	-0.373*** (-3.291)
SI	—	-0.106** (-2.538)	—	-0.084* (-1.938)	—	-0.103** (-2.472)
常数项	-0.106 (-0.119)	-0.205 (-0.229)	-0.087 (-0.098)	-0.266 (-0.299)	-0.182 (-0.203)	-0.332 (-0.371)
N	2670	2670	2670	2670	2670	2670
R^2	0.040	0.041	0.040	0.042	0.040	0.042
F	5.246	5.396	5.175	5.536	5.217	5.487
控制变量	控制	控制	控制	控制	控制	控制
年份固定	Y	Y	Y	Y	Y	Y
城市固定	Y	Y	Y	Y	Y	Y

注：①***、**和*分别表示在1%、5%和10%的显著性水平下通过了显著性检验，括号内为标准误。②第七次全国人口普查中的21个超大、特大城市分别为上海、北京、深圳、重庆、广州、成都、天津、武汉、东莞、西安、杭州、佛山、南京、沈阳、青岛、济南、长沙、哈尔滨、郑州、昆明、大连，由于数据可得性的原因，本章的分组不包含哈尔滨。③第七次全国人口普查中的7个超大城市分别为：上海、北京、深圳、重庆、广州、成都、天津。

（2）城市级别的异质性。由上文可知，城市规模分布偏差偏小的城市大部分是直辖市等城市级别较高、城市规模较大的大城市。因此，作为对比分析，本章进一步根据最新的第七次全国人口普查中国家统计局公布的城市等级划分结果，构建虚拟变量 D_2 和 D_3。当城市为超大、特大城市时，$D_2 = 1$；否则，$D_2 = 0$。当城市为超大城市时，$D_3 = 1$；否则，$D_3 = 0$。同样地，本章将交互项 dev_DI 与虚拟变量 D_2（或 D_3）相乘、交互项 dev_SI 与虚拟变量 D_2（或 D_3）相乘，分别纳入模型进行回归，考察多样化集聚和专业化集聚在不同城市级别中的异质性。具体回归结果如表7-16的列（3）~列（4）及列（5）~列（6）所示。

从表7-16的列（1）、列（3）和列（5）的回归结果来看多样化集聚的影响，对于大城市来说，$dev\_DI \times D_1$、$dev\_DI \times D_2$ 和 $dev\_DI \times D_3$ 的系数为负但不显著，分别为-0.857、-0.834和-1.277，说明多样化集聚在大城市分组中存在负向的调节作用，缓解了城市规模分布偏差对资源错配的加剧作用，即多样化集聚更适合大城市。尽管系数不显著，可能是本章的数据质量和样本限制的原因，本章无法为这一问题提供更充分的证据，但其结果是符合预期的。对于中小城市来说，dev_DI 的系数在1%水平下显著为正，分别是1.329、1.135和1.124，说明多样化集聚在中小城市分组中存在正向的调节作用，加强了城市规模分布偏差对资源错配的加剧作用，即多样化集聚并不适合中小城市。从表7-16的列（2）、列（4）和列（6）的回归结果来看专业化集聚的影响，对于大城市来说，$dev\_SI \times D_1$、$dev\_SI \times D_2$ 和 $dev\_SI \times D_3$ 的回归系数显著为正，分别是0.174、0.499和0.481，说明专业化集聚在大城市分组中存在正向的调节作用，强化了城市规模分布偏差对资源错配的加剧作用，即专业化集聚并不适合大城市。对于中小城市来说，dev_SI 的回归系数在1%水平下显著为负，分别是-0.359、-0.415和-0.373，说明专业化集聚在中小城市分组中存在负向的调节作用，缓解了城市规模分布偏差对资源错配的加剧作用，即专业化集聚适合中小城市。

上述实证结果的背后解释是，对于大城市来说，城市的"虹吸效应"集聚了大量具有多样化技能的劳动力，为多样化产业的发展奠定了人才基础，起到"劳动力蓄水池"的作用；大城市具备丰富的中间产品投入，降低了各类交易成本；产业间的协同发展、优势互补也促进了知识溢出和技术创新，起到"知识蓄水池"的作用。这些条件都发挥着 Jacobs 外部性的效果，为产业多样化的发展提供了可能性，同时也提高了大城市的资源配置效率，因此大城市更适合"大而全"的发展路径。相反，尽管理论上大城市发展产业专业化也是可行的，但本章认为这种专业化发展模式反而浪费了大城市的空间资源，无法吸收剩余多种技能的劳动力就业和满足大规模人口的多样化需求，起不到应有的推动作用。对于小城市来说，由于其高技能人力资源、资本投入、市场规模及产业基础配套设施等条件远不如大城市，过多的产业多样化发展反而会削弱其比较优势，加剧对有限资源的争夺，对资源配置效率反而起到阻碍作用。相反，抓住中小城市特有的比较优势、集中资源发展地方特色产业，形成规模优势，发挥 MAR 外部性带来的正向影响，反而能起到缓解资源错配的效果，因此小城市更适合"小而精"的发展路径。综上所述，大城市适合多样化集聚而非专业化集聚，中小城市适合专业化集聚而非多样化集聚。

六、结论与启示

如何在遵循城市规模分布规律的基础上优化资源配置效率，是中国新型城镇化时期面临的重要难题。城市化的实质在于构建一个能够充分发挥资源配置效率作用的城市规模体系。鉴于此，在 Aoki（2012）模型计算方法的基础上，本章利用 2010~2019 年 267 个地级市及以上的城市数据测算出资源错配指数，并构建固定效应模型来探究城市规模分布异化与资源错配的关系。深入探究城市规模分布异化与资源错配的关系是城市高质量发展和资源有效配置的关键，这对于面向新常态时期的城市经济可持续增长具有重要的学术意义和政策价值。本章得出的结论如下：

（1）2010~2019 年中国城市资源错配情况为：资本配置过剩而劳动力配置不足，而且，不同地区均存在不同的资本错配和劳动错配。其中，资本错配方面表现为东部地区资本配置不足，中、西部地区资本配置过剩；劳动力错配方面表现为中东部、中部、西部地区均劳动配置不足。

（2）城市规模分布异化对资源错配存在显著的恶化作用，这说明城市规模分布异化加剧了城市资源错配。在考虑不同的城市规模分布异化的衡量指标和处理异常值后，上述结果仍然具有稳健性。进一步进行异质性分析，发现不同地区、不同的资源配置情况、不同收缩类型城市及不同城市群规划有着不同的估计结果。其中，城市规模分布异化在中部地区的资源错配的系数显著为正，而在其他地区的系数不显著，说明城市规模分布异化加剧了中部地区城市的资源错配程度，而对东部地区和西部地区的资源错配没有影响；同时，从南北差异的角度发现，对南方的城市资源错配加剧效应显著，对北方的城市没有影响，主要是由南北产业结构的差异造成的。另外，当存在资本配置不足和劳动配置不足时，城市规模分布异化对城市资源错配没有影响；当存在资本配置过剩和劳动配置过剩时，城市规模分布异化加剧了城市资源错配。相比于非收缩城市，城市规模分布异化在城市收缩的情况下，对资源错配的加剧效应更大。最后，城市规模分布不合理对纳入城市群规划的城市造成了资源错配，没有纳入城市群规划的城市则不受影响。

（3）产业集聚是城市规模分布异化影响资源错配的重要渠道。具体而言，专业化集聚和多样化集聚分别具有不同的调节效应。专业化集聚缓解了城市规模分布异化对资源错配的正向作用，即专业化集聚对城市规模分布异化与资源错配的影响关系具有显著的削弱作用，具有显著的负向调节效应。相反，多样化集聚强化了城市规模偏差对资源错配的正向作用，即多样化集聚对城市规模分布异化与资源错配的影响关系具有显著的促进作用，具有显著的正向调节效应。而且进一步分析城市规模的影响后发现，大城市更适合多样化集聚而非专业化集聚，而中小城市更适合专业化集聚而非多样化集聚。

优化城市规模分布以改善资源错配的程度，是促进经济增长的有效途径。对此，本章针对上述结论，给出的政策启示如下：

（1）合理规划、科学引导城市朝最优规模发展。一方面，需要完善公平竞争的市场政策，减少政府偏向于超大城市财政、税收、金融资本市场和价格政策。另一方面，积极规划和引导周边次一级大城市的发展，是减轻超大城市扩张压力、改善资源错配的重要途径。另外，合理规划超大城市内部的空置空间，盘活现有的土地、资本、劳动力和技术，引导人口和产业的合理集中，重新整合各区域内资源要素的布局，最大限度地挖掘空间的潜在价值。

（2）优化大城市的产业结构。专业化集聚能够发挥优化资源要素配置的效果，因此政府可以有选择地制定偏向于鼓励专业化集聚的方向的政策，并进一步加大市场制度改革，发挥市场配置资源的作用。对于多样化集聚，由于在现实产业之间缺乏协同效应的情况下，多样化集聚可能达不到缓解城市资源错配的效果，因此需要打破产业壁垒和市场隔离，加强产业间的交流与协作，提高互联互通水平，节省交易成本，纠正资源错配，促进经济高质量发展；加快区域产业链一体化进程，进行合理的产业布局，承接产业转移，并支持收缩型城市的产业升级和精明收缩。

第八章　中国城市规模分布异化
抑制了城市创新吗

一、引言

  美国哈佛的爱德华·格莱泽教授在《城市的胜利》一书中曾提到"城市已经成为创新的发动机"。知识经济对当今社会发展的重要性不言而喻，如何提高城市创新效率成为国家关注的重点。与 2012 年相比，2021 年全社会研发投入与国内生产总值的比例由 1.91% 提高到 2.44%，全球创新指数排名由第三十四位上升到第十二位。但倪青山等（2021）研究 299 个城市创新绩效的差异及动态演进时发现，当前中国城市创新绩效仍存在总体差异大、基尼系数长期高于 0.7、极化现象明显、分布不平衡、城市创新绩效等级向上转移难向下转移易等种种问题。与此同时，尽管 2021 年中国城镇化率已达到 64.72%，但城市化不仅是城市人口比例的上升，还涉及不同城市之间人口的空间分布。由于户籍制度和土地政策的影响，目前大量国内外学者已证实中国城市规模分布不合理问题（Au and Henderson，2006；Lu and Wan，2014；Chan and Wan，2017；王丽莉和乔雪，2020）。值得注意的是，创新在地理上呈现空间集聚性已成为学者们的共识（Carlino and Kerr，2015；纪祥裕，2021），而城市规模分布本质上同样反映的是人口和资本等生产要素空间集聚的差异，由此引发本章的猜想：城市作为聚集人才智慧且推动创新的重要载体，城市规模分布异化是否影响城市创新？具体通过哪些途径影响城市创新？厘清这些问题，对于当前处于由要素投入转向自主创新的增长动能转换攻关期、实施创新驱动发展战略的中国来说是迫切要求。

既有文献主要从单个城市规模的视角研究创新问题（高翔，2015；王之禹和李富强，2021；纪祥裕，2021），少量从整个城市体系角度考察城市规模分布对创新的影响（陆远权和秦佳佳，2018），没有深入挖掘城市规模分布不合理造成的影响，同时以往研究更偏向区域创新、省域创新及微观企业创新，较少考察中观层面的城市创新，且对产业集聚和交通条件在城市与创新中的背后机理也缺乏相应的梳理与论证。

针对上述研究的不足，本章基于连续校正的夜间灯光数据，不仅探讨了城市规模分布异化对创新的影响大小，还分析了其中的传导机制。首先，基于 Zipf 法则，本章利用 2010~2019 年 267 个地级市及以上的夜间灯光数据测度城市规模分布异化指数，以此来表示城市规模分布的不合理程度；同时采用北京大学企业大数据研究中心的中国区域创新创业指数数据来代表城市创新水平。其次，本章构建双向固定效应模型实证检验城市规模分布异化对城市创新的影响，并通过剔除极端值、替换自变量、替换因变量，以及探究城市规模和创新关系等多种方法证实结果的稳健性。且考虑了潜在的内生性问题，本章分别选取均值差值的三次方和 1998~2007 年城市空气污染 PM2.5 作为工具变量来识别城市规模分布异化与城市创新的因果效应。进一步地，本章基于城市区位、城市等级和城市生命周期来进行异质性分析，使本章的结论更全面和稳健。最后，本章从产业集聚外部性与协同性及交通条件的角度来探讨城市规模分布异化影响城市创新背后的传导渠道，更细致地剖析什么样的产业集聚模式及城市交通条件能够促进城市创新。

研究发现：①中国城市规模分布异化显著抑制了城市创新。进一步考察创新的两个子维度发现，城市规模分布异化对创新投入和创新产出均有抑制效应，其中创新投入主要影响"人"和"资本"投入，创新产出主要影响专利授权量。②从城市区位和城市等级来看，东部地区和中等城市在城市规模分布不合理的情况下，城市创新受到的抑制效应更严重，说明"虹吸效应"的影响显著拉大了区域间和城市间的创新差距；从城市生命周期来看，老工业城市与非老工业城市相比，城市规模分布异化的创新抑制效应更为明显，说明人口流失和经济衰退造成的城市创新环境缺失对于创新研发是十分不利的。③尽管城市规模分布异化造成城市创新效率的损失，但产业集聚和交通条件完善可以改善这种后果。具体分析可知，多样化集聚、专业化集聚、产业协同集聚和交通基础设施对城市规模分布不合理与城市创新的关系均具有显著的正向调节效应，说明上述四个路径缓解了城市规模异化对创新的抑制作用，现实中产城融合和完善交通条件可以提升与激励城市创新。

本章的边际贡献在于：①对于仅研究单个城市规模而言，基于城市体系的城市规模分布对创新的影响更为关键。相较于国内类似主题的文献，本章将研究视角聚焦于城市规模分布，进一步探究城市规模分布偏离最优分布对城市创新的影响。同时，本章将创新区分为创新投入和创新产出两个子维度，为城市创新发展提供更全面的中观层面经验验证。②本章利用连续校正的夜间灯光数据，而非传统文献使用的城市人口规模数据来开展城市规模分布的研究。夜间灯光数据相比于人口统计数据更具外生性和客观性，较好地规避了统计口径的不一致和人为因素干扰的问题，同时具有较高的地理空间分辨率，能够提供更加丰富的地理单元信息。另外，本章使用综合多维度计算的城市创新创业指数而非以往文献使用的单一专利授权指标，较为系统地反映城市创新的实际情况。③本章在考察城市规模分布异化创新效应影响的同时，还通过分析厘清多样性集聚、专业化集聚、产业协同和交通基础设施四种渠道，运用调节效应模型捕捉集聚外部性效应、产业协同效应及交通条件的机制影响。城市规模异化作为影响城市创新的重要变量，其传导途径的优化也起着不可忽视的作用。

其余部分结构安排如下：第二部分是文献综述。第三部分是理论分析与研究假设，具体分析城市规模分布异化对创新的影响及可能的机理分析。第四部分是模型、变量与数据说明。第五部分是实证分析。最后是结论与启示。

二、文献综述

不同地区的创新效率有着显著差异，当前我国城市发展的难点是对不同规模的城市构建有效提高创新效率的规模体系。现有相关文献研究的侧重点主要在以下三个方面：一是城市规模对创新水平的影响；二是城市规模分布对创新的影响；三是城市多中心空间结构对创新水平的影响。

从城市规模与创新的文献来看，长期以来学者们都普遍认为城市规模与创新之间呈现正相关关系。城市在集聚效应作用的驱动下，不断吸引各类创新要素流入，并产生了大量创新成果。高翔（2015）认为，城市人口规模增大产生的集聚经济效应显著提高了城市的创新能力，表现为人均发明专利授权量的增加。王之禹和李富强（2021）研究得出城市规模对创新活动具有显著正向影响的结论，印证了大城市能给创新活动提供充足且肥沃的土壤，主要通过积累高人力资本提升区域知识吸收能力的途径促进创新活动。纪祥裕（2021）发现，随着城市规模持续扩大，城市创新能力不断提升，但是该正向作用会受到城市所处地区和资源禀赋的约束，主要通过更大的市场需求规模和更高的金融集聚水平来创造更大的创新产出。同样，行政级别越高的城市的创新能力越强，主要通过财政支持对城市创新产生影响（张可云等，2021）。高行政级别城市一般是一个地区的经济或政治中心，经济发展水平较高、人口规模较大、资源集中程度更高，高城市级别所带来的制度环境、基础设施环境和人才储备优势为城市创新活动提供了广泛的支持。因此，城市级别和城市创新水平的空间分布有显著的重叠性，创新活动主要集中在直辖市和省会城市（范斐等，2022）。根据"自然指数—科研城市 2021"最新数据，全球科研城市前 20 名中共有 6 座中国城市上榜，其中北京（第 1名）、上海（第 5 名）、南京（第 8 名）、广州（第 14 名）、武汉（第 15 名）及合肥（第 20 名），各占地区贡献份额的比重分别为 20.3%、11.2%、7%、5.2%、5% 和 4%，6 个城市共占 52.7%。可见，城市规模越大，城市级别越高，城市密度越大，越有利于促进城市创新。

城市的聚集经济归结于共享、匹配、学习（Duranton and Puga，2004），而这三种机制也和创新活动息息相关（Carlino and Kerr，2015）。城市的高密度有利于固定投入（城市基础设施和各类公共服务部门）的分享，有利于劳动市场供求的高效率匹配，有利于各厂商和劳动力之间相互学习以及知识和技术的传播（刘萌萌，2018）。尽管随着信息化时代的发展，人们获取知识的途径变得更加多样化，但人才集聚形成的本地知识库对创新的影响仍然至关重要。隐性知识和技能的溢出效应具有较强的地域性，非熟练劳动力通过"干中学"而获得各种技能。本地知识库以隐性知识为主，在一定程度上体现了区域内文化环境、产业特征和企业家精神，并提供了创新产生和扩散的平台。

从城市规模分布与创新的角度来看，从经验出发，在大部分城市规模分布中，创新率通常都会增加，但这种模式在最大的城市中并不成立。Carlino et al.（2007）发现，城市规模和专利强度之间呈倒"U"型关系，计算出拐点是一个大约相当于得克萨斯州奥斯汀大小的城市；一个城市的就业密度翻一番，人均专利增加约 20%，但在基于专利最大化的标准下，这种模式也不是单调的，最佳就业密度大约是巴尔的摩或费城的密度。从国内的研究来看，城市规模分布与区域创新效率之间呈倒"U"型关系，即存在使区域创新效率最大化的最优城市规模分布，过于集中或过于分散的城市规模分布均不利于区域创新效率的提高（陆远权和秦佳佳，2018）。在达到潜在最优城市规模之前，随着城市规模的扩大，各种生产要素的聚集能够提高资源配置效率，区域创新效率表现出不断提高的趋势；而在达到最优规模之后，会出现规模不经济现象，规模增加带来拥挤效应而使各种成本迅速上升，创新效率就会随着城市规模的增加而降低。大城市资源过度集中，可能会产生城际创新抑制作用，因此可能对周边小城市的创新产生负向影响（纪祥裕，2021）。范斐等（2022）也验证了城市级别对创新绩效的非线性影响，认为城市规模结构不合理会造成创新绩效的损失，城市只有达到一定的规模和经济实力才能具备更好的创新辐射能力。

从城市多中心结构和创新的文献来看，创新效率随着距离的增加而衰减，城市多中心的空间结构对创新存在负面影响，在于城市多中心化发展会增加其内部知识流之间的地理距离，增加隐性知识流之间的地理阻隔，进而消解各个中心可能的集聚优势，抑制总体的知识溢出；但城市规模的扩张会通过促进创新要素集聚而提升创新绩效（王崚等，2021）。多中心空间格局意味着集聚经济被破坏，这说明城市规模分布均衡化不利于中国城市的创新。

综上所述，城市规模扩大有利于提升城市创新水平，但理论上城市规模过于集中或者过于均衡都不利于创新，本章认为，城市规模分布本质上反映的是空间集聚与区域协同增长之间的逻辑，反映了城市之间的相互联系，因此有必要从城市规模分布的角度进一步挖掘，并探究城市规模偏离最优规模时对城市创新的影响。另外，本章将创新细化到城市层面，区别于以往文献主要集中在宏观区域、省域层面或微观企业层面创新的研究。研究宏观层面的创新不能很好地反映区域内部非均质的空间分布状态和城际创新效应，而研究微观企业创新则忽略了城市内部各主体之间的知识与技术关联及其溢出效应，城市创新活动应该体现的是中观层面城市整体的价值，而非单个企业短期的创新效率，因此本章选择的研究视角具有一定的现实意义。

三、理论分析与研究假设

城市规模分布本质上是空间集聚现象。本章参考王猛等（2016）的创意阶层居住选择模型，构建城市人口集聚推动城市创新的理论模型。假设人力资本 H 由 $N(t)$ 个个体组成，任意一个个体 i（$i \in H$）在 t 时刻的效用都是收入、消费水平的增函数，而收入、消费水平则取决于其拥有的知识存量 $K_i(t)$。由此，个体的效用最大化问题等价于使其在任一时刻 t 的知识增量最大。

在任一时刻 t，个体 i 可以选择居住在农村或者城市。如果在农村居住，个体 i 独立进行知识创新，其知识增量为：

$$K_i^r(t) = \alpha \cdot K_i(t) \tag{8-1}$$

其中，$K_i^r(t)$ 表示居住在农村的知识增量，α 表示居住在农村的知识增长率。

如果聚集在城市，个体 i 和个体 j（$j \in H$，$j \neq i$）会面，i 的知识增量包括两个部分：i 和 j 共同进行的知识创新 $KC_{ij}(t)$，以及 j 对 i 的知识转移 $KT_{ij}(t)$。知识创新、知识转移表示为：

$$KC_{ij}(t) = \beta \cdot \left[K_{ij}^c(t) \cdot K_{ij}^d(t) \cdot K_{ji}^d(t) \right]^{\frac{1}{3}} \tag{8-2}$$

$$KT_{ij}(t) = \gamma \cdot \left[K_{ij}^c(t) \cdot K_{ij}^d(t) \right]^{\frac{1}{2}} \tag{8-3}$$

$$KT_{ji}(t) = \gamma \cdot \left[K_{ij}^c(t) \cdot K_{ji}^d(t) \right]^{\frac{1}{2}} \tag{8-4}$$

其中，$KC_{ij}(t)$ 表示知识创新，$KT_{ij}(t)$、$KT_{ji}(t)$ 分别表示 i 对 j、j 对 i 的知识转移，$K_{ij}^c(t)$ 表示 i 和 j 都具备的共有知识存量，$K_{ij}^d(t)$、$K_{ji}^d(t)$ 分别表示 i 和 j 各自独有的知识存量，β 和 γ 分别表示知识创新和知识转移引致的知识增长率。可见，知识创新的大小取决于共有知识存量、双方独有知识存量；另外，知识转移的大小则取决于共有知识存量、双方独有知识存量。

个体 i 和个体 j 见面的概率 $f(t)$ 服从古典概型，会面概率等于除个体 i 以外的人力资本 $N(t) - 1$ 与城市人口规模 $N^u(t)$ 的比值：

$$f(t) = \frac{N(t) - 1}{N^u(t)} \tag{8-5}$$

个体选择居住在城市，还面临着高于农村生活成本的问题，包括住房和通勤费用。在单中心城市，这一成本与城市人口规模 $N^u(t)$ 有关，为：

$$KL_i(t) = \delta \cdot N^u(t) \tag{8-6}$$

根据式（8-2）~式（8-6），时刻 t 个体 i 在城市聚集的知识增量为：

$$\dot{K}_i^u(t) = f(t) \cdot [KC_{ij}(t) + KT_{ji}(t)] - KL_i(t) \tag{8-7}$$

个体 i 在时刻 t 选择在城市聚集的均衡条件为，在城市的知识增量不小于在农村的知识增量，即 $\dot{K}_i^u(t) \geqslant \dot{K}_i^r(t)$。此时，城市有 $N(t)$ 个个体，城市的知识创新总量 $I(t)$ 为：

$$I(t) = f(t) \cdot KC_{ij}(t) \cdot N(t) \tag{8-8}$$

对式（8-8）进行整理，可得：

$$I(t) = \frac{KC_{ij}(t) \cdot [N^2(t) - N(t)]}{N^u(t)} \tag{8-9}$$

式（8-9）对 $N(t)$ 求导，有：

$$\frac{\partial I(t)}{\partial N(t)} = \frac{KC_{ij}(t) \cdot [2N(t) - 1]}{N^u(t)} \tag{8-10}$$

由式（8-10）可知，$\dfrac{\partial I(t)}{\partial N(t)} > 0$。理论模型说明，集聚在城市会促进城市创新。一般而言，城市规模越大，城市的集聚效应越强，越有助于城市创新。若城市规模分布偏离最优规模分布，可能会造成城市创新效率的损失。因此，本章推出假说 4。

假说 4：城市规模分布异化抑制了城市创新。

城市作为人口、产业、先进思想的集聚地，集聚经济通过学习、共享、匹配的机制产生外部性。知识溢出是本地化的，因此，本章旨在验证多样化集聚、专业化集聚、产业协同集聚的外部性及交通基础设施四个路径对城市创新的影响。

专业化集聚能够促进创新，主要体现在规模效应、知识溢出效应和垄断竞争激励等（柳卸林和杨博旭，2020）。第一，规模效应。"核心—外围"模型中的工业生产活动将趋于空间集聚，从而使运输成本最小并实现规模报酬递增（Krugman，1991）。通过集中选址，产业专业化集聚可以通过共享专用性资产、劳动力和基础设施等实现成本的降低，从而获得增加的产业利润。第二，知识溢出效应。Glaeser et al.（1992）将 Marshall-Arrow-Romer 外部性称为"MAR 外部性"，该理论认为，在特定空间下同行业专业化集聚能促使同一产业企业间的知识溢出和技术扩散。专业化集聚为知识溢出和生产技术的传播特别是隐性知识的传播提供了渠道，便与同一行业内的企业面对面交流和经验分享，提高知识扩散效率，有利于新创意和新技术的产生。第三，垄断竞争激励。地方垄断比地方竞争更能使外部性内部化（Glaeser et al.，1992）。垄断利润为研发活动提供了经济基础；同时，为防止竞争者挤占市场份额，地方垄断需要不断进行技术创新来巩固自身的市场壁垒，这也倒逼企业进行研发和创新。陈大峰等（2020）通过考察城市人口规模、产业集聚模式对城市创新的协同影响，研究发现城市人口规模增加有助于城市创新，同时验证了专业化集聚对城市创新存在显著的正向促进作用，而多样化集聚与城市创新的关系呈倒"U"型，该文章对本章的借鉴意义比较大。

多样化集聚促进创新，主要体现在提供互补资源、知识溢出效应和完整的产业链（柳卸林和杨博旭，2020）。一是提供互补资源。多种类型的产业集聚形成的"知识公共池"为企业提供互补性的人力资本、信息资源、先进技术和管理理念，降低搜索成本和信息不对称，为创新提供了可能性。二是知识溢出效应。创新是通过融合和重组知识要素而产生的（Wang et al.，2014），多样化集聚能够促进不同特色产业的整合吸收。最重要的知识溢出和思想碰撞往往来自多样化产业之间，推动创新和增长的是产业多样性而非产业专业化；同时地方竞争比地方垄断更能刺激创新（Jacobs，1969；Carlino et al.，2007）。三是完整产业链形成的范围经济。与规模经济不同，完整产业链形成的范围经济通常集中了某项产业所需的人力、相关服务业、原材料和半成品供给和销售等环节供应者，从而使这一地区在继续发展这一产业中拥有比其他地区更大的优势。Duranton and Puga（2001）认为应该在多元化城市进行新产品开发，而后转移至专业化城市进行大规模生产，并在1993~1996年法国就业地区的机构搬迁中发现了这种模式的有力证据。

产业协同集聚也有利于创新。随着产业融合发展的进程不断加快和区域内经济关联性逐渐增强，产业协同集聚的现象也逐渐出现。生产服务业和制造业（特别是高技术制造业）协同集聚对创新的影响日益扩大，主要通过投入产出关联这一途径产生影响。生产性服务业与制造业存在紧密的上下游产业链关系，多行业协同集聚引致的产业链分工精细化包括新产业链的诞生、原有产业链的延伸及不同产业链间的网络化。这种制造业与生产性服务业的协同集聚和密切联系，会使集聚区内形成复杂的社会关系网络和市场关系网络，这是其形成创新机制和创新环境的重要源泉，有助于不同类型的知识和技术进行广泛、深入的互动与学习，促进技术创新的精细化，进而推动城市科技创新（王叶军和母爱英，2020；原毅军和高康，2020）。

交通基础设施条件也影响城市创新，主要存在"向心力"和"离心力"双重效应。一是向心力。交通条件的完善使人才流动和集聚在就业机会、教育资源、市场规模和生活便利度更具优势的中心城市，形成"虹吸效应"，为中心城市技术创新提供源源不断的动力。二是离心力。交通条件的完善使中小城市缩短与中心城市的距离，有利于更好地承接转移产业和资源，同时面临中心城市巨大生活成本和生活压力的人才可能扩散至中小城市，形成"扩散效应"，促进了中小城市的创新发展。例如，不少学者证实高铁开通缩短了城市之间的距离，显著提高了全国整体的城市创新水平，为吸纳创新资源拓宽了空间（叶德珠等，2020；王春杨等，2020）。因此，本章提出假说5。

假说5：多样化集聚、专业化集聚、产业协同集聚的外部性以及交通基础设施对城市创新具有促进效应。

四、模型、变量与数据说明

（一）实证模型

为探究城市规模分布异化如何影响城市创新、创新投入和创新产出，本章建立如式（8-11）~式（8-13）的实证模型：

$$\ln innov_{it} = \alpha_0 + \beta \ln |deviation_{it}| + \sum \gamma X_{it} + \mu_i + \lambda_t + \varepsilon_{it} \qquad (8-11)$$

$$\ln input_{it} = \alpha_0 + \beta \ln |deviation_{it}| + \sum \gamma X_{it} + \mu_i + \lambda_t + \varepsilon_{it} \qquad (8-12)$$

$$\ln output_{it} = \alpha_0 + \beta \ln |deviation_{it}| + \sum \gamma X_{it} + \mu_i + \lambda_t + \varepsilon_{it} \qquad (8-13)$$

其中，i 表示城市，t 表示年份，被解释变量 $\ln innov$、$\ln input$ 和 $\ln output$ 分别表示各城市创新、创新投入和创新产出，核心解释变量 $\ln |deviation|$ 表示城市规模分布异化，X 表示一系列控制变量，ε_{it} 表示随机干扰项，城市固定效应是不随时间推移而变化但随城市而变化的无法观测的因素（城市异质性），而时间固定

效应是不随个体变化但随时间而变得无法观测的因素（时间异质性），因此模型均控制了城市固定效应和年份固定效应。

（二）变量定义

被解释变量：城市创新创业（lninnov）、创新投入（lninput）与创新产出（lnoutput）。城市创新创业（lninnov）由城市层面的区域创新创业指数来反映。该指标集合了全国工商企业注册数据库的全量企业信息，立足于企业家、资本与技术三大核心要素，能较为综合地反映城市创新创业成果。创新投入（lninput）主要从"人"和"资本"投入两方面来衡量城市创新投入。其中，"人"的因素主要考虑企业家和企业家精神，通过新建企业数量来衡量；"资本"的因素主要考虑吸引物质资本，通过吸引外来资本和吸引风险资本来衡量，两者权重比例分别为37.5%和62.5%。创新产出（lnoutput）分别使用专利授权数量和商标注册数量来衡量创新产出。其中，专利授权数量包括三个维度：新增发明专利授权数量、新增实用新型专利公开数量、新增外观设计专利公开数量。三者权重设置分别为50%、30%、20%。商标注册数量则使用新增商标数量来衡量。以上所有指标均取对数。

核心解释变量：城市规模分布异化（$\ln|deviation|$）。齐夫定律是建立在无摩擦的市场和劳动力自由流动的基础上的，而在中国，由于户籍制度和土地制度的原因，实际上并不具备这样的前提条件，因此导致城市体系规模分布的扭曲（Lu and Wan, 2014）。参考魏守华等（2013）计算城市"序位—规模"法则的偏差，本章使用一个城市实际规模的对数与齐夫定律下指数等于1时理想规模的差值来表示偏差。一般而言，如果两者差值为正，则表明城市的实际规模大于齐夫定律下的理想规模，说明该城市规模在城市体系中相对偏大；反之两者差值为负，则表明城市的实际规模小于齐夫定律下的理想规模，说明该城市规模在城市体系中相对偏小。具体计算公式为：

$$\ln S_{it} = \ln A_{it} - \alpha R_{it} \tag{8-14}$$

$$deviation_{it} = \ln S_{it} - (\ln A_{it} - \ln R_{it}) \tag{8-15}$$

其中，S_{it} 代表 i 城市 t 时刻的实际规模，A_{it} 代表 t 时刻最大城市的规模，R_{it} 代表 i 城市 t 时刻的排序，这样，$deviation_{it}$ 表示在标准的齐夫定律（指数为1）时，实际规模与理想规模的偏差。本章使用2010~2019年连续校正的城市层面夜间灯光数据来衡量城市规模，并对 $deviation$ 先取绝对值再取对数。

控制变量。控制变量主要体现城市层面创新的环境要素，本章选择的控制变量如下：①科教投入水平（*expenditure*）。科教投入水平反映的是政府对科技创新的重视程度和扶持力度。本章使用科学技术支出和教育支出之和占政府财政支出的比重来衡量科教投入水平。②产业结构（*structure*）。产业结构反映了资源要素在不同产业部门的流动和调整，资源的配置效率和产业结构的优化有利于城市的创新发展。本章使用第三产业产值占 GDP 的比重来衡量产业结构。③金融深化水平（*fd*）。金融深化水平反映了该地区的金融服务水平，金融深化水平越高，企业进行创新的信贷约束越小，融资渠道越畅通，越有利于创新创业活动。本章使用各城市金融机构贷款余额占 GDP 比重来衡量金融深化水平。④信息化水平（ln*information*）。互联网、大数据、人工智能、5G 等越来越在现代经济社会发展中起着不可或缺的作用，信息化有利于发挥知识的空间溢出效应和提高研发绩效。本章使用各城市互联网用户数的对数来衡量城市的信息化水平。⑤人力资本水平（ln*edu*）。知识以人为载体，人才作为创新的驱动引擎，高素质人力资本的互动与交流是提高创新效率的关键因素。本章使用普通本专科在校学生数量来衡量城市的人力资本水平。

变量设定说明和变量的描述性统计如表 8-1 和表 8-2 所示。

表 8-1　变量设定说明

类别	变量	变量属性
被解释变量	创新创业指数	城市创新指标
解释变量	城市规模分布异化	城市规模分布指标
被解释变量（子维度）	新建企业数量	创新投入指标
	吸引资本	
	吸引外来投资	
	吸引风险投资	
	专利授权数量	创新产出指标
	新增发明专利授权数量	
	新增实用新型专利公开数量	
	新增外观设计专利公开数量	
	新增商标注册数量	

类别	变量	变量属性
控制变量	科技与教育投入水平	城市特征
	产业结构	
	金融深化水平	
	信息化水平	
	人力资本	

表 8-2　变量的描述性统计

变量	样本量	均值	标准差	最小值	最大值
创新创业指数	2670	4.339	0.217	2.727	4.605
城市规模分布异化	2670	0.146	0.535	-0.968	1.460
新建企业数量	2670	4.264	0.314	1.852	4.605
吸引资本	2670	4.315	0.194	3.736	4.605
吸引外来投资	2670	4.295	0.245	2.815	4.605
吸引风险投资	2670	4.321	0.191	4.044	4.605
专利授权数量	2670	4.370	0.185	3.478	4.605
新增发明专利授权数量	2670	4.378	0.189	3.692	4.605
新增实用新型专利公开数量	2670	4.365	0.224	3.095	4.605
新增外观设计专利公开数量	2670	4.307	0.260	3.351	4.605
新增商标注册数量	2670	4.325	0.223	2.927	4.605
科技与教育投入水平	2670	0.197	0.040	0.020	0.372
产业结构	2670	0.407	0.101	0.098	0.835
金融深化水平	2670	1.011	1.836	0.166	90.157
信息化水平	2670	4.092	0.980	0.000	8.551
人力资本	2632	10.592	1.276	5.442	13.958

（三）数据说明

本章选取的研究时期和对象为 2010~2019 年 267 个中国地级市及以上城市。城市创新、创新投入和创新产出的数据来源于北京大学企业大数据研究中心（戴若尘等，2021）。与一般文献中使用城市人口规模数据作为城市规模的衡量指标不同，本章使用 2010~2019 年连续校正的城市层面夜间灯光数据为城市规模的代理变量，并进一步计算城市规模分布异化。夜间灯光数据相比于人口统计数据更具外生性和客观性，可以很好地避免统计口径的不一致和人为测量误差的问题，同时夜间灯光数据与城市生产总值、城市人口规模、城市化水平等各类城市规模指标存在显著的相关关系，因此使用夜间灯光数据作为城市规模的衡量指标是合适的。核心解释变量和控制变量的城市层面数据来源为各年份《中国城市统计年鉴》、各省市统计年鉴和国民经济与社会发展统计公报、EPS 数据库和 CEIC 数据库。

五、实证分析

（一）基准回归

基于 2010~2019 年中国 267 个地级市及以上的城市面板数据，本章采用双向固定效应模型进行估计。回归结果如表 8-3 所示，其中列（1）~列（4）是分别控制不同固定效应后，城市规模分布异化对城市创新创业的影响。

表 8-3　基准回归

	（1） 创新创业指数	（2） 创新创业指数	（3） 创新创业指数	（4） 创新创业指数
$\ln \mid deviation \mid$	-0.140***	-0.130***	-0.088***	-0.025**
	(-23.471)	(-17.817)	(-13.323)	(-2.038)
expenditure	-0.955***	-0.877***	-0.350***	-0.439***
	(-13.095)	(-11.699)	(-4.001)	(-4.965)
structure	0.351***	0.261***	0.491***	0.215***
	(10.398)	(7.403)	(10.675)	(3.857)
fd	0.004***	0.004***	0.000	-0.000
	(2.623)	(2.685)	(0.105)	(-0.321)
information	0.076***	0.059***	0.103***	0.070***
	(15.287)	(11.148)	(18.417)	(11.634)

续表

	（1）创新创业指数	（2）创新创业指数	（3）创新创业指数	（4）创新创业指数
lnedu	0.007**	0.018***	0.071***	0.051***
	（2.098）	（5.163）	（8.084）	（5.947）
常数项	4.023***	3.986***	3.050***	3.522***
	（137.277）	（130.846）	（33.536）	（36.747）
N	2632	2632	2632	2632
R²	0.543	0.568	0.847	0.863
F	519.847	288.537	718.921	37.891
城市固定	不控制	不控制	控制	控制
年份固定	不控制	控制	不控制	控制

注：***、**和*分别表示在1%、5%和10%的显著性水平下通过了显著性检验，括号内为标准误。

表8-3的回归结果表明，在控制了其他影响因素后，城市规模分布异化（$\ln|deviation|$）对城市创新的影响显著为负，说明城市规模分布异化抑制了城市创新，假设1成立。本章的基准结果以列（4）为准，城市规模分布异化上升1%，城市创新创业指数下降0.025%，分别控制不同固定效应以后结果依旧稳健。城市规模分布异化意味着城市规模偏离最优规模分布，在一定程度上造成集聚经济不足或者集聚不经济，进而影响知识的空间溢出效应，最终对城市创新产生负向影响。现实中，一方面大多数中小城市在教育、医疗、人才、资金、政策等方面远不如省会城市等大城市具有优势，大城市拥有更加包容开放的创新支持环境和更充足多样的工作岗位，这势必有利于吸引大量人才融入，形成较大的劳动力池，学习共享知识和新想法、新技术；另一方面中小城市还缺乏完善的产业链、多样化的本地市场消费和需求规模，缺乏完善的产业链使各类创新主体间相互接触和交流的机会减少，无法通过知识溢出影响城市创新，同时本地消费和需求规模不足减少了企业为获取竞争优势而增加研发投入、刺激技术和产品创新的激励。当前，中国城市规模分布仍然呈现大城市少、中小城市偏多的特征，城市规模分布过于分散，这也解释了当前中国创新绩效地区发展不平衡的现状。

从控制变量的估计系数来看，政府科教投入水平（*expenditure*）对城市创新的影响在1%的水平下显著为负，说明政府的扶持在一定程度上抑制了城市创新，背后的解释是企业往往进行短平快、中低端的创新以获得政府补贴，这导致政府对科技创新的激励可能更多地体现在"数量"而不是"质量"上，换句话说激励了"策略性创新"而不是"实质性创新"（黎文靖和郑曼妮，2016）。产业结构（*structure*）、金融深化水平（*fd*）、信息化水平（*information*）和人力资本（*lnedu*）对城市创新的估计系数均显著为正，说明这些因素对城市创新有显著的促进作用，在未来"创新驱动发展战略"的实施过程中可以通过产业转型升级、完善市场化、提高信息化和人才一体化方面助力城市创新发展。

针对城市规模分布异化对城市创新的负向影响，本章进一步将城市创新从创新投入和创新产出两个维度来划分，试图揭示对创新背后更深层次的影响。其中，表8-4为城市规模分布异化对创新投入的影响，列（1）和列（2）分别从投入"人"和投入"资本"的角度考虑，列（3）和列（4）分别为具体投入资本的两个子维度。

表8-4　城市规模分布异化对创新投入的影响

	（1）新建企业	（2）吸引资本	（3）吸引外来资本	（4）吸引风险资本
$\ln \lvert deviation \rvert$	-0.074***	-0.083***	-0.152***	-0.046***
	(-3.467)	(-6.474)	(-9.439)	(-2.816)
expenditure	-0.788***	-0.309***	-0.554***	-0.172
	(-5.207)	(-3.424)	(-4.870)	(-1.485)
structure	0.247***	0.196***	0.228***	0.188**
	(2.592)	(3.446)	(3.176)	(2.568)
fd	-0.002	0.000	-0.000	0.000
	(-1.011)	(0.157)	(-0.034)	(0.188)
information	0.107***	0.029***	0.055***	0.017**
	(10.348)	(4.733)	(7.077)	(2.139)
lnedu	0.042***	0.027***	0.013	0.032***
	(2.915)	(3.110)	(1.216)	(2.911)
常数项	3.447***	3.904***	3.970***	3.874***
	(21.010)	(39.870)	(32.180)	(30.840)
N	2632	2632	2632	2632
R^2	0.809	0.830	0.827	0.714

续表

	（1） 新建企业	（2） 吸引资本	（3） 吸引外来资本	（4） 吸引风险资本
F	28.144	16.766	29.841	5.134
城市固定	控制	控制	控制	控制
年份固定	控制	控制	控制	控制

注：***、**和*分别表示在1%、5%和10%的显著性水平下通过了显著性检验，括号内为标准误。

由表8-4的回归结果可知，城市规模分布异化对创新投入的影响在1%的水平下显著为负，说明城市规模分布异化抑制了创新投入。具体而言，从"人"的角度来看列（1）的估计系数，城市规模分布异化对新建企业数量产生了负向影响，城市规模异化上升1%，新建企业数量减少0.074%。可能的原因是城市规模分布异化挫伤了企业家和企业家精神，从而减少了新建企业数量。从"资本"的角度来看列（2）~列（4）的估计系数，城市规模分布异化同样对吸引资本产生了负向影响，城市规模异化上升1%，资本投入减少0.083%，对吸引外来资本和吸引风险资本均有负面影响，具体影响程度更大的是吸引外来资本。总体上，不管是人的因素还是资本的因素，城市规模分布异化均严重影响了创新要素的集聚，缺乏人才和资本研发投入，创新也无从谈起。

表8-5进一步讨论城市规模分布偏差对创新产出的影响。列（1）和列（5）分别从"专利产出"和"商标产出"的角度考虑，列（2）~列（4）分别为具体专利授权的三个子维度：新增发明专利授权数量、新增实用新型专利公开数量、新增外观设计专利公开数量。

表8-5　城市规模分布异化对创新产出的影响

	（1） 专利授权	（2） 发明专利	（3） 实用新型专利	（4） 外观设计专利	（5） 商标注册
ln | deviation |	-0.043*** (4.858)	-0.016 (-1.400)	-0.107*** (7.246)	-0.061*** (2.893)	-0.017 (1.226)
expenditure	-0.205*** (-3.253)	-0.127 (-1.545)	-0.598*** (-5.709)	-0.171 (-1.145)	-0.370*** (-3.863)
structure	0.029 (0.728)	-0.009 (-0.172)	-0.096 (-1.447)	0.111 (1.172)	0.343*** (5.675)

续表

	（1） 专利授权	（2） 发明专利	（3） 实用新型专利	（4） 外观设计专利	（5） 商标注册
fd	0.000	−0.000	0.000	0.001	−0.000
	（0.254）	（−0.029）	（0.097）	（0.676）	（−0.201）
information	0.047***	0.044***	0.068***	0.043***	0.071***
	（10.838）	（7.775）	（9.448）	（4.227）	（10.795）
ln*edu*	0.039***	0.032***	0.053***	0.028*	0.044***
	（6.484）	（4.004）	（5.253）	（1.932）	（4.739）
常数项	3.789***	3.897***	3.673***	3.819***	3.507***
	（55.359）	（43.648）	（32.317）	（23.532）	（33.777）
N	2632	2632	2632	2632	2632
R^2	0.905	0.846	0.818	0.735	0.855
F	33.143	14.140	33.373	5.713	33.498
城市固定	控制	控制	控制	控制	控制
年份固定	控制	控制	控制	控制	控制

注：***、**和*分别表示在1%、5%和10%的显著性水平下通过了显著性检验，括号内为标准误。

从表8-5的结果来看，城市规模分布异化对创新产出同样存在负向影响。从"专利产出"的回归结果来看，专利授权的回归系数在1%的水平上显著为负，具体而言，三个子维度中实用新型专利和外观设计专利的回归系数在1%的水平上显著为负，而发明专利影响则不显著。尽管寇宗来和刘学悦（2017）认为，相比于实用新型专利和外观设计专利，发明专利的价值更能代表创新能力，理由在于发明专利需要满足实用性、新颖性和创造性三个特性，而实用新型专利和外观设计专利只需要分别满足一定的实用性与新颖性即可，但本章的结论暂时无法证实这一说法，可能的原因在于使用的数据不同。从"商标产出"的回归结果来看，商标注册受到的影响也不明显。

（二）稳健性检验

针对前文城市规模分布异化对城市创新的回归结果，本章主要从剔除极端值、替换自变量、替换因变量及探究城市规模与城市创新之间的关系这四方面进行稳健性检验，使本章的研究结论更具有可靠性和科学性。

1. 剔除极端值

一方面，由于中国当前仍然存在发展不平衡不充分的矛盾，可能使不同地区或省份的城市规模之间存在较大差异，造成计算的城市规模分布偏差可能出现异常值；另一方面，尽管夜间灯光数据已经越来越被学术界应用于测度地区经济发展水平、人口空间分布、城市内部空间结构等，但不可否认的是灯光数据仍然存在部分噪声，从而使个别极端值影响到基准回归结果的准确性。考虑到样本量的问题，本章将核心解释变量进行上下 1% 缩尾处理，将剩下的数据作为子样本进行稳健性回归。从表 8-6 列（1）的回归结果可以发现，城市规模分布异化对城市创新仍然显著为负，估计系数大小与基准回归差异不大，因此估计结果并未受极端值的影响，上述结论具有一定的稳健性。

2. 替换自变量

既有文献常用城市人口规模作为衡量城市规模的一个测度指标，本章使用 2010~2019 年城市年末总人口数据为城市规模的代理变量，依据相同的计算方法测度城市规模分布异化，替换以夜间灯光数据为基础计算的自变量进行回归。从表 8-6 列（2）的估计结果可以看出，城市规模分布异化对城市创新抑制效应依旧在 5% 的水平下显著，城市规模分布异化上升 1%，城市创新下降 0.064%，符号方向和显著性与基准结果一致，但系数大小与基准估计结果 0.025% 相比抑制程度更大，在一定程度上也验证了本章结论的稳健性。

表 8-6　稳健性检验

	（1）子样本：剔除极端值	（2）替换自变量：城市人口规模分布偏差	（3）替换因变量：城市创新力指数	（4）城市规模：建成区面积	（5）城市规模：夜间灯光数据
$\ln \left| deviation \right|$	-0.022* (-1.760)	-0.064** (-2.037)	-0.118*** (-2.624)	—	—
lnarea	—	—	—	0.045*** (2.903)	—
lnlight	—	—	—	—	0.069*** (12.556)
expenditure	-0.438*** (-4.957)	-0.436*** (-4.932)	1.136*** (3.762)	-0.429*** (-4.858)	-0.473*** (-5.526)
structure	0.214*** (3.843)	0.215*** (3.853)	-0.214 (-0.868)	0.220*** (3.945)	0.288*** (5.305)
fd	-0.000 (-0.325)	-0.000 (-0.350)	-0.000 (-0.060)	-0.000 (-0.376)	-0.000 (-0.196)

续表

	(1) 子样本: 剔除极端值	(2) 替换自变量: 城市人口规模分布偏差	(3) 替换因变量: 城市创新力指数	(4) 城市规模: 建成区面积	(5) 城市规模: 夜间灯光数据
information	0.070 ***	0.071 ***	0.014	0.070 ***	0.058 ***
	(11.650)	(11.830)	(0.632)	(11.588)	(9.835)
ln*edu*	0.051 ***	0.050 ***	0.081 ***	0.048 ***	0.048 ***
	(5.945)	(5.900)	(2.613)	(5.672)	(5.890)
常数项	3.521 ***	3.635 ***	−0.354	3.337 ***	3.629 ***
	(36.733)	(32.653)	(−0.994)	(29.148)	(38.910)
N	2632	2632	1837	2632	2632
R^2	0.863	0.863	0.987	0.863	0.871
F	37.698	37.890	5.001	38.671	65.901
城市固定	控制	控制	控制	控制	控制
年份固定	控制	控制	控制	控制	控制

注: ***、** 和 * 分别表示在 1%、5% 和 10% 的显著性水平下通过了显著性检验,括号内为标准误。

3. 替换因变量

本章使用《中国城市和产业创新力报告 2017》中的城市创新力指数来替换既有文献的创新创业指数,作为衡量城市创新水平的代理指标,该数据是基于国家知识产权局的专利数据和国家工商局的新注册企业数据两组微观大数据得出的。本章的具体计算方法同寇宗来和刘学悦(2017)的计算方法。本章与既有文献的相同之处在于,城市创新力指数同样衡量的是城市创新加创业,而非仅限于创新;但区别在于,鉴于不同专利的价值差别较大,该指数更多地体现专利价值而非专利数量,该方法估计不同年龄专利的平均价值并按照城市维度加权得到创新指数,有效解决了专利质量参差不齐的问题。具体回归结果如表 8-6 列(3)所示,在替换了因变量以后,城市规模分布异化对城市创新力指数的估计系数在 1% 水平下显著为负,城市规模分布异化上升 1%,城市创新力下降 0.118%,再一次支持了城市规模分布异化具有抑制城市创新效应这一基本结论。

4. 探究城市规模与城市创新之间的关系

本章通过分析城市规模与城市创新的关系,进一步侧面印证城市规模分布异化不利于城市创新的基本结论。不少学者认为,城市作为创新的主要集聚地,城市规模和创新活动间存在显著的正向关系(王之禹和李富强,2021)。城市规模的测度有多种代理指标，除本章使用的夜间灯光数据以外，本章还分别使用2010~2019年各城市建成区面积数据衡量城市规模。根据表8-6列（4）~列（5）的回归结果可知，城市规模对城市创新在1%的水平上显著为正，说明城市规模越大，对城市创新水平的促进效应越大，这也验证了上述学者的观点。但是，根据Au and Henderson（2006）的研究，发现中国城市规模并没有达到最优规模分布，且正如王丽莉和乔雪（2020）所提到的，当前中国的城市规模分布仍然具有中小城市偏多、大城市偏少的扁平化特征，这说明城市规模分布偏差越大，造成的城市创新损失越多，再一次印证了本章结论的稳健性。

（三）异质性分析

1. 城市区位异质性

中国东部、中部、西部地区的历史基础、社会经济发展水平、自然条件和对外开放程度等具有明显差异，因此本章检验城市规模分布异化对城市创新的影响是否存在区位差异①。分地区的回归结果如表8-7所示。从表8-7列（1）~列（3）的结果可以看出，城市规模分布异化的创新抑制效应在东部地区在1%的水平上显著为负，城市规模分布异化上升1%，城市创新下降0.121%；而对中部和西部城市的影响不显著。背后的原因可能是，从地理交通的角度来看，东部地区自然条件优越，濒临海洋，具有便利的海运和更密集的路网交通，有利于通过贸易引入国外先进技术及创新者之间的互动交流；相反，中西部地区处于内陆地区，在交通条件上处于劣势的状态。从人力资本的角度来看，一方面东部地区集中了更丰富的教育资源，培育和输送了大批高素质人才；另一方面由于东部地区拥有就业岗位更多、薪资待遇更高的优势，吸引大量高技能人才从中西部地区迁移至东部地区，因此东部地区更具备创新所需的人才优势。从经济发展水平的角度来看，东部地区优先享受改革开放的政策红利，"东部地区率先发展"战略使东部地区在经济发展水平上远超中西部地区，创新活动所需的资本积累和金融服务在东部地区相对更容易得到满足。综上所述，在多种因素的影响下，与中西部地区相比，东部地区集中了全国最主要的创新活动，因此导致城市规模分布在偏

---

① 本章东部、中部和西部地区的具体划分为：东部地区包括北京、天津、河北、上海、江苏、浙江、福建、山东、广东、海南和辽宁11个省份；中部地区包括山西、安徽、江西、河南、湖北和湖南6个省份；西部地区包括内蒙古、广西、重庆、四川、贵州、云南、西藏、陕西、甘肃、青海、宁夏和新疆12个省份。

离最优规模的状态下，对城市创新的抑制效应也更明显。

表 8-7 城市区位异质性

	（1）东部	（2）中部	（3）西部
$\ln\mid deviation\mid$	-0.121***	-0.032	0.019
	(-7.287)	(-0.995)	(1.058)
expenditure	-0.306***	-0.538***	-0.529***
	(-2.735)	(-3.141)	(-3.479)
structure	0.395***	-0.205	0.186**
	(5.083)	(-1.395)	(2.311)
fd	-0.000	0.010	-0.002
	(-0.130)	(0.991)	(-0.206)
information	0.042***	0.017	0.060***
	(5.365)	(1.108)	(6.453)
lnedu	0.028**	-0.002	0.065***
	(2.053)	(-0.121)	(4.945)
常数项	3.810***	4.454***	3.417***
	(23.804)	(23.197)	(23.939)
N	998	799	835
R^2	0.879	0.815	0.898
F	22.370	2.526	15.103
城市固定	控制	控制	控制
年份固定	控制	控制	控制

注：***、**和*分别表示在1%、5%和10%的显著性水平下通过了显著性检验，括号内为标准误。

2. 城市等级异质性

本章参考王春杨等（2020）在城市类型的划分标准，依据新一线城市研究所发布的《2021中国城市商业魅力排行榜》，将本章的城市样本分为一线至五线城市，其中一线城市（一线和新一线）19个、二线城市28个、三线城市69个、四线城市80个和五线城市71个。该排行榜基于商业资源集聚度、城市枢纽性、城市人活跃度、生活方式多样性及未来可塑性五大指标进行具体考量，反映了不同城市等级的异质性，具体结果如表8-8所示。从列（1）~列（5）的结果来看，城市规模分布异化对一线至四线城市创新的影响显著为负，对五线城市无显著影响。从估计系数的大小来看，城市规模分布异化对一线至四线城市创新的负向影响呈现"U"型，即创新抑制效应先增大后减弱，尤其对三线城市的抑制程度最大。这说明城市规模分布异化对创新的影响呈现显著异质性特征，城市规模分布异化对大城市和小城市的影响小于中等城市。当下中国的典型化事实是城市间发展不平衡，资源主要集中在大城市，大城市拥有更包容和开放的创新支持环境，周边城市的发展受限，这也在一定程度上反映出大城市对其周边中等城市创新具有"虹吸效应"，使中等城市受到的影响最大，从而导致不同等级城市之间的创新差距不断拉大。

表 8-8　城市等级异质性分析

	（1）一线	（2）二线	（3）三线	（4）四线	（5）五线
$\ln \mid deviation \mid$	-0.069***	-0.099***	-0.124***	-0.041**	-0.041
	（-7.450）	（-5.080）	（-4.222）	（-1.978）	（-1.605）
expenditure	-0.030	0.018	-0.504***	-0.336**	-0.044
	（-0.492）	（0.148）	（-3.647）	（-2.282）	（-0.218）
structure	0.179***	0.022	0.195**	-0.137	-0.024
	（3.704）	（0.216）	（2.001）	（-1.344）	（-0.235）
fd	0.004	0.000	-0.011	0.005	0.004
	（0.540）	（0.212）	（-1.227）	（0.662）	（0.375）
information	-0.001	0.001	0.040***	0.023**	0.064***
	（-0.263）	（0.132）	（3.649）	（2.254）	（4.792）
lnedu	0.028***	-0.000	0.062***	0.027*	0.030**
	（3.304）	（-0.019）	（2.824）	（1.782）	（2.265）
常数项	4.119***	4.490***	3.543***	4.047***	3.780***
	（34.013）	（20.755）	（13.912）	（24.192）	（27.414）
N	190	280	688	797	677
R^2	0.877	0.829	0.880	0.869	0.853
F	15.091	4.558	8.974	3.352	5.588
城市固定	控制	控制	控制	控制	控制
年份固定	控制	控制	控制	控制	控制

注：***、**和*分别表示在1%、5%和10%的显著性水平下通过了显著性检验，括号内为标准误。

3. 城市生命周期异质性

不同城市呈现不同的发展态势，城市发展的生命周期同自身经济周期中的核心产业转变保持一致（王之禹和李富强，2021）。当前中国的典型事实是，不少老工业城市由于历史遗留问题、资源枯竭、去工业化等原因，出现主导产业衰退、人口流失、经济发展速度缓慢的现象，发展和壮大新兴产业的内生动力不足，从而导致老工业城市与非老工业城市的差异显著。参考王之禹和李富强（2021）的做法，本章将城市划分为老工业城市与非老工业城市，进一步探究不同城市生命周期的异质性影响。本章的划分依据是《全国老工业基地调整改造规划（2013-2022 年）》，其中 267 个城市样本中老工业城市有 83 个。从表 8-9 的回归结果可以看出，城市规模分布异化对老工业城市的创新在 1% 的水平下显著为负，其中城市规模分布异化上升 1%，老工业城市的创新指数下降 0.047%；对非老工业城市则无显著影响。原因在于，不少老工业城市同时经历着人口流失和经济衰退，而城市创新依赖于当地经济发展水平、人才吸引力及金融约束等，人才的缺口和创新环境的缺失对于创新研发是十分不利的，因此导致上述的回归结果。

表 8-9　城市生命周期异质性

	（1） 老工业城市	（2） 非老工业城市
ln $\lvert deviation \rvert$	-0.047 ***	-0.014
	(-2.719)	(-0.812)
expenditure	-0.406 ***	-0.471 ***
	(-3.156)	(-4.123)
structure	0.013	0.320 ***
	(0.171)	(4.173)
fd	-0.001	-0.000
	(-0.122)	(-0.274)
information	0.054 ***	0.074 ***
	(4.752)	(10.152)
lnedu	0.040 ***	0.056 ***
	(3.021)	(5.223)
常数项	3.768 ***	3.415 ***
	(25.513)	(28.141)

	(1) 老工业城市	(2) 非老工业城市
N	828	1804
R^2	0.870	0.862
F	8.618	29.460
城市固定	控制	控制
年份固定	控制	控制

注：＊＊＊、＊＊和＊分别表示在1%、5%和10%的显著性水平下通过了显著性检验，括号内为标准误。

（四）机制分析

城市规模分布异化通过哪些渠道影响城市创新？基于上文的理论分析，本章进一步考察多样化集聚、专业化集聚、产业协同集聚及交通基础设施这四个不同传导路径的影响效果。通过构建交互模型来验证不同渠道的调节效应，本章建立的实证模型如下：

$$\ln innov_{it} = \alpha_0 + \alpha_1 \ln|deviation_{it}| + \alpha_2 dev\_Z_{it} + \alpha_3 Z_{it} + \sum \gamma X_{it} + \mu_i + \lambda_t + \varepsilon_{it} \quad (8-16)$$

其中，dev_Z_{it} 表示 $\ln|deviation|$ 与 Z 的交互项，Z 表示一系列调节变量，分别为多样化集聚 DI、专业化集聚 SI、产业协同集聚 $\ln coagg$ 及交通基础设施 $\ln road$；α_2 是本章主要关注的交互项估计系数。交通基础设施 $\ln road$ 主要通过城市道路面积来衡量。

专业化指数主要用来比较城市中就业份额最大的行业，而多样化指数则一般使用赫芬达尔指数（HHI）的倒数来衡量。同时，为使不同城市之间专业化指数和多样化指数能够横向比较，本章参考李金滟和宋德勇（2008）的计算方法，来定义相对多样化指数和相对专业化指数的公式，具体为：

$$DI_i = \frac{1}{\sum |S_{ij} - S_j|} \quad (8-17)$$

$$SI_i = \max_j \left(\frac{S_{ij}}{S_j} \right) \quad (8-18)$$

其中，DI 表示城市的相对多样化指数，SI 表示城市的相对专业化指数，S_{ij} 表示城市 i 中行业 j 就业人数占整个城市就业人数的比重，S_j 表示行业 j 就业人数占全国总就业人数的比重。DI 的数值越大，说明城市产业多样化水平越高；SI 的数值越大，说明产业 j 在城市中更具有比较优势，产业专业化水平越高。

针对产业协同集聚 $coagg$，本章参考崔书会等（2019）的计算方法，公式为：

$$coagg = 1 - \frac{|magg - sagg|}{(magg + sagg)} + (magg + sagg) \tag{8-19}$$

其中，$magg$ 和 $sagg$ 分别表示基于区位熵指标构建的制造业和生产性服务业集聚程度。一般地，产业协同集聚指数越大，则城市的产业协同集聚水平越高；反之，则城市的产业协同集聚水平越低。不同渠道的调节效应回归结果如表 8-10 所示。

表 8-10　机制检验

	（1）多样化集聚	（2）专业化集聚	（3）产业协同集聚	（4）交通基础设施
$\ln\|deviation\|$	-0.038***	-0.028**	-0.032***	-0.056***
	（-3.023）	（-2.253）	（-2.712）	（-4.947）
dev_DI	0.042***	—	—	—
	（8.504）			
DI	0.007*	—	—	—
	（1.847）			
dev_SI	—	0.003**	—	—
		（2.285）		
SI	—	0.002	—	—
		（1.560）		
$dev\_lncoagg$	—	—	0.285***	—
			（15.175）	
$lncoagg$	—	—	0.042**	—
			（2.150）	
dev_lnroad	—	—	—	0.099***
				（22.587）
$lnroad$	—	—	—	0.023***
				（2.667）

续表

	（1） 多样化集聚	（2） 专业化集聚	（3） 产业协同集聚	（4） 交通基础设施
expenditure	-0.392*** （-4.492）	-0.440*** （-4.959）	-0.337*** （-3.997）	-0.290*** （-3.631）
structure	0.219*** （3.981）	0.220*** （3.934）	0.198*** （3.741）	0.211*** （4.199）
fd	-0.000 （-0.364）	-0.000 （-0.282）	-0.000 （-0.380）	-0.000 （-0.221）
information	0.067*** （11.167）	0.070*** （11.627）	0.052*** （8.945）	0.041*** （7.304）
lnedu	0.045*** （5.366）	0.052*** （6.081）	0.040*** （4.969）	0.028*** （3.687）
常数项	3.572*** （37.514）	3.500*** （36.385）	3.667*** （39.037）	3.819*** （42.936）
N	2632	2632	2632	2632
R^2	0.867	0.863	0.876	0.889
F	38.420	29.214	63.580	102.936
城市固定	控制	控制	控制	控制
年份固定	控制	控制	控制	控制

注：***、**和*分别表示在1%、5%和10%的显著性水平下通过了显著性检验，括号内为标准误。

从表8-10的结果可以看出，核心解释变量 ln｜*deviation*｜的回归系数依旧显著为负，本章的结论依旧稳健。具体分析不同传导机制的回归结果，交互项 *dev_DI* 的回归系数显著为正，这表明调节变量多样化集聚缓解了城市规模异化对创新的抑制作用，即多样化集聚具有显著的正向调节效应。交互项 *dev_SI* 的回归系数显著为正，这表明调节变量专业化集聚缓解了城市规模分布异化对创新的抑制作用，即专业化集聚具有显著的正向调节效应。从产业协同的结果来看，交互项 *dev_lncoagg* 的回归系数显著为正，这表明调节变量产业协同集聚缓解了城市规模异化对创新的抑制作用，即产业协同集聚具有显著的正向调节效应。制造业与生产性服务业的协同越高效，对城市创新的提升作用越显著。从交通条件的结果来看，交互项 *dev_lnroad* 的回归系数显著为正，这表明调节变量交通基础设施缓解了城市规模异化对创新的抑制作用，即交通基础设施具有显著的正向调节效应。

上述结果验证了 MAR 外部性和 Jacobs 外部性对创新的影响，该结论与柳卸林和杨博旭（2020）的结论一致，产业集聚在产城融合、转变经济发展方式方面越发起着举足轻重的作用。专业化集聚水平越高，同行业间集中选址缩短了企业间的地理距离，使共享资源和面对面交流的机会增加，提升了隐性知识和技术的传播速度，推动城市创新发展；多样化集聚水平的提高则为企业提供了各项互补性资源，增强了多产业之间的信息共享、思维碰撞和创意合作，强化知识溢出效应，增加新想法和新技术产生的可能性，降低技术转化和应用推广的成本。制造业和生产服务业两者的深度协同突破了原本单一的空间集聚模式，强化了上下游联系，有利于制造业更好地承接生产性服务业传递的研发技术、高技能人才、金融服务等高级生产要素和有效市场信息，以此激励行业创新意愿，增强投入产出效率和提高产品附加值，从而整体提升创新效率水平。一方面，交通基础设施的改善显著缩短可达性距离、提高通行效率，节省人才花费在通行上的时间成本，促进了创新要素的自由流动，重塑了人才与资源的空间配置格局，为提升创新水平提供了必要的人才储备；另一方面，交通条件的完善提高了城市区位优势，从而吸引相关产业和风险投资的布局，为提升城市创新效率水平提供了必要的经济基础。由此，本章的假设 2 得到验证。

（五）内生性分析

本章主要通过以下两个方面处理内生性问题：一是考虑滞后效应。城市规模分布反映的是城市发展过程的长期变化，相比之下，创新指数更多反映的是短期波动（王峤等，2021），因此本章通过滞后三期来考察城市规模分布异化对创新的滞后效应，同时也处理了部分内生性问题。表 8-11 列（1）报告了本章考察时间滞后的回归结果，研究发现上一期的城市规模分布异化对城市创新仍然在 5% 的水平下显著为负，验证了时间效应的存在，估计系数与前文的估计结果基本一致，因此本章的结论具有一定的稳健性。

二是考虑内生性与工具变量的选择。本章的研究目的是探究城市规模分布异化对城市创新的因果效应。但理论上，两者之间可能存在较强的内生性问题。一方面，本章的模型可能存在遗漏变量问题，影响城市创新的因素众多，本章可能遗漏了某些不可观测因素而导致本章模型存在内生性。另一方面，城市规模分布异化与城市创新可能存在双向因果关系。城市规模分布异化影响城市创新活动；反过来，城市创新水平越高，越有利于城市经济和科技发展，发展水平更高的城市在工作机会、教育与医疗等方面更具有优势，从而影响人口迁入和迁出，人口跨地区流动容易导致城市规模分布偏差增大，即城市创新也影响城市规模分布。内生性问题可能导致估计结果有偏且非一致，基于此，本章进一步使用工具变量法来识别因果效应。

已有文献一般从历史和地理的视角选择工具变量，这两类工具变量外生性相对较强，但本章没有选择上述两类工具变量。寻找城市规模分布异化的工具变量，主要有以下困难：一是历史方面的工具变量，早期城市人口数据测量误差大且缺失较多，且用于计算城市规模分布的齐夫定律受样本量的影响较大（Arshad et al.，2018），因此计算得到的早期城市规模分布异化的工具变量质量不高；二是地理方面的工具变量，本章的核心变量城市规模分布异化是随时间推移而变化的变量，而城市地理因素如城市坡度、高程、起伏度等非时变工具变量是不具有时间动态特征的，如何基于固有的地理特征构造一个随时间推移而变化的、合理的城市规模分布异化工具变量也是一个难题。

出于对上述困难考虑，本章分别选择两个工具变量进行变量法检验。一是参考借鉴李唐等（2020）的方法，本章构造城市规模分布异化与其平均值差值的三次方作为工具变量。该方法的好处在于利用误差的异方差所包含的信息而无须借助外部变量便构造出一个有效的工具变量，回归结果如表 8-11 列（2）所示。第一阶段回归 CDW-F 统计量 519.424 远大于 10，说明工具变量和内生变量具有较强的相关性，不存在弱工具变量的问题。第二阶段的回归结果显示，城市规模分布异化（$\ln|deviation|$）的回归系数仍然在 1%的水平下显著为负，说明城市规模分布异化抑制了城市创新，本章的结论基本稳健。但从回归系数的大小来看，与基准结果-0.025 相比，工具变量法回归系数-0.422 明显更小，即城市规模分布异化上升 1%，城市创新水平下降 0.422%，说明潜在的内生性问题在一定程度上低估了城市规模异化对城市创新的抑制效应。

二是选用 1998~2007 年的城市空气污染 PM2.5 作为工具变量。主要基于以下考虑：①相关性。已有不少研究证实空气质量已逐渐成为影响中国人口迁移格局的重要推动因素，空气污染对当地人口产生挤出效应，且空气污染对人口迁移的影响存在短期累积效应，即以往的城市空气污染经历会持续作用到当前的迁移行为（曹广忠等，2021；王兆华等，2021）。这说明过去的城市空气污染会导致具有环境偏好的人口迁移，进而影响城市规模，导致城市规模分布出现偏差。从逻辑上看，这一指标满足相关性要求。②外生性。一方面，由于 1998~2007 年

的历史空气污染 PM2.5 有在时间上的滞后性，削弱了工具变量的内生性。另一方面，当下文献认为空气污染主要从数量（人口迁移）和质量（身体健康）两个渠道影响创新：从数量的渠道出发，受教育程度与收入水平更高的人群在面对空气污染时拥有更强的迁出意愿（刘欢和席鹏辉，2019），从而导致城市创新人才数量减少，抑制城市创新；从质量的渠道出发，空气污染影响创新人员的身体健康和情绪状态，从而导致创新产出下降（肖振红等，2021）。本章的目的在于验证第一个渠道。为排除第二个渠道的影响，本章在模型中加入城市呼吸系统疾病大致死亡人数作为控制变量，这样能在很大程度上消除 1998~2007 年城市空气污染作为工具变量的内生性，使其满足外生性的假定条件，回归结果如表 8-11 列（3）~列（4）所示。第二阶段的回归结果均显示，城市规模分布异化（$\ln|deviation|$）的回归系数仍然在 5% 的水平下显著为负，说明城市规模分布异化抑制了城市创新，列（4）进一步加入控制变量 lndisease 后结果依旧稳健。同样，从列（4）回归系数的大小来看，与基准结果 -0.025 相比，工具变量法回归系数 -0.169 明显更小，处理内生性问题后城市规模分布异化的创新抑制效应显著提高，回归结果也再一次印证了上述的基本结论。

表 8-11 内生性问题处理

	（1）滞后效应	（2）工具变量Ⅰ	（3）工具变量Ⅱ	（4）工具变量Ⅱ（加入控制变量）
$\ln|deviation|$	—	-0.422 *** (-11.548)	-0.165 ** (-2.158)	-0.169 ** (-2.250)
$L.\ln|deviation|$	-0.030 ** (-2.065)	—	—	—
$L2.\ln|deviation|$	-0.005 (-0.307)	—	—	—
$L3.\ln|deviation|$	0.005 (0.368)	—	—	—
expenditure	-0.457 *** (-5.770)	-0.494 *** (-4.590)	-0.462 *** (-5.047)	-0.312 *** (-3.443)
structure	0.289 *** (6.750)	0.262 *** (3.809)	0.246 *** (4.125)	0.230 *** (3.941)

续表

	（1） 滞后效应	（2） 工具变量Ⅰ	（3） 工具变量Ⅱ	（4） 工具变量Ⅱ （加入控制变量）
fd	0.000 （0.366）	0.000 （0.085）	−0.000 （−0.170）	−0.000 （−0.223）
information	0.028*** （5.193）	0.072*** （9.670）	0.067*** （10.274）	0.066*** （10.398）
lnedu	0.055*** （7.668）	—	0.052*** （5.910）	0.051*** （5.892）
lndisease	—	—	—	−0.446*** （−9.743）
常数项	3.663*** （44.903）	—	—	—
N	1850	2670	2632	2632
R²	0.906	−0.267	0.040	0.076
F	24.105	55.817	36.091	45.032
AC-LM 统计量	—	476.843	73.688	73.628
CDW-F 统计量	—	519.424	67.717	67.631
城市固定	控制	控制	控制	控制
年份固定	控制	控制	控制	控制

注：①***、** 和 * 分别表示在 1%、5% 和 10% 的显著性水平下通过了显著性检验，括号内为标准误。②Weak Identification Test 的 CDW-F 统计量大于 10（且大于所有临界值）这一经验值，拒绝了"弱工具变量"的原假设。③Underidentification Test 的 AC-LM 统计量均大于临界值，p = 0，拒绝"不可识别"的原假设。④2SLS 法第一阶段回归结果限于篇幅暂不列出，留存备索。⑤本章进一步分别使用工具变量近似外生的 LTZ 法和对弱工具变量较不敏感的有限信息最大似然估计方法（LIML 法）替换两阶段最小二乘法（2SLS 法）进行估计，回归结果依旧稳健，限于篇幅结果暂不列出。

六、结论与启示

创新是引领发展的第一动力，建设创新型城市与智慧型城市对城市可持续发展、高质量发展有着重要意义。如何通过优化城市规模分布从而激励城市创新是本章的核心命题。出于这一思考，本章从城市规模分布的视角出发，结合产业集聚与交通条件探究了城市规模分布异化对城市创新的影响与传导渠道。具体而言，基于2010~2019年连续校正的夜间灯光数据，本章测度出城市规模分布偏差程度，结合城市创新创业指数构建双向固定效应模型，实证检验城市规模分布异化对城市创新的因果关系。本章得出的研究结论如下：

（1）城市规模分布异化总体上抑制了城市创新，城市规模分布异化上升1%，城市创新创业指数下降0.025%。城市规模分布异化意味着城市规模偏离最优规模分布，在一定程度上造成集聚经济不足或者集聚不经济，进而影响知识的空间溢出效应，最终对城市创新产生负向效应。在进行一系列处理异常值、替换自变量与因变量、时间滞后效应与内生工具变量法等多种方法稳健性检验后结果依旧成立。具体而言，城市规模分布异化对创新投入和创新产出均有抑制效应，其中，创新投入主要影响"人"和"资本"投入，而创新产出主要影响专利授权量。

（2）考虑城市区位、城市等级及城市生命周期的异质性，发现城市规模分布异化对创新的抑制效应存在显著差异。具体而言，东部地区、中等城市及老工业城市的创新抑制效应更大，但背后的逻辑截然不同。东部地区由于存在地理和政策优势集中了全国最主要的创新活动，因而在城市规模分布偏离时受负向影响更明显；中等城市由于周边大城市的"虹吸效应"而受到创新抑制效应更大；老工业城市因其人才的缺口和创新环境的缺失而受到负向影响更大。

（3）多样化集聚、专业化集聚、产业协同集聚和交通基础设施均是城市规模分布异化影响城市创新的重要途径。引入上述变量和城市规模分布异化的交互项，发现系数显著为正，说明多样化集聚、专业化集聚、产业协同集聚和交通基础设施缓解了城市规模分布异化对创新的负向效应，即对城市规模分布异化的创新抑制效应具有显著的削弱作用。

针对上述结论，本章就从城市层面改善城市创新、走新型城镇化道路，给出如下政策建议：

（1）正确引导城市规模分布合理化发展。政府要完善城市规划体系，充分发挥集聚效应与协同效应。城市创新不仅需要单个城市规模的发展，也需要不同规模城市之间的协同与分工，因此形成不同层次和不同职能的集聚显得格外关键。明确不同规模城市的定位，根据不同比较优势制定差异化的创新政策，既要避免大城市"一家独大"造成对周边城市创新的"虹吸效应",也要避免小城市因集聚经济不足而造成创新土壤的缺失,力求实现不同城市之间的协同发展与共荣共生。

（2）推进产业集聚和完善交通基础设施建设。在走中国新型城镇化道路过程中需要鼓励要素的空间聚集,通过调整产业结构充分发挥产业集聚的正向外部性,配合交通基础设施建设缩短城市时空距离,提高知识的空间溢出效应,保证人才间的良性互动,助力城市创新水平的提升。以创新驱动为导向,鼓励新兴行业、技术密集型产业集聚和发展,实现产业优化,形成良好的协同创新发展格局。

第九章　中国城市收缩研究：
基于资源错配的视角

一、引言

改革开放 40 多年来，中国在创造经济奇迹的同时，也经历了世界历史上规模最大的城市化过程。但是在中国快速的城市化过程中，产生了两个引人深思的现象和问题：一是在快速的城市化进程中较早出现了"城市收缩"（Urban Shrinkage）问题；二是中国的收缩城市不仅分布在经济发展水平相对滞后的中西部和东北地区，人口较为集聚的东部发达地区及主要城市群，如京津冀城市群、长三角城市群、珠三角城市群等，也存在局部的城市收缩情况。吴康和戚伟（2021）直接将中国近 10 年的城市收缩演化轨迹概括为"以东北资源型经济为代表的城乡整体性收缩，以东部外向型工贸城市为代表的局部性收缩以及以大都市外围的中小城市（镇）为代表的依附性收缩"三种。如何理解和解释中国的局部城市收缩问题，已经成为关乎中国城市化发展进展、全国空间规划格局及新时期城市治理的一个全新命题和重大挑战。

纵览全球城市发展历史和国内外相关学术研究，城市收缩在特征上通常表现为人口减少或者人口流失，以及由此引发的城市就业困难和产业衰败。在城市收缩动因方面，学者们从自然地理因素、产业结构调整、人口老龄化及国家战略导向等方面进行了研究和概括。吴康（2019）从中国城市化发展过程中总结了城市收缩研究的认知误区，包括将城镇化过程中的正常人口流动迁徙混淆为人口收缩、将区域人口收缩混淆为收缩型城市、人口统计口径不对接加剧对收缩型城市的认知偏离、关注数字增减表象忽略人口流失背后的城市结构性危机及忽视中外收缩型城市的发生背景与所处阶段的差异等，其进一步认为，在没有建立起规范的城市实体地域空间概念及与其相衔接的可比的城镇人口统计方案前，单纯依赖现有的人口统计数据并不足以科学地支撑收缩型城市及城市局部收缩的精确识别。

本章认为，城市收缩不是一个简单的人口流失或人口减少问题，对中国城市化进程中的城市收缩问题研究，也不应该仅仅局限于人口统计口径、标准及范围等关系到收缩型城市的甄别界定等问题上，而需要从中国城市化发展过程中，市场力量和各级政府在全国统一的大市场进行资源优化配置来理解城市的扩张和收缩，城市化进程是资本、劳动及土地等生产要素的自由流动和快速集聚过程，生产要素供给和需要的变化及调整影响着城市的扩张和收缩，城市收缩不是一个"贬义词"，而仅仅是资本和劳动要素在城市层面进行优化配置的结果。从政策角度来讲，如果城市收缩是有利于资源优化配置的，那就应该大力支持，属于"精明收缩"或者"成功收缩"；如果城市扩张与资源优化配置是相违背的，那就不应该鼓励这种城市化进程。

为此，本章试图从资源优化配置的角度来理解和分析中国的局部城市收缩问题：首先，基于 Aoki（2012）的模型，构建了城市层面的资源错配模型，利用 2010~2019 年 287 个地级市及以上城市的数据测度了城市层面的资源错配程度。其次，从区域层面和城市层面具体分析了收缩城市和非收缩城市在资源配置方面的表现与特征。最后，针对城市收缩问题是一个复杂的多动因问题，本章进一步将城市是否收缩和城市的地区位置、自然资源禀赋及产业升级类型进行结合，交互分析收缩城市在这些不同状态下的资源配置情况。本章的研究思路有助于深入理解中国局部城市收缩问题的主要因素，有助于多角度综合分析中国局部城市收缩问题的复杂性，有助于进一步拓展我国城市化、城市可持续发展及产城融合发展等议题的政策思路。

本章其余部分结构安排如下：第二部分是文献综述。第三部分是收缩城市的特征事实描述。第四部分是本章采用的城市层面的资源错配的测度方法和数据。第五部分是区域层面和城市层面资源错配指数的初步分析。第六部分是考察不同区域、不同资源类型城市和不同产业变迁城市对城市收缩的影响。最后是结论与建议。

二、文献综述

目前，城市收缩的定义仍未达成一个统一的标准，国内外学者对城市收缩的界定和识别如下：收缩城市世界研究网络（SCIRN）定义的收缩城市是指那些至少拥有 1 万居民、在超过 2 年的时间内大部分区域都经历人口流失且以某种结构性危机为特征的经济转型的人口密集城市区域。收缩城市（SC）项目定义的收缩城市是指暂时或永久失去大量居民的城市，如果人口损失总额至少达到 10% 或每年超过 1%，则被认为是重大人口损失（Sousa and Pinho，2015）。Martinez-Fernandez et al.（2012）定义的收缩城市是经历了人口流失、经济衰退、就业减少和社会问题等结构性危机症状的城市区域，城市收缩是具有经济、人口、地理、社会和物理等多维度特征，而不仅仅是简单的去工业化过程。徐博和庞德良（2014）从狭义和广义两个维度来界定，狭义城市收缩指的是城市地区人口持续流失并具有永久性流失的特点，广义城市收缩指的是人口、经济、社会、环境、文化在空间上的全面衰退。一般而言，人口流失被视为城市收缩的关键指标（Li and Mykhnenko，2018），国内不少学者利用人口数据从不同标准识别和测度了中国收缩城市的数量（龙瀛等，2015；刘玉博等，2017；刘贵文等，2019；吴康，2019；吴康和戚伟，2021）。表 9-1 为国内收缩城市的识别比较。

表 9-1 国内收缩城市的识别比较

文献	收缩城市数量	人口缩减的城市（地级市）	判断标准
龙瀛等（2015）	41 个地级市	吕梁市、定西市、庆阳市、呼伦贝尔市、临沧市、乌兰察布市、广安市、固原市、巴彦淖尔市、资阳市、咸宁市、内江市、随州市、鹤壁市、自贡市、乌鲁木齐市、张掖市、伊春市、鹤岗市、淮安市、遂宁市、巴中市、南平市、商洛市、普洱市、鸡西市、昭通市、荆门市、宣城市、抚顺市、黄冈市、铁岭市、信阳市、宁德市、荆州市、盐城市、景德镇市、广元市、武威市、安顺市、襄樊市	第六次人口普查数据与第五次人口普查数据的比值小于 1

续表

文献	收缩城市数量	人口缩减的城市（地级市）	判断标准
刘玉博等（2017）	85 个广义收缩的城市和 24 个狭义收缩的城市	狭义收缩的城市：广安市、资阳市、广元市、自贡市、内江市、遂宁市、巴中市、渭南市、抚顺市、辽源市、黄冈市、随州市、荆州市、咸宁市、伊春市、鸡西市、鹤岗市、信阳市、安顺市、定西市、南平市、巢湖市、阜阳市、宣城市	两次人口普查年间（2000～2010 年）常住人口增长率为负的城市。广义收缩：全市收缩；狭义收缩：全市收缩和市辖区收缩
刘贵文等（2019）	64 个地级市、地区和自治州（其中 26 个绝对收缩，38 个相对收缩）	赤峰市、通辽市、呼伦贝尔市、兴安盟、乌兰察布市、鞍山市、抚顺市、本溪市、丹东市、锦州市、营口市、阜新市、辽阳市、盘锦市、铁岭市、葫芦岛市、长春市、吉林市、四平市、通化市、白山市、松原市、白城市、延边朝鲜族自治州、哈尔滨市、齐齐哈尔市、鸡西市、鹤岗市、双鸭山市、大庆市、伊春市、佳木斯市、七台河市、牡丹江市、黑河市、绥化市、大兴安岭地区、盐城市、淮北市、安庆市、六安市、开封市、安阳市、南阳市、商丘市、周口市、驻马店市、潮州市、梧州市、钦州市、贵港市、玉林市、百色市、贺州市、河池市、来宾市、崇左市、德阳市、资阳市、咸阳市、固原地区、克拉玛依市、昌吉回族自治州、塔城地区	人口变化率小于 1
吴康（2019）	80 个收缩城市，其中 24 个地级市和 56 个县级市	收缩的地级市：齐齐哈尔市、鹤岗市、佳木斯市、大庆市、鸡西市、通辽市、通化市、阜新市、抚顺市、锦州市、鞍山市、营口市、乌兰察布市、鄂尔多斯市、汉中市、淮北市、景德镇市、台州市、萍乡市、三明市、河池市、东莞市、汕尾市、伊春市	2007～2016 年"城区人口"数据超三个自然年的人口增速为负

资料来源：笔者整理。

一系列复杂和多元的经济、社会变化因素成为国外城市收缩的内在动因：一是全球化、后福特主义及基于国际分工的生产力重组。受此影响，传统产业和支柱产业难以迅速实现多样化和适应经济发展需求最终导致衰落，如德国莱比锡、英国利物浦、美国"锈带"老工业城市扬斯敦和坎顿以及欧洲和拉丁美洲一些工业城市的收缩（Shetty，2009；Martinez-Fernandez et al.，2012；徐博和庞德良，2014）。二是社会体制的变更。例如，两德统一后引发一系列社会动荡，前社会主义经济转型导致东德面临产业萎缩、经济衰退、人口向西德大量迁移以及住房空置率高的问题（Glock and Häußermann，2004；Wiechmann T，2008；Martinez-Fernandez et al.，2012）。三是人口老龄化。例如，日本东京、韩国首尔首都圈周边新城的老龄化桎梏，人口老龄化引发人口衰退，造成城市活力下降，加剧了城市收缩的问题（姜鹏等，2016；刘云刚，2016）。

　　然而，由于中西体制机制、资源禀赋、人口结构、城乡差距及城市化发展阶段等因素的迥异，国内城市收缩的内在动因显然与之不完全相同。吴康和孙东琪（2017）认为，由于收缩动因的异质性与收缩过程的复杂性，其理论框架、实证案例、研究问题、空间尺度及地理环境的不同使对动因识别和作用机制很难达成一致的结论，需要建立在本土化的分析框架上，对不同类型、不同规模、不同尺度的城市收缩进行进一步的研究。

　　具体而言，国内收缩城市的内在动因总结起来有五类：一是自然地理因素。自然环境条件一直是影响人口空间分布的主要因素，对人口流动产生深远的影响。著名的"胡焕庸线"就描述了中国的人口密度分布——中国东南方36%的国土居住着96%的人口。而且，一些宜居性条件也影响着人口流动，如气候条件、自然灾害、区位条件恶劣和环境污染等，这些问题反映了人类需求和脆弱生态环境之间的矛盾，最终导致人口外流和城市收缩（刘贵文等，2019；陈肖飞等，2020）。二是去工业化过程和产业结构变迁。资源型城市和老工业城市的产业结构单一，虽然非常适合全盛时期的大规模生产，但随着资源枯竭和社会变迁，这些城市经历着去杠杆、去库存及新一轮产业结构转型升级的阵痛，使经济发展和人民生活水平受到影响，面临着城市收缩的挑战，劳动力倾向于流入北、上、广、深等地区寻找就业机会。除此之外，珠三角局部地区也存在着产业结构变化导致劳动力供需结构不匹配，进而导致劳动力流出的现象（李郇等，2015；He et al.，2017；Li and Mykhnenko，2018；张明斗和曲峻熙，2020）。三是大城市和周边城市形成的"核心—外围"模型的影响。中心城市在区位优势、就业岗位、医疗服务、基础设施等方面极具吸引力，集中了行政、金融、科技和文化等核心职能，导致外围城市人口往区域中心城市流动或者收缩城市的人口大量往东部沿海城市迁移。"中心城市增长—外围城市收缩"的现象不断发生，极化效应大于扩散效应，中心城市人口规模不断扩大，外围城市的发展受到一定限制，最终形成大城市吸引小城市、小城市吸引小县城、小县城吸引乡村的局面（Krugman，1991；Li and Mykhnenko，2018；张苏文和杨青山，2018；刘贵文等，2019）。四是人口老龄化和低生育率。人口红利的消失、从"多生多育"到"少生优生""晚婚晚育"生育观念的转变、大城市人口迁入使政府低估了计划生育政策带来的劳动力人口逐渐下降的效应等，这些因素导致人口龄级结构和家庭结构的改变，适龄劳动力的减少加剧了城市收缩（Li and Mykhnenko，2018；陈肖飞等，2020）。五是国家战略和政策引导。例如，北京和上海等超大城市市中心降低人口密度的计划、国家重大战略和紧急情况下制定的特殊政策引导集体性的人口迁移（如三峡大坝和南水北调等大型工程的建设、易地扶贫搬迁等项目的实施）、土地财政驱使下的农村征地等，造成人口流失（Li and Mykhnenko，2018；陈肖飞等，2020）。

综上所述，城市收缩的内在动因是具有多元性和复杂性的，每个城市都有其独特的收缩问题。去工业化、地理区位条件、"核心—外围"的向心力影响、人口老龄化、政策因素等都可能造成城市收缩，但鲜有文章从资源错配这一视角研究中国城市收缩的内在动因。考虑到中国当前仍存在严重的资源错配，且沿海发达地区也存在局部城市收缩的现象，本章认为从资源配置角度来研究中国城市收缩问题是一个不错的方向。与此同时，针对城市收缩的影响因素、内在动因和机制分析主要集中在定性描述，运用定量分析较少，本章从资源错配这一视角进行理论分析和定量测度，有助于进一步拓展和加深对当前城市收缩问题的研究。

三、特征事实

本章首先从人口维度、经济维度和空间维度识别中国收缩城市的数量与分布，并从中总结当前中国收缩城市的特征事实。从人口维度，本章主要对比各城市第七次全国人口普查数和第六次全国人口普查数的变化，将两次普查间出现城市人口减少的城市界定为收缩城市；从经济维度，收缩城市可能同时面临人口流失和经济衰退的问题，因此本章选取人均 GDP 的变化作为衡量经济收缩的指标；从空间维度，收缩城市的地理表征具体为空置房屋和废弃建筑，本章选取建成区面积的变化作为空间收缩的指标。

具体结果如表 9-2 所示。①从人口维度，本章发现在第七次全国人口普查和第六次全国人口普查之间共有 134 个城市人口减少，占 287 个城市总样本的 46.7%，即接近半数的城市都出现了人口收缩的现象。具体从地理分布来看，东北地区的人口收缩最为严重，东北地区 34 个城市中 31 个城市出现收缩现象，占比 91.18%。其次是中西部地区，中部地区 80 个城市中 43 个城市出现收缩，占比 53.75%；西部地区 87 个城市中 45 个城市出现收缩，占比 51.72%。收缩程度最轻的是东部地区，东部地区 86 个城市中 15 个城市收缩，占比 17.44%。总的来说，中国当前城市收缩问题不容忽视，主要集中在东北和中西部地区，但是需要注意的是，经济较为发达的东部地区也出现局部城市收缩的现象，即总体上表现为"增长"和"收缩"并存的局面。②从经济维度来看，经济收缩城市有 4 个，占全体样本的 1.39%，主要集中在东北地区，而其他地区没有出现经济收缩的城市。总的来说，经济收缩的情况较少，因此中国当前经历的主要是人口减少的相对收缩，而非人口和经济同时衰减的绝对收缩。③从空间维度来看，空间收缩城市共有 11 个，占全体城市样本的 3.83%。具体从地理分布来看，主要分布在东北、东部和西部地区，其中东北城市 3 个，占比 8.82%；东部地区 3 个，占比 3.49%；西部地区 4 个，占比 4.60%；中部地区 1 个，占比 1.25%。总体来看，大部分城市空间仍在扩张而非收缩的阶段，而空间收缩城市分布则呈现较为分散的状态。

表 9-2　中国收缩城市数量与分布

地区	省份	人口收缩城市（个）	经济收缩城市（个）	空间收缩城市（个）
东北	辽宁	12	1	—
	黑龙江	12	1	3
	吉林	7	2	—
东部	广东	6	—	1
	河北	4	—	1
	江苏	3	—	—
	福建	1	—	—
	山东	1	—	1
	北京	—	—	—
	天津	—	—	—
	上海	—	—	—
	浙江	—	—	—
	海南	—	—	—

地区	省份	人口收缩城市（个）	经济收缩城市（个）	空间收缩城市（个）
中部	山西	9	—	—
	湖北	8	—	1
	安徽	7	—	—
	湖南	7	—	—
	江西	6	—	—
	河南	6	—	—
西部	四川	12	—	—
	甘肃	10	—	—
	陕西	7	—	—
	云南	6	—	—
	内蒙古	5	—	2
	广西	2	—	—
	宁夏	2	—	1
	青海	1	—	1
	重庆	—	—	—
	贵州	—	—	—
	新疆	—	—	—
合计		134	4	11

资料来源：笔者计算和整理。

综合以上三个维度来看，可以总结出中国城市收缩的特征事实：①中国当前收缩主要体现为人口收缩而非经济收缩。这说明，中国当前的城市收缩仍有可以逆转或改善的可能性。一方面，在经济发展良好的态势下人口数量减少，但如果人民生活质量得到提高，这种收缩是"精明收缩"；另一方面，经济发展良好的城市通过人口政策调整、服务设施完善等措施提高人口吸引力，也易于实现人口回流。②中国同时存在城市人口减少但空间扩张并存的状态，这在一定程度上导致资源错配的现象出现。中国不少城市经历着人口减少，但绝大部分城市建成区面积仍然呈现扩张的状态，这可能会导致建筑闲置、资源浪费的问题，因此有必要进一步从资源错配的角度进行城市收缩的研究。

总之，中国的城市收缩问题虽然是一个局部问题，但是这个局部问题既可能出现在经济落后的地区，也明显存在于经济发达地区。与此同时，中国的局部城市收缩问题，是一个人口收缩和城市面积扩张同时存在的现象，因此，有必要从资源错配的角度来进一步深入理解中国局部城市收缩的根源。从资源优化配置的角度来看，如果一个城市的收缩是有利于资源优化配置的话，那么让其自然随着经济发展规律而收缩就是一个正确的经济演化结果；反过来，如果一个城市的收缩进一步加剧了资源的错配，那么这种城市收缩就是一个不合理的经济现象，需要加以引导；更有甚者，如果一个城市的收缩本身就是政策干扰资源的配置过程造成的，那么这种城市收缩问题就需要从政策层面进行纠偏。

四、方法和数据

文献中存在多种资源错配测度方法，但是 Aoki（2012）提出的模型更适用于行业及区域层面的资源错配测度，故基于 Aoki（2012）的模型，本章将资源错配从行业间层面拓展到城市间层面。

（一）城市的生产问题

本章重点关注城市之间的资源错配，这里假设同一个城市内部所有企业生产函数都是同质的，则每个城市都可以被视为一个代表性企业进行生产，不同城市之间企业的生产函数是异质的。假设每个城市当中的企业都利用两种要素进行生产，分别是 K 和 L，暂不考虑中间投入品。假定生产要素可以自由流动，企业是价格接受者。但是在要素市场上，由于存在要素扭曲，所以不同城市的企业面临的价格也是扭曲的，企业要支付显性的要素价格税收。城市 i 中企业的产品价格为 P_i，支付的资本和劳动的单位成本分别为 $(1+\tau_{K_i})\, p_K$ 和 $(1+\tau_{L_i})\, p_L$，其中 τ_{K_i} 和 τ_{L_i} 分别为企业面临的资本税和劳动税，p_K 和 p_L 分别为资本和劳动的单位价格。

假定生产函数为 C-D 生产函数，并且规模报酬不变，则城市 i 企业的生产函数为：

$$Y_i = F_i(K_i,\ L_i) = A_i K_i^{\beta_{K_i}} L_i^{\beta_{L_i}} \tag{9-1}$$

其中，Y_i 为产出，K_i 为资本投入，L_i 为劳动投入，A_i 为全要素生产率。本章假设资本的产出弹性 β_{K_i}、劳动的产出弹性 β_{L_i} 在不同城市之间不同。

因此，企业的利润最大化问题为：

$$\max_{K_i, L_i} \pi_i = P_i F_i(K_i, L_i) - (1+\tau_{K_i})p_K K_i - (1+\tau_{L_i})p_L L_i$$

其中，P_i 为产品价格。利润最大化的一阶条件可得：

$$\frac{\beta_{K_i} P_i Y_i}{K_i} = (1+\tau_{K_i})p_K \tag{9-2}$$

$$\frac{\beta_{L_i} P_i Y_i}{L_i} = (1+\tau_{L_i})p_L \tag{9-3}$$

(二) 加总生产函数

本章假设加总的生产函数为规模报酬不变型：

$$Y = Y(Y_1, \cdots, Y_I) \tag{9-4}$$

同时，本章还假设生产函数满足条件：

$$\frac{\partial Y}{\partial Y_i} = P_i \tag{9-5}$$

本章将上述的加总方式视为市场上存在一个最终产品厂商，这里假设最终产品的单位售价为1，将各个城市生产的产品打包起来出售给消费者。从另一个角度看，本章也可以将上述过程看作消费者在不同的城市以价格 P_i 购买 Y_i，最终要实现 Y 的最大化。在上述假设下，成立条件为：

$$Y = \sum_i P_i Y_i \tag{9-6}$$

从城市层面的角度出发，整个经济体的产值等于各个城市产出的加总。

(三) 资源约束

假设每一期的生产要素，包括总的资本供给和劳动供给都是外生的，因此资源约束条件为：

$$\sum_i K_i = K \tag{9-7}$$

$$\sum_i L_i = L \tag{9-8}$$

(四) 均衡条件

通过上述设定，本章可以用如下的条件来定义带有扭曲的竞争均衡。假设给定各城市的技术和税收扭曲 $\{A_i,\ 1+\tau_{K_i},\ 1+\tau_{L_i}\}$，以及总资本 K 和总劳动 L。竞争均衡下各城市的产出、资本、劳动和价格 $\{Y_i,\ K_i,\ L_i,\ P_i\}$，以及总产出 Y 和要素价格 p_K 与 p_L 满足以下条件：

（1）企业利润最大化的一阶条件满足式（9-2）和式（9-3）。

（2）加总生产函数式（9-4）满足规模报酬不变，且边际条件满足式（9-5）。

（3）资源约束满足式（9-7）和式（9-8）。

整理可得，带有扭曲的竞争均衡下 K_i 为：

$$K_i = \frac{\dfrac{(1+\tau_{K_i})p_K K_i}{(1+\tau_{K_i})p_K}}{\sum_j \dfrac{(1+\tau_{K_j})p_K K_j}{(1+\tau_{K_j})p_K}} K = \frac{\beta_{K_i} P_i Y_i \dfrac{1}{(1+\tau_{K_i})p_K}}{\sum_j \beta_{K_j} P_j Y_j \dfrac{1}{(1+\tau_{K_j})p_K}} K = \frac{s_i \beta_{K_i} \dfrac{1}{1+\tau_{K_i}}}{\sum_j s_j \beta_{K_j} \dfrac{1}{1+\tau_{K_j}}} K \quad (9\text{-}9)$$

其中，s_i 是城市 i 的产品占总产出的份额，为 $\dfrac{P_i Y_i}{Y}$，将式（9-9）重新整理可得：

$$K_i = \frac{s_i \beta_{K_i}}{\beta_K} \widetilde{\lambda}_{K_i} K \tag{9-10}$$

其中，β_K 是利用各城市份额做加权平均得到的资本产出弹性，$\widetilde{\lambda}_{K_i}$ 则是城市 i 相对于整体水平的资本相对扭曲系数，λ_{K_i} 是城市 i 的资本绝对扭曲系数，其表达式为：

$$\widetilde{\lambda}_{K_i} = \frac{\lambda_{K_i}}{\sum_j \left(\dfrac{s_j \beta_{K_j}}{\beta_K}\right) \lambda_{K_j}} \quad \text{并且} \quad \lambda_{K_i} = \frac{1}{1+\tau_{K_i}} \tag{9-11}$$

同理，整理得出：

$$L_i = \frac{s_i \beta_{L_i}}{\beta_L} \widetilde{\lambda}_{L_i} L \tag{9-12}$$

$$\widetilde{\lambda}_{L_i} = \frac{\lambda_{L_i}}{\sum_j \left(\dfrac{s_j \beta_{L_j}}{\beta_L}\right) \lambda_{L_j}} \quad \text{并且} \quad \lambda_{L_i} = \frac{1}{1+\tau_{L_i}} \tag{9-13}$$

从式（9-10）和式（9-12）可以发现，价格扭曲主要通过 $\widetilde{\lambda}_{K_i}$ 来影响资本在不同城市之间的分配。另外，通过式（9-11）和式（9-12）本章发现 $\widetilde{\lambda}_{K_i}$ 受到产业的资本产出弹性和税收扭曲程度的影响。因此可以看出，λ_{K_i} 和 λ_{L_i} 所代表的绝对扭曲程度并不重要，这是因为如果所有城市的扭曲程度都相同，那么 $\tilde{\lambda}_{K_i}$ 和 $\tilde{\lambda}_{L_i}$ 均为 1，这样就意味着这种扭曲并不会影响资本和劳动在不同城市的分配。相反，如果某一个城市 i 由于某种原因承受了较高的资本税收 τ_{K_i}，则 λ_{K_i} 相对较小，再如份额 σ_i 在不同城市之间的变化幅度不大，则 $\tilde{\lambda}_{K_i} < 1$，在这种情况下，相较于没有扭曲的情况，城市 i 的资本较少。

所以，本章实证部分没有采用扭曲的绝对水平 λ_{K_i} 和 λ_{L_i}，而是计算了 $\tilde{\lambda}_{K_i}$ 和 $\tilde{\lambda}_{L_i}$，通过相对扭曲系数代替绝对扭曲系数。从式（9-10）和式（9-12）可得：

$$\tilde{\lambda}_{K_i} = \frac{\left(\dfrac{K_i}{K}\right)}{\left(\dfrac{s_i \beta_{K_i}}{\beta_K}\right)} \tag{9-14}$$

$$\tilde{\lambda}_{L_i} = \frac{\left(\dfrac{L_i}{L}\right)}{\left(\dfrac{s_i \beta_{L_i}}{\beta_L}\right)} \tag{9-15}$$

式（9-14）中，$\dfrac{K_i}{K}$ 表示城市 i 的资本占总资本的比例；s_i 表示城市 i 的产出占总产出的比例；β_{K_i} 表示各城市的资本产出弹性；$\dfrac{(s_i \beta_{K_i})}{\beta_K}$ 表示资本有效配置时城市 i 使用资本的比例，可以度量城市 i 的资本错配程度。根据上述分析，如果 $\dfrac{(S_i \beta_{K_i})}{\beta_K}$ 为最优理想状态 1，则城市 i 的资本使用量等于理想资本使用量，不存在资源错配的情况；如果该比值大于 1，则表示相对于整个经济体，城市 i 的资本使用成本较低，导致该城市的资本配置过度，形成资本错配；如果该比值小于 1，则表示该城市资本使用量小于有效配置时的理论水平，导致该城市的资本配置不足，同样也形成资本错配。显然，通过式（9-14）就建立起要素使用成本扭曲和要素错配的关系。劳动力扭曲公式（9-15）中的变量含义与此类似。

由式（9-11）和式（9-13）可以换算出城市资本错配指数（τ_{K_i}）和劳动力错配指数（τ_{L_i}）：

$$\tau_{K_i} = \frac{1}{\widetilde{\lambda}_{K_i}} - 1 \tag{9-16}$$

$$\tau_{L_i} = \frac{1}{\widetilde{\lambda}_{L_i}} - 1 \tag{9-17}$$

由式（9-14）和式（9-15）可知，要测算出城市的资本错配指数（τ_{K_i}）和劳动力错配指数（τ_{L_i}），关键要先估计出各城市的资本产出弹性 β_K 和劳动产出弹性 β_L。对于 β_K 和 β_L 的确定，本章借鉴白俊红和刘宇英（2018）的计算方法，通过构建规模报酬不变的柯布—道格拉斯生产函数进行估算。

$$Y_{it} = AK_{it}^{\beta_{K_i}} L_{it}^{1-\beta_{K_i}} \tag{9-18}$$

两边同时取对数，整理可得：

$$\ln\left(\frac{Y_{it}}{L_{it}}\right) = \ln A + \beta_{K_i} \ln\left(\frac{K_{it}}{L_{it}}\right) + \varepsilon_{it} \tag{9-19}$$

其中，产出总量 Y_{it} 用各城市实际 GDP 表示，通过 GDP 指数计算 2010 年不变价的实际 GDP。劳动投入量 L_{it} 用各城市城镇单位从业人员表示。资本投入量 K_{it} 使用通过永续盘存法计算得到的固定资本存量表示：

$$K_{it} = \frac{I_{it}}{P_{it}} + (1-\delta)K_{it-1} \tag{9-20}$$

其中，K_{it} 表示城市 i 的当期固定资本存量；K_{it-1} 表示上一期固定资本存量；I_{it} 表示城市 i 当期的固定资产投资额；P_{it} 表示固定资产投资价格指数，由于缺少城市层面的固定资产投资价格指数，故利用各省级的固定资产投资价格指数代替；δ 表示固定资产折旧率，借鉴一般文献的做法，δ 取值 9.6%。由于 2018 年以来，按照国家统计局统一要求，各省市暂停公布固定资产投资总额，因此 2018~2019 年的固定资产投资总额根据各省市统计局公布的固定资产投资增速推算得出。对于第一期资本存量，则直接使用：

$$K_{it} = \frac{I_{it}}{P_{it}} \tag{9-21}$$

在生产过程中，各城市的经济发展水平和技术创新等方面存在异质性，各城市的资本和劳动力产出弹性并不相同，因而本章采用变截距、变斜率的变系数面板模型（LSDV）来估计参数。在具体估计时，在回归方程中引入各城市虚拟变量与解释变量 ln（K_{it}/L_{it}）的交互项，分别控制个体效应和时间效应，交互项系数为各城市的资本产出弹性。回归结果显示，交互项系数是显著的，说明本章使用变系数模型测度是合理的。在得到各城市的资本和劳动产出要素后，通过式 (9-14)、式（9-15）可以计算各城市资本相对扭曲指数 $\tilde{\lambda}_{K_i}$ 和劳动相对扭曲系数 $\tilde{\lambda}_{L_i}$，最终得到资本错配指数（τ_{K_i}）和劳动力错配指数（τ_{L_i}）。

如果 $\tau_K > 0$，说明资本配置不足；$\tau_K < 0$，说明资本配置过度。同理，如果 $\tau_L > 0$，说明劳动配置不足；$\tau_L < 0$，说明劳动配置过度。指数的绝对值越大，代表资源错配程度越大，反之说明资源错配程度越小。同时，本章将资本错配指数和劳动力错配指数取绝对值并求和，则得到资源错配总指数。由于该指标取了绝对值，因此不再区分符号方向，仅关注数值大小，该指数越大，表示资源错配程度越高。资源错配总指数为：

$$\tau = |\tau_K| + |\tau_L| \tag{9-22}$$

本章选取的研究时期和研究对象为 2010~2019 年中国地级市及以上城市。由于数据可得性和行政区划调整的问题，本章剔除了西藏自治区、安徽省的巢湖市、海南省的三沙市和儋州市、新疆维吾尔自治区的哈密市和吐鲁番、山东省的莱芜市，剩余 287 个城市样本。数据来源为各年份《中国城市统计年鉴》、各省份统计年鉴及国民经济与社会发展统计公报。

五、初步分析

下面本章将分别从区域和城市层面分析中国的城市收缩问题在区域和城市层面的具体表现。在区域层面，本章侧重分析东部、中部、西部及东北地区的资源错配情况。在城市层面，本章将中国的城市分为收缩城市和非收缩城市，对比分析两种类型城市的资源错配情况。

（一）区域层面

图 9-1 是东部、中部、西部及东北地区的资本错配指数的变化趋势，不同区域之间的资本错配程度具有显著差异。其中，从资本错配的符号方向来看，东部、东北地区 $\tau_K > 0$，表现为资本配置不足；中部、西部地区 $\tau_K < 0$，表现为资本配置过剩。值得注意的是，从资本错配的变化趋势来看，东北地区的资本错配情况显著上升；中部地区的资本错配程度轻微上升；其他地区的资本错配程度波动性

不大，呈现相对平稳的变化趋势。背后的原因可能是，国家近些年大力推行"区域协调发展战略"，积极推进西部大开发，促进中部地区崛起，加大政策扶持和财政转移支付力度，这些政策使资本向中西部地区倾斜，导致资本投入超过当下经济体量下有效配置的规模，最终表现为资本配置过度；而经济较发达的东部沿海地区对资本的需求更高但供应却相对不足，资本配置速度跟不上发展速度，导致资本实际配置低于最优配置水平，表现为资本配置不足；对于东北地区而言，尽管国家多次提及要实施"振兴东北老工业基地战略"，但由于现实中"投资不过山海关"的原因，融资难的劣势也使东北地区难以扭转发展的颓势，最终表现为资本配置严重不足。

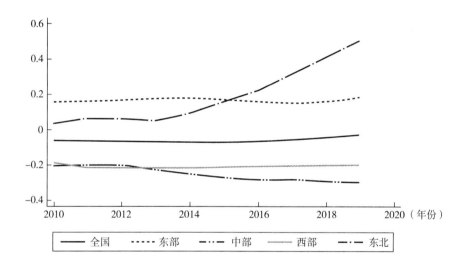

图 9-1　2010~2019 年中国分区域资本错配指数的变化趋势

图 9-2 则是东部、中部、西部及东北地区的劳动错配指数的变化趋势。从劳动错配的符号方向来看，东部、中部、西部地区均 $\tau_L>0$，劳动力配置不足，东北地区 $\tau_L<0$，劳动力配置过剩。可能的原因是，随着中国人口红利的消失和老龄化现象的日益严重，使东部、中部、西部地区的劳动力相对短缺，但东北地区的经济发展水平无法吸纳太多的劳动力，导致东北地区出现劳动力过剩的现象。值得注意的是，东部地区劳动力配置不足的程度最大，这也解释了人口从东北地区流向东部地区的现象。从变化趋势来看，东部地区劳动错配呈现先下降后上升的"U"型趋势，中部地区劳动错配呈现上升趋势，西部地区呈现较为平稳的趋势，

东北地区劳动错配则呈现显著下降的状态。当下户籍制度仍然是影响人口迁移的一个重要因素，使劳动力跨地区转移受到了限制，这些都解释了劳动力错配的绝对值增大。但对于东北地区来说，人口的流出减缓了劳动力剩余情况，改善了劳动力错配。

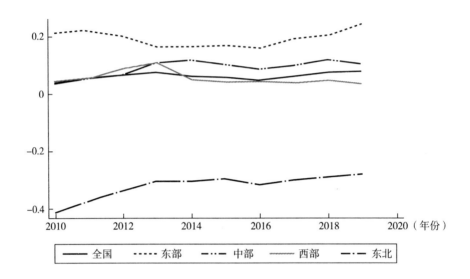

图9-2　2010~2019年中国分区域劳动力错配指数的变化趋势

图9-3是东部、中部、西部以及东北地区的资源错配总指数的变化趋势，对于资源错配总指数，本章只需关注绝对值大小，而不关注符号方向。该资源错配指数越大，表示资源错配程度越高。根据图9-3的结果，从绝对值的变化趋势来看，除西部地区的资源错配程度在下降以外，其余地区的资源错配指数都呈现不同程度的上升趋势，其中东北地区的资源错配情况在近五年上升的幅度最大。从绝对值的大小来看，2015年后东北地区的资源错配程度超越东部地区，成为中国资源错配最严重的地区，而中部地区则是资源错配程度最轻的地区。

总之，从资源配置的角度看，本章可以初步得出我国资源错配的几个结论，有利于更好地理解中国的城市收缩问题：①资本配置不足既存在于东北地区这样的老工业基地，也存在于东部这种发达的地区，而中西部地区则是明显的资本配置过剩。这个发现很好地对照了既有文献中关于城市收缩既出现在东北地区也出现在经济发达地区。②东部、中部和西部地区普遍存在劳动配置不足问题，单独看东北地区则是明显的劳动配置过剩地区。可见，东北地区的人口流失从资源优化配置的角度看是合理的。③东北地区和东部地区的资源错配最为严重，但是内在原因明显不同，东北地区是资本不足和劳动过剩并存，而东部地区则是资本不足和劳动不足并存。

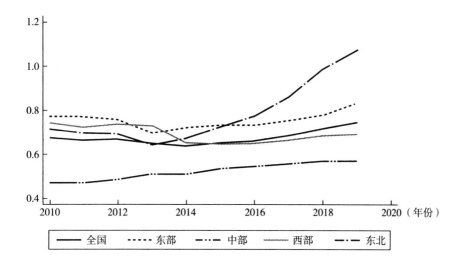

图 9-3　2010~2019 年中国分区域资源错配总指数的变化趋势

（二）城市层面

国家发展改革委在《2019 年新型城镇化建设重点任务》中第一次提到了"收缩型城市"，明确要求"收缩型中小城市要瘦身强体，转变惯性的增量规划思维"；并在《2020 年新型城镇化建设和城乡融合发展重点任务》中再次强调要"统筹新生城市培育和收缩型城市瘦身强体……稳妥调减收缩型城市市辖区，审慎研究调整收缩型县（市）"。可见，国家对收缩城市问题的重视。龙瀛等（2015）基于第五次全国人口普查数据和第六次全国人口普查数据发现，全国654 个城市中有 180 个城市发生收缩，其中 41 个地级市、139 个县级市。本章以龙瀛等（2015）的研究为依据，将本章的 287 个城市样本划分为收缩城市（41个）和非收缩城市（246 个），从资源错配的视角考虑中国城市收缩问题，具体结果如表 9-3 所示。

总体上看，收缩城市的资源错配情况比非收缩城市的要严重，而且以 2014

年为分界线，2014 年以前，收缩城市和非收缩城市的资源错配情况都下降了，而 2014 年之后，无论是收缩城市还是非收缩城市，资源错配的情况都大幅度上升。从资本错配的测算结果来看，收缩城市和非收缩城市的 $\tau<0$，则表现为价格低估，资本配置过剩。但从绝对值的大小来看，收缩城市的资本错配程度比非收缩城市的资本错配程度要大。从变化趋势来看，两者资本错配情况的趋势和资源错配总指数的变化趋势非常一致。从劳动错配的测算结果来看，收缩城市与非收缩城市的劳动配置情况并不相同：收缩城市 $\tau<0$，表现为劳动配置过剩；非收缩城市 $\tau>0$，表现为劳动配置不足。可见，劳动力从剩余的城市转移到非剩余的城市，这也解释了城市存在收缩的原因。

表 9-3　收缩城市与非收缩城市的资本错配、劳动错配和资源错配情况

年份	资本错配		劳动错配		资源错配	
	收缩城市	非收缩城市	收缩城市	非收缩城市	收缩城市	非收缩城市
2010	−0.186	−0.041	−0.152	0.070	0.682	0.671
2011	−0.194	−0.042	−0.114	0.083	0.708	0.657
2012	−0.210	−0.039	−0.118	0.097	0.680	0.665
2013	−0.224	−0.043	−0.083	0.103	0.696	0.640
2014	−0.224	−0.044	−0.089	0.087	0.685	0.627
2015	−0.218	−0.043	−0.090	0.082	0.689	0.644
2016	−0.206	−0.043	−0.097	0.073	0.706	0.653
2017	−0.192	−0.035	−0.107	0.089	0.719	0.679
2018	−0.168	−0.026	−0.089	0.102	0.755	0.710
2019	−0.142	−0.009	−0.091	0.108	0.777	0.742
平均	−0.196	−0.037	−0.103	0.089	0.710	0.669

资本和劳动等生产要素的错配越严重，资源配置效率就越低下，对城市的经济活动也会产生更加不利的影响，经济衰退会进一步加剧城市收缩。收缩城市过度积累的表现是资本盈余和劳动盈余，具体表现为不断上升的失业率、闲置的生产能力、缺失生产性和营利性投资（杜志威和李郇，2017）。本章测度出收缩城市的资本配置和劳动配置过剩，和杜志威和李郇（2017）的基本观点一致。从资本的角度来看，生产力过剩导致资本缺乏安全可靠的投资机会，进而使资本的投资收益率下降，企业无法扩大再生产，最终导致过剩的资本外逃。由于其运动性

和增值性的属性，资本对各种变化的反应灵敏，资本逃逸是很迅速的。从劳动力的角度来看，生产力剩余导致企业倒闭和产业衰退，在供给不变的情况下劳动力需求大幅减少，供需结构不匹配的矛盾下出现劳动力剩余，城市失业率进一步上升，最终导致过剩的劳动力外逃，城市资源错配加剧。因此，在"城市收缩—资源错配—城市进一步收缩……"的累积循环效应的驱动下，资源错配也是城市收缩的内在动因之一。

总之，从资源优化配置的视角对比分析收缩城市和非收缩城市的情况，本章发现：①收缩城市的资源错配问题更加严重，而且收缩城市既存在资本配置过剩，也存在劳动配置过剩，说明从资源错配角度来理解和解释中国的城市收缩问题是必要的。②收缩城市的资本配置过剩更加严重，说明即使在经历城市收缩过程中，收缩城市的资本配置仍然过剩。③收缩城市的劳动力配置过剩，而非收缩城市的劳动力配置不足，说明从劳动力优化配置的角度来看，收缩城市的劳动力流出是合理和必要的，正好可以弥补非收缩城市的劳动力不足。

六、交互性分析

现有文献研究发现，城市收缩的影响因素具有复杂性和异质性的特征，不同城市尽管表现为相似的收缩特征，但实际上城市收缩还受到其他诸多因素的影响，因此有必要进一步结合城市收缩类型和不同因素进行交互分析，以更深入地了解我国城市收缩的特征和动因。本章主要从自然因素和经济因素进行划分，其中自然因素主要考虑的是地理区位和资源禀赋，经济因素主要考虑的是产业转型的影响。

（一）收缩类型与地理区位交互

本章上文发现城市收缩与否的资源配置情况并不相同，就地区而言，东北地区的资源错配最为严重，中部地区的资源错配程度最低。为此，本章将进一步做地理区位与收缩城市、非收缩城市的交互分析，进一步开展多地区收缩城市的比较研究，以分析地区异质性的城市资源错配情况。

表9-4是收缩城市和非收缩城市的资本错配情况在不同地理位置上的表现。

从收缩城市内部分区域来看，东北地区在 2010～2019 年 $\tau>0$，即资本配置不足；而东部、中部、西部地区总体上 $\tau<0$，即资本配置过度。从变化趋势来看，东北地区的资本错配程度在 2013 年以后逐渐加剧，资本配置愈发不足；东部地区的资本配置情况在 2018 年后由资本过剩转变为资本不足；中部地区的资本过剩程度也在逐渐加剧；西部地区的变化趋势相对平缓。从平均值的绝对值大小来看，中部地区和东北地区的资本错配程度是最大的。

表 9-4　收缩类型与地理区位的交互分析：资本错配

资本错配								
年份	收缩城市				非收缩城市			
	东部	中部	西部	东北	东部	中部	西部	东北
2010	−0.192	−0.278	−0.208	0.116	0.175	−0.192	−0.066	0.020
2011	−0.120	−0.280	−0.242	0.141	0.176	−0.186	−0.077	0.024
2012	−0.102	−0.297	−0.263	0.120	0.178	−0.186	−0.084	0.021
2013	−0.096	−0.313	−0.271	0.069	0.190	−0.210	−0.086	0.012
2014	−0.103	−0.338	−0.271	0.124	0.192	−0.231	−0.086	0.021
2015	−0.128	−0.366	−0.263	0.229	0.185	−0.254	−0.084	0.039
2016	−0.144	−0.380	−0.257	0.339	0.177	−0.267	−0.082	0.058
2017	−0.168	−0.385	−0.256	0.480	0.166	−0.266	−0.081	0.083
2018	−0.073	−0.399	−0.249	0.606	0.170	−0.275	−0.079	0.104
2019	0.043	−0.410	−0.241	0.711	0.191	−0.281	−0.077	0.123
平均	−0.108	−0.345	−0.252	0.293	0.180	−0.235	−0.080	0.051

从非收缩城市内部分区域来看，东部地区和东北地区 $\tau>0$，即资本配置不足；中部地区和西部地区 $\tau<0$，即资本配置过度。从变化趋势来讲，东部地区和西部地区的错配情况呈现相对平稳的特点，中部地区和东北地区的资本错配呈现加剧的特点。从平均值的绝对值大小来看，东部地区和中部地区的非收缩城市的资本错配程度最大，而西部和东北地区的错配程度相对较小，这和收缩城市的结果形成鲜明对比。

综合收缩城市和非收缩城市在不同地理位置上的结果可以发现：①只要是收缩城市，不论是东部、中部还是西部的，都存在严重的资本配置过剩问题；而非收缩城市仅仅在中部和西部地区存在资本配置过剩问题，东部地区的非收缩城市则是资本配置不足问题。②东北地区的城市无论是否收缩，都存在严重的资本配置不足问题，这个发现印证了近些年国内外媒体和学界讨论的"投资不过山海关"现象。③从变化趋势来看，不论是哪一种类型的城市，处于东北地区和中部地区的资本错配程度都是加剧的，这折射出一个更深层次的因素是地区因素可能是影响资本配置效率的关键因素，背后原因可能是东北地区和中部地区的营商环境与政策倾斜不及东部地区和西部地区。

表 9-5 是收缩城市和非收缩城市的劳动错配情况在不同地理位置上的表现。从收缩城市内部分区域来看，西部地区与东北地区的 $\tau<0$，即劳动配置过度；东部地区与中部地区 $\tau>0$，即劳动配置不足。从变化趋势来看，东北地区的劳动错配程度在减缓，西部地区变化不大，中部地区与东部地区呈现波动上涨的趋势。值得注意的是，从平均值的绝对值大小来看，东北地区的劳动错配程度是最大的，且远远大于东部、中部和西部地区。背后的解释可能是，东北地区的收缩城市中的产业转型滞后，传统行业逐渐衰退，对劳动力的吸纳能力下降，使该地区的劳动力配置过剩，失业率增加，造成人口流出。

表 9-5　收缩类型与地理区位的交互分析：劳动错配

| 年份 | 劳动错配 | | | | | | | |
| | 收缩城市 | | | | 非收缩城市 | | | |
	东部	中部	西部	东北	东部	中部	西部	东北
2010	0.077	0.005	-0.119	-0.815	0.219	0.041	0.096	-0.344
2011	0.142	0.022	-0.070	-0.799	0.227	0.062	0.093	-0.301
2012	0.015	-0.010	-0.040	-0.789	0.214	0.080	0.127	-0.258
2013	0.077	0.051	-0.033	-0.713	0.171	0.117	0.154	-0.236
2014	0.071	0.071	-0.044	-0.756	0.170	0.126	0.082	-0.228
2015	0.052	0.069	-0.038	-0.771	0.177	0.108	0.068	-0.215
2016	0.036	0.038	-0.033	-0.773	0.167	0.096	0.068	-0.238
2017	0.015	0.031	-0.048	-0.756	0.201	0.110	0.065	-0.222
2018	0.110	0.089	-0.065	-0.743	0.209	0.125	0.082	-0.211
2019	0.178	0.074	-0.079	-0.721	0.246	0.109	0.071	-0.205
平均	0.077	0.044	-0.057	-0.763	0.200	0.098	0.091	-0.246

从非收缩城市内部分区域来看，东北地区的 $\tau<0$，即劳动配置过度；东部地区、中部和西部地区 $\tau>0$，即劳动配置不足。从变化趋势来看，东北地区的劳动

错配程度同样在下降；东部地区呈现先下降后上升的特点；中部地区的劳动错配程度轻微上升；西部地区与东部地区相反，呈现先上升后下降的特点。从平均值的绝对值大小来看，东北地区的劳动错配程度仍然是最大的。

总之，从劳动配置角度来看，综合收缩城市和非收缩城市的结果可以发现：①非收缩城市无论是处在东部、中部还是西部，都存在严重的劳动配置不足问题。而东部和中部的收缩城市存在劳动配置不足问题，西部的收缩城市则存在劳动配置过剩问题。②具体到特殊的东北地区，东北地区不论是收缩城市还是非收缩城市，劳动配置都是过剩的，只是非收缩城市相对于收缩城市的错配程度较低，但是对于其他地区来说，东北地区的劳动错配程度是最大的。这也印证了上述的观点，地区因素可能是影响配置效率的关键因素，可能的解释是东北地区由于气候因素，人口迁移是具有动态性的，人们更愿意生活在相对温暖的地区，以及就业、人民生活水平等因素造成了东北地区的劳动错配严重；同时，东北地区的资本配置严重不足，也是引致东北地区劳动配置过剩的一个重要因素。

表9-6是收缩城市和非收缩城市的资源错配总体情况在不同地理位置上的表现。从变化趋势来看，2014年以后收缩城市与非收缩城市的资源错配程度均呈现扩大的趋势，具体表现为东北地区的明显加剧。从绝对值的大小来看，收缩城市的东北地区资源错配程度显著高于其余三个地区；相反，非收缩城市内部除中部地区资源错配程度较小以外，其他地区相差基本不大。这也给我们一个警示，东北地区为何出现这么多的收缩城市，背后的原因可能是东北地区的收缩城市资源错配程度在2014年以后快速上升，这一点值得引起地方政府的关注。

表9-6　收缩类型与地理区位的交互分析：资源错配总指数

年份	资源错配							
	收缩城市				非收缩城市			
	东部	中部	西部	东北	东部	中部	西部	东北
2010	0.707	0.553	0.652	1.074	0.775	0.457	0.771	0.653
2011	0.656	0.611	0.689	1.045	0.777	0.448	0.735	0.637
2012	0.520	0.570	0.688	1.015	0.768	0.471	0.750	0.637
2013	0.803	0.637	0.660	0.889	0.692	0.488	0.749	0.602
2014	0.830	0.594	0.644	0.942	0.715	0.495	0.656	0.629
2015	0.815	0.610	0.633	1.001	0.728	0.523	0.651	0.674

年份	资源错配							
	收缩城市				非收缩城市			
	东部	中部	西部	东北	东部	中部	西部	东北
2016	0.777	0.611	0.646	1.112	0.731	0.533	0.652	0.717
2017	0.728	0.634	0.638	1.236	0.754	0.547	0.671	0.798
2018	0.884	0.653	0.642	1.349	0.774	0.557	0.697	0.924
2019	0.948	0.629	0.665	1.432	0.831	0.563	0.698	1.013
平均	0.767	0.610	0.656	1.109	0.755	0.508	0.703	0.729

（二）收缩类型与资源类型交互

资源型城市由于转型升级的内生动力不足、历史遗留问题严重及环境污染等原因，其可持续发展之路依旧任重而道远。因此，为判断不同城市自然资源禀赋对结果的影响，本章将进一步区分资源型城市与非资源型城市，并且进行交互分析，进一步探究收缩城市资源错配情况是否归因于"资源诅咒"。划分依据基于《全国资源型城市可持续发展规划（2013—2020年）》，其中287个城市中的资源型城市有115个。

表9-7是收缩城市和非收缩城市的资本错配情况在不同资源禀赋上的表现。从表9-7可以看出：①在收缩城市内部，非资源型城市的资本错配程度比资源型城市的要大；但在非收缩城市内部，资源型城市是资本配置过剩问题，非资源型城市是资本配置不足问题，并且资源型城市的资本错配程度比非资源型城市的要大。②对于资源型城市而言，无论其是否属于收缩型城市，都存在严重的资本配置过剩问题，而且资源型城市中收缩型城市的资本配置过剩问题更严重，充分说明了"资源诅咒"文献中提及的资源禀赋对城市发展的影响。反之，对于非资源型城市而言，其中的收缩城市才存在资本配置过剩问题，而其中的非收缩城市则是资本配置不足问题。

从资本错配指数的符号方向来看，所有收缩城市的资本错配指数都是负的，说明收缩城市的资本配置过剩。资本配置过剩意味着多余的资本缺乏具有投资价值的项目和机会，容易产生资本外逃，进而导致人口流出，造成城市收缩和衰退。而非收缩城市中的资源型城市资本配置过剩，非资源型城市资本配置不足，这反映出资源型城市的潜在通病：资源型城市的资本配置过剩。从资本错配指数的变化趋势来看，收缩城市的资本错配指数呈"U"型变化趋势，即呈现先加剧后缓解的特征。而非收缩城市中非资源型城市的资本错配指数变化相对平稳，且处于接近于 0 的低错配水平，资源型城市资本错配程度在 2016 年后快速下降，资本配置不足的情况得到缓解。

表 9-7　收缩类型与资源类型的交互分析：资本错配

	资本错配			
年份	收缩城市		非收缩城市	
	资源型城市	非资源型城市	资源型城市	非资源型城市
2010	-0.147	-0.223	-0.146	0.024
2011	-0.167	-0.219	-0.144	0.020
2012	-0.173	-0.245	-0.143	0.025
2013	-0.179	-0.267	-0.156	0.026
2014	-0.170	-0.276	-0.155	0.025
2015	-0.150	-0.282	-0.152	0.024
2016	-0.129	-0.279	-0.145	0.021
2017	-0.103	-0.277	-0.120	0.017
2018	-0.084	-0.248	-0.094	0.016
2019	-0.070	-0.211	-0.061	0.024
平均	-0.137	-0.253	-0.132	0.022

表 9-8 是收缩城市和非收缩城市的劳动错配情况在不同资源禀赋上的表现。从表 9-8 可以看出：①对于收缩城市而言，无论其自然资源禀赋如何，都存在严重的劳动过剩问题；而对于非收缩城市而言，无论其是资源型城市还是非资源型城市，都存在劳动资源配置不足问题。②在收缩城市内部，资源型城市的劳动错配程度比非资源型城市的要大，但在非收缩城市内部，非资源型城市的劳动错配程度比资源型城市的要大。这种交互分析再次表明，对于收缩城市而言，其中的劳动配置过剩问题更加严重，这种表现在资源型城市更为突出。

表9-8 收缩类型与资源类型的交互分析：劳动错配

年份	劳动错配			
	收缩城市		非收缩城市	
	资源型城市	非资源型城市	资源型城市	非资源型城市
2010	-0.283	-0.026	-0.011	0.120
2011	-0.271	0.036	0.030	0.115
2012	-0.252	0.010	0.047	0.128
2013	-0.191	0.020	0.057	0.132
2014	-0.170	-0.011	0.078	0.093
2015	-0.183	-0.002	0.072	0.089
2016	-0.196	-0.003	0.064	0.079
2017	-0.201	-0.017	0.083	0.093
2018	-0.182	-0.001	0.097	0.105
2019	-0.180	-0.006	0.093	0.117
平均	-0.211	0.000	0.061	0.107

从劳动错配指数的符号方向来看，收缩城市中资源型城市劳动错配指数为负，而收缩城市中非资源型城市的劳动错配指数基本为0，非收缩城市的劳动错配指数为正，说明收缩城市中的资源型城市劳动配置过剩，收缩城市中的非资源型城市不存在劳动力错配情况，而非收缩城市存在劳动力配置不足。这也符合中国的实际情况，资源型城市面临着资源枯竭、产业转型和环境污染等一系列严峻挑战，资源型城市对于资源的依赖性仍然比较强、产业支撑薄弱、体制机制僵化，发展和壮大高技术接替产业、现代服务业和先进制造业等新兴产业的内生动力不足。产业结构转型容易产生工作机会减少和结构性失业问题，服务业提供的岗位并不能吸纳制造业衰退产生的失业人员，这导致劳动力配置过剩，引发人口流出。从劳动错配指数的变化趋势来看，收缩城市中的非资源型城市劳动错配基本保持不变，资源型城市的劳动错配程度在逐渐缓解；非收缩城市中的资源型城市劳动配置不足逐年上升，在2014年后与非资源型城市的劳动错配程度差异不大。

表9-9是收缩城市和非收缩城市的资源错配总体情况在不同资源禀赋上的表现。从表9-9可以看出，综合总的资源错配来看，在收缩城市内部，资源型城市的资源错配程度比非资源型城市的要大，但在非收缩城市内部，非资源型城市的

劳动错配程度与资源型城市的相比没有太大的差异。这说明，资源错配是造成资源型城市收缩的原因，特别对劳动错配产生了显著的影响，可能现实中的确存在"资源诅咒"的情况。在中国日渐增多的资源枯竭城市的背景下，由于路径依赖、产业结构单一、缺乏足够的社会保障、环境严重破坏和污染等原因，这些城市正在经历人口持续外流的问题，资源错配的问题也愈发严重，这对于国家建设资源节约型和环境友好型社会而言是一个严峻挑战，亟须给予重点关注和统筹规划。

表9-9　收缩类型与资源类型的交互分析：资源错配总指数

| 年份 | 资源错配 | | | |
| | 收缩城市 | | 非收缩城市 | |
	资源型城市	非资源型城市	资源型城市	非资源型城市
2010	0.724	0.643	0.591	0.720
2011	0.782	0.638	0.591	0.698
2012	0.769	0.595	0.596	0.707
2013	0.721	0.671	0.585	0.673
2014	0.706	0.665	0.618	0.634
2015	0.718	0.662	0.635	0.649
2016	0.757	0.658	0.657	0.650
2017	0.761	0.679	0.689	0.673
2018	0.787	0.724	0.727	0.699
2019	0.789	0.765	0.756	0.733
平均	0.751	0.670	0.645	0.684

（三）收缩类型与产业升级类型交互

为加快老工业城市和资源型城市转型升级，产业升级示范区是在推进城市更新改造和产业结构调整方面先行先试、探索经验、做出示范的区域，旨在建立健全支撑产业转型升级的内生动力机制，构建特色鲜明的现代产业集群。因此，为探究传统资源型城市和老工业城市产业转型升级的影响，本章区分了产业转型城市与非产业转型城市，进一步探究收缩城市资源错配情况是否归因于产业转型造成人口流失。划分依据基于《关于支持首批老工业城市和资源型城市产业转型升级示范区建设的通知》和《关于进一步推进产业转型升级示范区建设的通知》，其中选定的产业转型的城市有 28 个。

表 9-10 是收缩城市和非收缩城市的资本错配情况在不同产业升级城市上的表现。从表 9-10 可以看出：①具体到产业升级层面，收缩城市中产业升级城市存在资本配置不足问题，而其中的非产业升级城市则是资本配置过剩。②在收缩城市内部，产业升级城市的资本错配程度比非产业升级城市的要大，但在非收缩城市内部，非产业升级城市的资本错配程度比产业升级城市的要大。这说明，对于那些能够通过产业升级来规避收缩的城市而言，进一步优化资本配置切实可以帮助这些城市避免进一步的收缩。

表 9-10　收缩类型与产业升级类型的交互分析：资本错配

年份	资本错配			
	收缩城市		非收缩城市	
	产业升级城市	非产业升级城市	产业升级城市	非产业升级城市
2010	0.122	-0.202	-0.032	-0.042
2011	0.147	-0.211	-0.023	-0.045
2012	0.148	-0.228	-0.037	-0.039
2013	0.137	-0.242	-0.048	-0.043
2014	0.164	-0.244	-0.046	-0.044
2015	0.231	-0.241	-0.028	-0.045
2016	0.321	-0.233	-0.003	-0.047
2017	0.394	-0.222	0.033	-0.043
2018	0.471	-0.201	0.067	-0.037
2019	0.487	-0.175	0.116	-0.023
平均	0.262	-0.220	0.000	-0.041

从资本错配指数的符号方向来看，收缩城市中产业升级城市的资本错配指数是正的，收缩城市中非产业升级城市的指数是负的，说明产业升级城市的资本配置是不足的。而非收缩城市中的产业升级城市基本无资本错配情况，非收缩城市中的非产业升级城市资本配置过剩。从资本错配指数的变化趋势来看，非产业升级城市的资本错配指数变化相对平稳，而收缩城市中的产业升级城市则呈现资本错配加剧的趋势，非收缩城市中的产业升级城市呈现先减缓后加剧的趋势。

表9-11是收缩城市和非收缩城市的劳动错配情况在不同产业升级城市上的表现。从表9-11可以看出，在收缩城市内部，产业升级城市的劳动错配程度比非产业升级城市的要大，且在非收缩城市内部也存在同样的情况。这说明劳动错配是造成产业升级城市收缩的原因，集中体现在劳动配置过剩方面。

表9-11　收缩类型与产业升级类型的交互分析：劳动错配

劳动错配				
年份	收缩城市		非收缩城市	
	产业升级城市	非产业升级城市	产业升级城市	非产业升级城市
2010	-0.261	-0.146	0.160	0.059
2011	-0.205	-0.109	0.197	0.069
2012	-0.169	-0.115	0.221	0.083
2013	-0.184	-0.078	0.225	0.089
2014	-0.183	-0.084	0.236	0.069
2015	-0.130	-0.088	0.234	0.064
2016	-0.132	-0.096	0.225	0.055
2017	-0.133	-0.105	0.261	0.069
2018	-0.136	-0.087	0.292	0.079
2019	-0.137	-0.089	0.276	0.088
平均	-0.167	-0.100	0.233	0.072

　　从劳动错配指数的符号方向来看，所有收缩城市的劳动错配指数都是负的，而所有非收缩城市的劳动错配指数都是正的，说明收缩城市的劳动配置过剩，且产业升级城市的过剩程度远大于非产业升级城市，非收缩城市劳动配置不足，且产业升级城市的不足程度远大于非产业升级城市。从劳动错配指数的变化趋势来看，收缩城市中产业升级城市和非产业升级城市的劳动配置过剩的程度均逐渐减缓；在非收缩城市内部，非产业升级城市的劳动错配程度基本保持不变，产业升级城市的劳动配置不足的程度在减缓。

　　表9-12是收缩城市和非收缩城市的资源错配总体情况在不同产业升级城市上的表现。从表9-12可以看出，综合总的资源错配来看，在收缩城市和非收缩城市中，产业升级城市的资源错配程度比非产业升级城市的要大。从变化趋势来看，在收缩城市内部，产业升级城市的资源错配程度一直在上升，并在2015年

后全面超过非产业升级城市；在非收缩城市内部，产业升级城市的资源错配上升速度也快于非产业升级城市。这说明，资源错配是造成产业升级城市收缩的原因，产业结构变迁切实是收缩城市的主要动因之一。在过去一段时间内，中国仍存在着产业升级乏力的问题，导致当前的产业转型城市相比于非产业转型城市存在着更为严重的资源错配现象，需要持续关注产业结构转型影响下中国人口城镇化模式的变化。

表 9-12　收缩类型与产业升级类型的交互分析：资源错配总指数

| 年份 | 资源错配 | | | |
| | 收缩城市 | | 非收缩城市 | |
	产业升级城市	非产业升级城市	产业升级城市	非产业升级城市
2010	0.536	0.690	0.660	0.672
2011	0.608	0.714	0.654	0.657
2012	0.668	0.681	0.680	0.663
2013	0.609	0.700	0.667	0.636
2014	0.591	0.690	0.690	0.620
2015	0.691	0.689	0.708	0.636
2016	0.806	0.701	0.742	0.642
2017	0.882	0.710	0.802	0.665
2018	0.936	0.745	0.871	0.691
2019	0.982	0.766	0.921	0.721
平均	0.731	0.709	0.739	0.660

上述选取的产业转型升级的城市仅代表了中国当前老工业城市或者资源型城市的部分缩影。根据《全国老工业基地调整改造规划（2013-2022 年）》的划分，中国仍有 95 个地级老工业城市。由于体制机制老化、产业结构单一及资源枯竭等多重因素的影响，对于部分过度依赖传统产业的城市来说，其城市的发展体系相对脆弱，缺乏其他相关多元化产业支撑城市发展的模式，导致改革效果可能并不尽如人意。在产业转型、供给侧结构性改革及环境保护的政策影响下，这些城市实施了"退二进三""退二优三"的去工业化过程。理论上，如果老工业城市和资源型城市的新兴产业发展得足够快，创造的就业岗位是能够吸收传统产业失业的劳动力的，但由于劳动力技能匹配的结构性矛盾以及传统产业衰退导致

税收下降、缺乏财政支持产业转型升级等原因，往往第三产业的就业需求难以弥补主导产业衰退所造成的巨大失业缺口；而且，在"机器代人"的背景下，劳动力的需求结构发生了转变，对城市人口特别是低技能劳动者的就业产生巨大的影响。最终，产业调整不协调和人口就业岗位不匹配，无法满足城市可持续发展、高质量发展以及人民生活的真实需求，进而出现传统主导产业逐渐衰退、工厂倒闭和失业增加的现象，失业人员为了寻找更好的就业机会和生活环境而外迁至其他新兴产业城市，导致老工业城市经济衰退和劳动力外流，这种累计循环效应同时也加剧了城市收缩的进程，给学界和政策界敲响了警钟。因此，基于中国国情，我国应该从积极和保守两个路径来对待产业转型升级的影响机制，而非一味地"一刀切"进行产业结构调整。对于符合产业转型升级条件的城市，在具备技术、人才和制度等优势的情况下可以积极地发展延伸产业（强化下游产业链）和发展替代产业（建立具有内生驱动力的新兴产业）、引导第二产业向服务业转型（He et al.，2017）；对于不符合条件的城市，产业转型和新技术的培养不是一个自发的过程，对收缩城市更应该谨慎对待，否则被动地进行产业转型升级只会造成城市产业衰退和经济增长放缓（徐博和庞德良，2014）。

七、结论与建议

中国在快速城市化的进程中伴随着局部城市收缩的现象，因此，深入探究中国城市收缩的内在动因是一个紧迫问题。本章从资源错配这一新的视角切入，基于2010~2019年287个地级市及以上的城市数据，具体阐释中国收缩城市和非收缩城市资源错配的时空演化规律，以及结合不同城市在地理区位、资源禀赋及产业升级能力等方面的情况进行交互分析。这对于探索中国新型城市化道路、理性认识收缩城市有着重要的理论价值和现实意义。

本章得出的基本结论如下：

（1）不同地区均存在不同的资本错配和劳动错配。其中，资本错配方面表现为东部、东北地区资本配置不足，中部、西部地区资本配置过剩；劳动力错配方面表现为中东部、中部、西部地区劳动力配置不足，东北地区劳动力配置过剩。

（2）城市收缩切实与资源在城市层面的配置有关。收缩城市的资源错配问题最严重，而且收缩城市既存在资本配置过剩，也存在劳动配置过剩。其中，资本过剩和劳动过剩意味着过度积累，资本缺乏投资机会导致过剩的资本外逃，劳动力缺乏就业岗位导致过剩的劳动力外流，资本和劳动等生产要素的错配越严重，资源配置效率越低下，越不利于城市经济发展，经济衰退最终加剧城市收缩。在"城市收缩—资源错配—城市进一步收缩……"的累积循环效应的驱动下，资源错配毫无疑问也是导致城市收缩的内在动因之一。

（3）从收缩类型与地理区位交互情况来看，收缩城市内部的东北地区资源错配程度显著高于其余三个地区；相反，非收缩城市内部除中部地区资源错配程度较小以外，其他地区基本相差不大。这说明，地区因素可能是影响配置效率的关键因素，东北地区的营商环境、气候条件等因素都可能影响资本和劳动力的流动。

（4）从收缩类型与资源类型交互情况来看，中国部分城市存在"资源诅咒"的现象，资源型城市的资源错配程度比非资源城市的更大，其中主要是由劳动错配造成的。资源型城市对于资源的依赖性仍然比较强，发展和壮大新兴产业的内生动力不足，面临着一系列资源枯竭和环境污染等严峻挑战。在中国日渐增多的资源枯竭城市的背景下，这些城市正面临人口持续外流和经济衰退的问题，可持续发展之路任重而道远。

（5）从收缩类型与产业升级类型交互情况来看，产业变迁也是影响收缩城市资源错配的影响因素之一，不论是收缩城市还是非收缩城市，产业转型升级城市的资源错配程度均比非产业转型升级城市的要大。在老工业城市和资源型城市实行"退二进三""机器代人"的背景下，新兴产业创造的就业岗位难以弥补主导产业衰退所造成的巨大失业缺口、传统劳动力技能不匹配的结构性矛盾等现象的存在，导致产业变迁效果可能并不尽如人意。这说明中国当前仍存在着产业升级乏力、供需结构不匹配的问题。

如何应对收缩城市的资源错配问题，本章给出如下应对策略：

（1）转换思路，找准定位，把"量"的收缩转换为"质"的提升。收缩型城市瘦身强体，转变增量规划思维，盘活存量，引导资源和人口向中心城区集聚。增长并不一定是一个完美的模式，与城市增长带来的交通拥堵和环境污染甚至是低效率的城市蔓延和无序扩张相比，城市人口减少也许是一个正面的机遇。政府可以改善生态环境、住房条件和交通条件，如旧城改造、升级绿化及增加公共基础设施等。不管是"精明收缩"还是建设"紧凑城市",地方政府都应该合理利用土地资源,防止出现人口流失和城市用地无序扩张的现象,减少"土地换发展"的路径,避免土地资源配置低效。

(2)针对不同区域和类型的城市制定不同的可持续发展策略。实行产业升级,加快资源型城市和老工业城市从单一资源型经济向多元经济转变,在传统产业还能支撑城市经济发展的同时将其他延伸产业和替代产业也对应地发展起来;发展优势产业,需要寻求新的城市经济增长点,进行根本性的经济改革。不管是以科技创新,还是以文化品牌、旅游、交通枢纽等为城市特色,充分利用资源的比较优势来提升城市吸引力,打造城市品牌,形成"产—城—人—文"的发展之路,才是提高资源配置效率、摆脱城市收缩的命运之道。

(3)走政府和市场合作的城市收缩治理路径,针对不同要素剩余制定不同的城市收缩发展战略。资源错配是一种市场失灵现象,城市收缩在累积循环效应的作用下,通过市场调节只会加剧收缩城市的资源错配。政府应该主张合理的引导,改善城市生态环境,营造良好的营商环境,对收缩城市制定一些长远的发展规划;同时,鼓励民营经济参与,盘活社会效益,形成"政府引导+市场运作"的治理路径。对于劳动力配置过剩而导致的人口外流现象,政府应该完善城市基本的公共基础设施和社会保障、鼓励生育、完善子女入学政策,企业可以加强劳动者技能的培训、吸引人才和提升人力资本;对于资本配置过剩而导致的资金外逃现象,政府应当给予一定的投资政策优惠,企业加强研发投入,符合条件的企业进行产业结构转型。

参考文献

［1］Aaby N E, Slater S F. Management Influences on Export Performance: A Review of the Empirical Literature 1978–1988 ［J］. International Marketing Review, 1991, 6 (4): 7–23.

［2］Abbring J H, Campbell J R. A Structural Empirical Model of Firm Growth, Learning, and Survival ［R］. NBER Working Paper 9712, 2003.

［3］ADB. Asia SME, Finance Monitor ［EB/OL］. http: //www. adb. org/sites/default/files/pub /2014 /asia–sme–finance–monitor–2013. pdf.

［4］Aghion P, Howitt P. A Model of Growth through Creative Destruction ［J］. Econometrica, 1992, 60 (2): 323–351.

［5］Aghion P, Akcigit U, Howitt P. The Schumpeterian Growth Paradigm ［J］. Economics, 2015, 7 (1): 557–575.

［6］Aghion P, Akcigit U, Howitt P. What Do We Learn from Schumpeterian Growth Theory? ［J］. Handbook of Economic Growth. Elsevier, 2014, 2: 515–563.

［7］Aiyar S, Duval R A, Puy D, et al. Growth Slowdowns and the Middle–income Trap ［R］. IMF Working Papers, 2013.

［8］Albornoz F, Pardo H F C, Corcos G, et al. Sequential Exporting ［J］. Journal of International Economics, 2012, 88 (1): 17–31.

［9］Alfaro L, Chari A. Deregulation, Misallocation, and Size: Evidence from India ［J］. The Journal of Law and Economics, 2014, 57 (4): 897–936.

［10］Alfaro L, Charlton A, Kanczuk F. Plant Size Distribution and Cross–country Income Differences ［J］. NBER International Seminar on Macroeconomics. NBER, 2008, 5 (1): 243–272.

［11］Ali A, Swiercz P M. Firm Size and Export Behavior: Lessons from the Midwest ［J］. Journal of Small Business Management, 1991, 29 (2): 71.

［12］Allen F, Qian J, Qian M. Law, Finance, and Economic Growth in China ［J］. Journal of Financial Economics, 2005, 77 (1): 57-116.

［13］Anderson G, Ge Y. The Size Distribution of Chinese Cities ［J］. Regional Science and Urban Economics, 2005, 35 (6): 756-776.

［14］Angelini P, Generale A. On the Evolution of Firm Size Distributions ［J］. American Economic Review, 2008, 98 (1): 426-438.

［15］Aoki S. A Simple Accounting Framework for the Effect of Resource Misallocation on Aggregate Productivity ［J］. Journal of the Japanese and International Economies, 2012, 26 (4): 473-494.

［16］Ardic O P, Mylenko N, Saltane V. Small and Medium Enterprises: A Cross-country Analysis with a New Data Set ［R］. World Bank Policy Research Working Paper 5538, 2013.

［17］Arkolakis C, Papageorgiou T, Timoshenko O A. Firm Learning and Growth ［J］. Review of Economic Dynamics, 2018, 27: 146-168.

［18］Arrow K J. The Economic Implications of Learning by Doing ［J］. Review of Economic Studies, 1962, 29 (3): 155-173.

［19］Arshad S, Hu S, Ashraf B N. Zipf's Law and City Size Distribution: A Survey of the Literature and Future Research Agenda ［J］. Physica A: Statistical Mechanics and its Applications, 2018, 492: 75-92.

［20］Atkeson A, Kehoe P J. Modeling and Measuring Organization Capital ［J］. Journal of Political Economy, 2005, 113 (5): 1026-1053.

［21］Au C C, Henderson J V. Are Chinese Cities too Small? ［J］. The Review of Economic Studies, 2006, 73 (3): 549-576.

［22］Axtell R L. Zipf Distribution of US Firm Sizes ［J］. Science, 2001, 293 (5536): 1818-1820.

［23］Ayyagari M, Beck T, Demirguc-Kunt A. Small and Medium Enterprises across the Globe ［J］. Small Business Economics, 2007a, 29 (4): 415-434.

［24］Ayyagari M, Demirguc-Kunt A, Maksimovic V. Firm Innovation in Emerging Markets: The Roles of Governance and Finance ［R］. World Bank Policy Research Working Paper 4157, 2007b.

[25] Badrul H M, Akhter T. Small and Medium Enterprises Financing in Bangladesh: The Missing Middle [J]. International Journal of Management & Business Research, 2014, 4 (4): 295-308.

[26] Baldwin J R, Gorecki P K. Entry, Exit and Productivity Growth [M] // Geroski, Schwalbach. Entry and Market Contestability: An International Comparison. Oxford: Blackwell, 1991.

[27] Baldwin J R, Gu W. Firm Dynamics and Productivity Growth: A Comparison of the Retail Trade and Manufacturing Sectors [J]. Industrial and Corporate Change, 2011, 20 (2): 367-395.

[28] Baldwin J R, Jarmin R S, Tang J. Small North American Producers Give Ground in the 1990s [J]. Small Business Economics, 2004, 23 (4): 349-361.

[29] Baldwin J R, Rafiquzzaman M. Selection Versus Evolutionary Adaptation: Learning and Post-entry Performance [J]. International Journal of Industrial Organization, 1995, 13 (4): 501-522.

[30] Bartelsman E J, Doms M. Understanding Productivity: Lessons from Longitudinal Microdata [J]. Finance and Economics Discussion, 2010, 38 (3): 569-594.

[31] Basu S, Fernald J G. Returns to Scale in US Production: Estimates and Implications [J]. Journal of Political Economy, 1997, 105 (2): 249-283.

[32] Beck T, Demirguc - Kunt A, Levine R. SMEs, Growth, and Poverty: Cross-country Evidence [J]. Journal of Economic Growth, 2005a, 10 (3): 199-229.

[33] Beck T, Demirgüç-Kunt A. Small and medium-size Enterprises: Access to Finance as a Growth Constraint [J]. Journal of Banking & Finance, 2006, 30 (11): 2931-2943.

[34] Beck T, Demirgüç - Kunt A, Maksimovic V. Financial and Legal Constraints to Growth: Does Firm Size Matter? [J]. The Journal of Finance, 2005b, 60 (1): 137-177.

[35] Beck T, Demirgüç-Kunt A, Maksimovic V. Financing Patterns around the World: Are Small Firms Different? [J]. Journal of Financial Economics, 2008a, 89

(3): 467-487.

[36] Beck T, Demirgüç-Kunt A, Martinez Peria M S. Bank Financing for SMEs around the World: Drivers, Obstacles, Business Models, and Lending Practices [R] . World Bank Policy Research Working Paper (4785), 2008b.

[37] Beck T. Financing Constraints of SMEs in Developing Countries: Evidence, Determinants and Solutions [R] . Financing Innovation-oriented Businesses to Promote Entrepreneurship, 2007.

[38] Behrens K, Robert-Nicoud F. Survival of the Fittest in Cities: Urbanization and Inequality [J] . The Economic Journal, 2014, 124 (581): 1371-1400.

[39] Behrens K, Duranton G, Robert-Nicoud F. Productive Cities: Sorting, Selection, and Agglomeration [J] . Journal of Political Economy, 2014, 122 (3): 507-553.

[40] Berger A N, Rosen R J, Udell G F. Does Market Size Structure Affect Competition? The Case of Small Business Lending [J] . Journal of Banking & Finance, 2007, 31 (1): 11-33.

[41] Berger A N, Udell G F. A More Complete Conceptual Framework for SME Finance [J] . Journal of Banking & Finance, 2006, 30 (11): 2945-2966.

[42] Berger A N, Udell G F. Relationship Lending and Lines of Credit in Small Firm Finance [J] . Journal of Business, 1995, 68 (3): 351-381.

[43] Berman N, Rebeyrol V, Vicard V. Demand Learning and Firm Dynamics: Evidence from Exporters [J] . Review of Economics and Statistics, 2019, 101 (1): 91-106.

[44] Bernard A B, Jensen J B. Why Some Firms Export [J] . Review of Economics and Statistics, 2004, 86 (2): 561-569.

[45] Besley T, Burgess R. Can Labor Regulation Hinder Economic Performance? Evidence from India [J] . The Quarterly Journal of Economics, 2004, 119 (1): 91-134.

[46] Biesebroeck J V. Exporting Raises Productivity in Sub-Saharan African Manufacturing Firms [J] . Journal of International Economics, 2005, 67 (2): 373-391.

[47] Black D, Henderson V. A Theory of Urban Growth [J] . Journal of Politi-

cal Economy, 1999, 107 (2): 252-284.

［48］Black D, Henderson V. Urban Evolution in the USA ［J］. Journal of Economic Geography, 2003, 3 (4): 343-372.

［49］Bonaccorsi A. On the Relationship between Firm Size and Export Intensity ［J］. Journal of International Business Studies, 1992, 23 (4): 605-635.

［50］Brandt L, Li H. Bank Discrimination in Transition Economies: Ideology, Information, or Incentives? ［J］. Journal of Comparative Economics, 2003, 31 (3): 387-413.

［51］Brandt L, Tombe T, Zhu X. Factor Market Distortions across Time, Space and Sectors in China ［J］. Review of Economic Dynamics, 2013, 16 (1): 39-58.

［52］Brunetti A, Kisunko G, Weder B. Credibility of Rules and Economic Growth: Evidence from AWorldwide Survey of the Private Sector ［J］. World Bank Economic Review, 1998, 12 (3): 353-384.

［53］Buera F J, Kaboski J P, Shin Y. Finance and Development: A Tale of Two Sectors ［J］. American Economic Review, 2011, 101 (5): 1964-2002.

［54］Cabral L, Mata J. On the Evolution of the Firm Size Distribution: Facts and Theory ［J］. American Economic Review, 2003, 93 (4): 1075-1090.

［55］Calof J L. The Relationship between Firm Size and Export Behavior Revisited ［J］. Journal of International Business Studies, 1994, 25 (2): 367-387.

［56］Carlino G A, Chatterjee S, Hunt R M. Urban Density and the Rate of Invention ［J］. Journal of Urban Economics, 2007, 61 (3): 389-419.

［57］Carlino G, Kerr W R. Agglomeration and Innovation ［J］. Handbook of Regional and Urban Economics, 2015, 5: 349-404.

［58］Caves R E. Industrial Organization and New Findings on the Turnover and Mobility of Firms ［J］. Journal of Economic Literature, 1998, 36 (4): 1947-1982.

［59］Chan K W, Wan G. The Size Distribution and Growth Pattern of Cities in China, 1982-2010: Analysis and Policy Implications ［J］. Journal of the Asia Pacific Economy, 2017, 22 (1): 136-155.

［60］Chandler A D. Scale and Scope: The Dynamics of Industrial Capitalism ［M］. Cambridge: Harvard University Press, 1990.

［61］Chandler A D. The Beginnings of "Big Business" in American Industry

[J] . Business History Review, 1959, 33 (1): 1-31.

[62] Chandler A D. The Visible Hand: The Managerial Revolution in American Business [M] . Cambridge: Harvard University Press, 1977.

[63] Chandler Jr, Alfred D. Scale and Scope: The Dynamics of Industrial Capitalism [M] . Cambridge: Harvard University Press, 1990.

[64] Chari A V. Identifying the Aggregate Productivity Effects of Entry and Size Restrictions: An Empirical Analysis of License Reform in India [J] . American Economic Journal: Economic Policy, 2011, 3 (2): 66-96.

[65] Christensen P, McCord G C. Geographic Determinants of China's Urbanization [J] . Regional Science and Urban Economics, 2016, 59: 90-102.

[66] Christian S, William H. China's Phantom Urbanization and the Pathology of Ghost Cities [J] . Journal of Contemporary Asia, 2016, 46 (2): 304-322.

[67] Cohen W M, Levinthal D A. Absorptive Capacity: A New Perspective on Learning and Innovation [J] . Administrative Science Quarterly, 1990, 35 (1): 128-152.

[68] Cohen W M, Levinthal D A. Innovation and Learning: The Two Faces of R & D [J] . The Economic Journal, 1989, 99 (397): 569-596.

[69] Collard-Wexler A, Asker J, DeLoecker J. Productivity Volatility and the Misallocation of Resources in Developing Economies [R] . National Bureau of Economic Research, 2011.

[70] Combes P P, Duranton G, Gobillon L, et al. The Productivity Advantages of Large Cities: Distinguishing Agglomeration from Firm Selection [J] . Econometrica, 2012, 80 (6): 2543-2594.

[71] Culpan R. Export Behavior of Firms: Relevance of Firm Size [J] . Journal of Business Research, 1989, 18 (3): 207-218.

[72] Das S. Size, Age and Firm Growth in an Infant Industry: The Computer Hardware Industry in India [J] . International Journal of Industrial Organization, 1995, 13 (1): 111-126.

[73] David J M, Hopenhayn H A, Venkateswaran V. Information, Misallocation, and Aggregate Productivity [J] . The Quarterly Journal of Economics, 2016, 131 (2): 943-1005.

［74］ Del Gatto M, Ottaviano G I P, Mion G. Trade Integration, Firm Selection and the Costs of Non-Europe ［J］. Social Science Electronic Publishing, 2007, 122 (45): 754-798.

［75］ Demirgüç-Kunt A, Klapper L, Panos G. The origins of self-employment ［J］. Development Research Group, World Bank, 2007.

［76］ Desmet K, Esteban R. Urban Accounting and Welfare ［J］. The American Economic Review, 2013, 103 (6): 2296-2327

［77］ Dhar P N, Lydall H F. The Roale of Small Enterprise in Indian Economic Development ［M］. Bombay: Asian Publishing House, 1961.

［78］ Didier T, Levine R, Schmukler S L. Capital Market Financing, Firm Growth, Firm Size Distribution ［R］. National Bureau of Economic Research, 2014.

［79］ Didier T, Schmukler S L. The Financing and Growth of Firms in China and India: Evidence from Capital Markets ［J］. Journal of International Money and Finance, 2013, 39 (c): 111-137.

［80］ Duranton G, Diego P. From Sectoral to Functional Urban Specialization ［J］. Journal of Urban Economics, 2005, 57 (2): 343-370.

［81］ Duranton G, Diego P. Micro-foundations of Urban Agglomeration Economies ［M］//Handbook of Regional and Urban Economics. Amsterdam: Elsevier, 2004.

［82］ Duranton G, Kerr W R. The Logic of Agglomeration ［R］. National Bureau of Economic Research, 2015.

［83］ Duranton G, Puga D. Diversity and Specialization in Cities: Why, Where and When does It Matter? ［J］. Urban studies, 2000, 37 (3): 533-555.

［84］ Duranton G, Puga D. Micro-foundations of Urban Agglomeration Economies ［M］// Handbook of Regional and Urban Economics. Amsterdam: Elsevier, 2004.

［85］ Duranton G, Puga D. Nursery Cities: Urban Diversity, Process Innovation, and the Life Cycle of Products ［J］. American Economic Review, 2001, 91 (5): 1454-1477.

［86］ Eaton J, Eslava M, Jinkins D, et al. A Search and Learning Model of Export Dynamics ［R］. National Bureau of Economic Research, 2021.

［87］ Edinburgh Group. Growing the Global Economy through SMEs ［EB/OL］.

[2012-01-15] . http://www. edinburgh-group. org/media/2776/edinburgh_group_
research_-_growing_the_global_economy_through_smes. pdf.

[88] Ericson R, Pakes A. Markov-perfect Industry Dynamics: A Framework for
Empirical Work [J] . The Review of Economic Studies, 1995, 62 (1): 53-82.

[89] Fang M, Han L, Huang Z, et al. Regional Convergence or just an Illusion?
Place-based Land Policy and Spatial Misallocation [R] . SSRN, 2021.

[90] Findlay R. Relative Backwardness, Direct Foreign Investment, and the
Transfer of Technology: A Simple Dynamic Model [J] . The Quarterly Journal of Eco-
nomics, 1978, 92 (1): 1-16.

[91] Foster L, Haltiwanger J C, Krizan C J. Aggregate Productivity
Growth: Lessons from Microeconomic Evidence [R] . NBER Working Paper 6803,
2001.

[92] Foster L, Haltiwanger J, Krizan C J. Market Selection, Reallocation, and
Restructuring in the US Retail Trade Sector in the 1990s [J] . The Review of Econom-
ics and Statistics, 2006, 88 (4): 748-758.

[93] Foster L, Haltiwanger J, Syverson C. Reallocation, Firm Turnover, and
Efficiency: Selection on Productivity or profitability? [J] . American Economic Re-
view, 2008, 98 (1): 394-425.

[94] Foster L, Haltiwanger J, Syverson C. The Slow Growth of New Plants:
Learning About Demand? [J] . Economica, 2016, 83 (329): 91-129.

[95] Fujita M, Thisse J F. Economics of Agglomeration: Cities, Regions, and
International Trade [M] . Cambridge: Cambridge University Press, 2002.

[96] Fujita M, Krugman P R, Venables A. The Spatial Economy: Cities, Re-
gions, and International Trade [M] . Cambridge: MIT Press, 1999.

[97] Fujita M, Ogawa H. Multiple Equilibria and Structural Transition of Non-
monocentric Urban Configurations [J] . Regional Science and Urban Economics,
1982, 12 (2): 161-196.

[98] Fujita M. A Monopolistic Competition Model of Spatialagglomeration: A
Differentiated Products Approach [J] . Regional Science and Urban Economics, 1988,
18 (1): 87-124.

[99] Fujiwara Y, DiGuilmi C, Aoyama H, et al. Do Pareto-Zipf and Gibrat

Laws Hold True? An Analysis with European Firms [J]. Physica A: Statistical Mechanics and its Applications, 2004, 335 (1-2): 197-216.

[100] Gabaix X, Landier A. Why Has CEO Pay Increased so Much? [J]. The Quarterly Journal of Economics, 2008, 123 (1): 49-100.

[101] Gabaix X. Zipf's Law for Cities: An Explanation [J]. The Quarterly Journal of Economics, 1999, 114 (3): 739-767.

[102] Gao B, Huang Q, He C, et al. How does Sprawl Differ across Cities in China? A Multi-scale Investigation Using Nighttime Light and Census Data [J]. Landscape and Urban Planning, 2016, 148: 89-98.

[103] Garicano L, Lelarge C, Van Reenen J. Firm Size Distortions and the Productivity Distribution: Evidence from France [J]. American Economic Review, 2016, 106 (11): 3439-3479.

[104] Gaubert C. Firm Sorting and Agglomeration [J]. American Economic Review, 2018, 108 (11): 3117-3153.

[105] Geroski P A, Machin S. Innovation, Profitability and Growth over the Business Cycle [J]. Empirica, 1993, 20: 35-50.

[106] Geroski P, Mazzucato M. Learning and the Sources of Corporate Growth [J]. Industrial and Corporate Change, 2002, 11 (4): 623-644.

[107] Gibrat R. Les Inégalités Économiques; Applications: Aux Inégalités Des richesses, À la Concentration Des Enterprises, Aux Populations Des Villes Aux Statistiques DesFfamilies, Etc, D'une Loi Nouvelle, La loi de L'effet Proportional [M]. Paris: Librairie du Recueil Sirey, 1931.

[108] Giuliano G, Kang S, Yuan Q. Agglomeration Economies and Evolving Urban Form [J]. The Annals of Regional Science, 2019, 63 (3): 377-398.

[109] Glaeser E L, Kallal H D, Scheinkman J A, et al. Growth in Cities [J]. Journal of Political Economy, 1992, 100 (6): 1126-1152.

[110] Glaeser E L, Resseger M G. The Complementarity between Cities and Skills [J]. Journal of Regional Science, 2010, 50 (1): 221-244.

[111] Glock B, Häußermann H. New Trends in Urban Development and Public Policy in Eastern Germany: Dealing with the Vacant Housing Problem at the Local Level [J]. International Journal of Urban and Regional Research, 2004, 28 (4): 919-929.

［112］Gourieroux C, Monfort A, Renault E. Indirect Inference ［J］. Journal of Applied Econometrics, 1993, 8 (S1): S85-S118.

［113］Gourio F, Roys N. Size-dependent Regulations, Firm Size Distribution, and Reallocation ［J］. Quantitative Economics, 2014, 5 (2): 377-416.

［114］Goyette J, Gallipoli G. Distortions, Efficiency and the Size Distribution of Firms ［J］. Journal of Macroeconomics, 2015, 45: 202-221.

［115］Goyette J. The Determinants of the Size Distribution of Firms in Uganda ［J］. The European Journal of Development Research, 2014, 26 (4): 456-472.

［116］Griliches Z, Regev H. Productivity Growth in Japan and the United States ［R］. NBER working paper#4059, 1992.

［117］Groenewold N, Lee G P, Chen A P. Regional Output Spillovers in China: Estimates from a VAR Model ［J］. Regional Science, 2007, 86 (1): 101-122.

［118］Grossman G M, Helpman E. Protection for Sale ［J］. The American Economic Review, 1994, 84 (4): 833-850.

［119］Guariglia A, Liu X, Song L. Internal Finance and Growth: Microeconometric Evidence on Chinese Firms ［J］. Journal of Development Economics, 2011, 96 (1): 79-94.

［120］Guariglia A, Poncet S. Could Financial Distortions be no Impediment to Economic Growth after All? Evidence from China ［J］. Journal of Comparative Economics, 2008, 36 (4): 633-657.

［121］Guner N, Ventura G, Xu Y. Macroeconomic Implications of Size-dependent Policies ［J］. Review of Economic Dynamics, 2008, 11 (4): 721-744.

［122］Guner N, Ventura G, Yi X. How Costly are Restrictions on Size? ［J］. Japan and the World Economy, 2006, 18 (3): 302-320.

［123］Hadlock C J, Pierce J R. New Evidence on Measuring Financial Constraints: Moving beyond the KZ Index ［J］. The Review of Financial Studies, 2010, 23 (5): 1909-1940.

［124］Hallberg K. A Market-oriented Strategy for Small and Medium Scale Enterprises ［M］. Washington: World Bank Group, 2000.

［125］Hasan R, Jandoc K. Labor Regulations and the Firm Size Distribution in

Indian Manufacturing [R] . School of International and Public Affairs, Columbia University Working Paper No 1118, 2013.

[126] He S Y, Lee J, Zhou T, et al. Shrinking Cities and Resource-based Economy: The Economic Restructuring in China's Mining Cities [J] . Cities, 2017, 60: 75-83.

[127] Helpman E, Melitz M J, Yeaple S R. Export Versus FDI with Heterogeneous Firms [J] . American Economic Review, 2004, 94 (1): 300-316.

[128] Henderson J V, Logan J R, Choi S. Growth of China's Medium-Size with Comments [J] . Brookings-wharton Papers on Urban Affairs, 2005: 263-303.

[129] Henderson J V. Cities and Development [J] . Journal of Regional Science, 2010, 50 (1): 515-540.

[130] Henderson J V. The Urbanization Process and Economic Growth: The So-what Question [J] . Journal of Economic Growth, 2003, 8 (1): 47-71.

[131] Henderson J V. Urbanization in Developing Countries [J] . The World Bank Research Observer, 2002a, 17 (1): 89-112.

[132] Henderson V. Urban Primacy, External Costs, and Quality of Life [J] . Resource and Energy Economics, 2002b, 24 (1-2): 95-106.

[133] Holmes T J, Stevens J J. An Alternative Theory of the Plant Size Distribution, with Geography and Intra-and International Trade [J] . Journal of Political Economy, 2014, 122 (2): 369-421.

[134] Hsieh C T, Klenow P J. Misallocation and Manufacturing TFP in China and India [J] . The Quarterly Journal of Economics, 2009, 124 (4): 1403-1448.

[135] Hsieh C T, Olken B A. The Missing "Missing Middle" [J] . Journal of Economic Perspectives, 2014, 28 (3): 89-108.

[136] Hsu W T. Central Place Theory and City Size Distribution [J] . The Economic Journal, 2012, 122 (563): 903-932.

[137] Hsu W T. Central Place Theory and Zipf's Law [J] . Dissertation Abstracts International, 2008, 69 (6): 2396-2434.

[138] Hymer S, Pashigian P. Firm Size and Rate of Growth [J] . Journal of Political Economy, 1962, 70 (6): 556-569.

[139] Héricourt J, Poncet S. FDI and Credit Constraints: Firm-level Evidence

from China ［J］. Economic Systems, 2009, 33（1）: 1-21.

［140］IADB. Unlocking Credit: The Quest for Deep and Stable Lending ［M］. Baltimore, MD: Johns Hopkins University Press, 2004.

［141］IFC（International Finance Corporation）. The SME Banking Knowledge Guide ［R］. The World Bank Group, Washington D C, 2009.

［142］IFC. IFC Enterprise Surveys: Bangladesh Country Profile-2013 ［EB/OL］. ［2013-01-01］. http: //www. enterprisesurveys. org/~/media/GIAWB/EnterpriseS-urveys/ Documents/Profiles/English/bangladesh-2013. pdf.

［143］Ioannides Y M, Zhang J. Walled Cities in Late Imperial China ［J］. Journal of Urban Economics, 2017, 97: 71-88.

［144］Jacobs J. The Economy of Cities ［M］. New York: Vintage, 1969.

［145］Jedwab R, Vollrath D. Urbanization without Growth in Historical Perspective ［J］. Explorations in Economic History, 2015, 58: 1-21.

［146］Jiang B, Yin J, Liu Q. Zipf's Law for All the Natural Cities around the World ［J］. International Journal of Geographical Information Science, 2015, 29（3）: 498-522.

［147］John K W. Certain Changes in Population Distribution in the United States ［J］. Geographical Review, 1941, 31（3）: 488-490.

［148］Johnson S, Kaufmann D, McMillan J, et al. Why do Firms Hide? Bribes and Unofficial Activity after Communism ［J］. Journal of Public Economics, 2000, 76（3）: 495-520.

［149］Jovanovic B. Selection and the Evolution of Industry ［J］. Econometrica: Journal of The Econometric Society, 1982, 50（3）: 649-670.

［150］Keen M, Mintz J. The Optimal Threshold for A Value-add Tax ［J］. Journal of public Economic, 2004, 88（34）: 559-576.

［151］Khanna T, Palepu K. Is Group Affiliation Profitable in Emerging Markets? An Analysis of Diversified Indian Business Groups ［J］. The Journal of Finance, 2000, 55（2）: 867-891.

［152］King A A, Tucci C L. Incumbent Entry into New Market Niches: The Role of Experience and Managerial Choice in the Creation of Dynamic Capabilities ［J］. Management Science, 2002, 48（2）: 171-186.

［153］Klepper S. Firm Survival and the Evolution of Oligopoly ［J］. RAND Journal of Economics, 2002, 33（1）: 37-61.

［154］Krueger A O. The Missing Middle ［R］. SCID Working Paper No. 343, 2007.

［155］Krugman P. Confronting the Mystery of Urban Hierarchy ［J］. Journal of the Japanese and International Economies, 1996, 10（4）: 399-418.

［156］Krugman P. Increasing Returns and Economic Geography ［J］. Journal of Political Economy, 1991, 99（3）: 483-499.

［157］Kumar K, Rajan R, Zingales L. What Determines Firm Size? ［R］. NBER Working Paper 7208, 1999.

［158］Kuntchev V, Ramalho R, Rodríguez-Meza J, et al. What Have We Learned from the Enterprise Surveys Regarding Access to Finance by SMEs ［R］. Enterprise Analysis Unit of the Finance and Private Sector Development, The World Bank Group, 2012.

［159］La Porta R, Lopez-de-Silanes F, Shleifer A, et al. Law and Finance ［J］. Journal of Political Economy, 1998, 106（6）: 1113-1155.

［160］Laeven L, Woodruff C M. The Quality of the Legal System and Firm Size ［R］. World Bank Mimeo, 2003.

［161］Lee C Y. A Theory of Firm Growth: Learning Capability, Knowledge Threshold, and Patterns of Growth ［J］. Research Policy, 2010, 39（2）: 278-289.

［162］Lee K, Kim B Y, Park Y Y, et al. Big Businesses and Economic Growth: Identifying a Binding constraint for Growth with Country Panel Analysis ［J］. Journal of Comparative Economics, 2013, 41（2）: 561-582.

［163］Lee K, Li S. Possibility of a Middle Income Trap in China: Assessment in Terms of the Literature on Innovation, Big Business and Inequality ［J］. Frontiers of Economics in China, 2014, 9（3）: 370-397.

［164］Lee K. Schumpeterian Analysis of Economic Catch-up: Knowledge, Path-creation, and the Middle-income Trap ［M］. Cambridge: Cambridge University Press, 2013.

［165］Leung D, Meh C, Terajima Y. Productivity in Canada: Does Firm Size Matter? ［J］. Bank of Canada Review, 2008: 7-16.

[166] Levinsohn J, Petrin A. Estimating Production Functions Using Inputs to Control for Unobservables [J]. The Review of Economic Studies, 2003, 70 (2): 317-341.

[167] Li H, Mykhnenko V. Urban Shrinkage with Chinese Characteristics [J]. The Geographical Journal, 2018, 184 (4): 398-412.

[168] Liang W, Lu M, Zhang H. Housing Prices Raise Wages: Estimating the Unexpected Effects of Land Supply Regulation in China [J]. Journal of Housing Economics, 2016, 33: 70-81.

[169] Liedholm C, Mead D C. Small Scale Industries in Developing Countries: Empirical Evidence and Policy Implications [R]. Food Security International Development Papers 54062, Michigan State University, 1987.

[170] Lin J Y. The Quest for Prosperity: How Developing Countries Can Take off [M]. Princeton: Princeton University Press, 2012.

[171] Little I M D, Mazumdar D, Page J M, et al. Small Manufacturing Enterprises [M]. New York: Oxford University Press, 1987.

[172] Lu M, Wan G. Urbanization and Urban Systems in the People's Republic of China: Research Findings and Policy Recommendations [J]. Journal of Economic Surveys, 2014, 28 (4): 671-685.

[173] Lucas Jr R E. On the Mechanics of Economic Development [J]. Journal of Monetary Economics, 1988, 22 (1): 3-42.

[174] Lucas Jr R E. On the Size Distribution of Business Firms [J]. The Bell Journal of Economics, 1978: 508-523.

[175] Lucas R E, Rossi-Hansberg E. On the Internal Structure of Cities [J]. Econometrica, 2002, 70 (4): 1445-1476.

[176] Luttmer E G J. Selection, Growth, and the Size Distribution of Firms [J]. The Quarterly Journal of Economics, 2007, 122 (3): 1103-1144.

[177] Luís M B, José M. On the Evolution of the Firm Size Distribution: Face and Theory [J]. American Economic Review, 2003, 93 (4): 1075-1090.

[178] Mansfield E. Entry, Gibrat's Law, Innovation, and the Growth of Firms [J]. American Economic Reviea, 1961, 52 (2): 369-370.

[179] Marshall J. The Structure of Urban Systems [M]. Toronto: University of

Toronto Press, 1989.

[180] Martin P, Rogers C A. Industrial Location and Public Infrastructure [J]. Journal of International Economics, 1995, 39 (3-4): 335-351.

[181] Martinez-Fernandez C, Audirac I, Fol S, et al. Shrinking Cities: Urban Challenges of Globalization [J]. International Journal of Urban and Regional Research, 2012, 36 (2): 213-225.

[182] Mazumdar D, Sarkar S. Globalization, Labor markets and Inequality in India [M]. London and New York: Routledge, 2008.

[183] Mazumdar D, Sarkar S. Manufacturing Enterprise in Asia: Size Structure and Economic Growth [M]. New York: Routledge, 2013.

[184] Melitz M J. The Impact of Trade on Intra-industry Reallocations and Aggregate Industry Productivity [J]. Econometrica, 2003, 71 (6): 1695-1725.

[185] Melitz M, Helpman E, Yeaple S R, Export Versus FDI [J]. Social Science Electronic Publishing , 2003, 94 (1): 300-316.

[186] Midrigan V, Xu D Y. Finance and Misallocation: Evidence from Plant-level Data [J]. American Economic Review, 2014, 104 (2): 422-458.

[187] Moll B. Productivity Losses from Financial Frictions: Can Self-financing Undo Capital Misallocation? [J]. American Economic Review, 2014, 104 (10): 3186-3221.

[188] Nelson R R. Why Do Firms Differ and How Does It Matter? A Revisitation [J]. Seoul Journal of Economics, 2008, 21 (4): 607-619.

[189] Nelson R R. Why do Firms Differ, and How Does It Matter? [J]. Strategic Management Journal, 1991, 12 (S2): 61-74.

[190] Nocke V. A Gap for Me: Entrepreneurs and Entry [J]. Journal of the European Economic Association, 2006, 4 (5): 929-956.

[191] Noda T, Collis D J. The Evolution of Intraindustry Firm Heterogeneity: Insights from a Process Study [J]. Academy of Management Journal, 2001, 44 (4): 897-925.

[192] Olley S, Pakes A. The Dynamics of Productivity in the Telecommunications Equipment Industry [J]. Econometrica, 1996, 64 (6): 1263-1297.

[193] Ottaviano G I P. "New" new Economic Geography: Firm Heterogeneity

and Agglomeration Economies [J]. Journal of Economic Geography, 2011, 11 (2): 231-240.

[194] Ottaviano G, Tabuchi T, Thisse J F. Agglomeration and Trade Revisited [J]. International Economic Review, 2002, 43 (2): 409-435.

[195] Pagano P, Schivardi F. Firm Size Distribution and Growth [J]. Scandinavian Journal of Economics, 2003, 105 (2): 255-274.

[196] Pakes A, Ericson R. Empirical Implications of Alternative Models of Firm Dynamics [J]. Journal of Economic Theory, 1998, 79 (1): 1-45.

[197] Pareto V. Le Cours d'Economique Politique [M]. Paris: Marcel Giard, 1897.

[198] Pasadilla G O. Financial Crisis, Trade Finance, and SMEs: Case of Central Asia [R]. ADBI Working Paper 187, 2010.

[199] Peretto P F. Cost Reduction, Entry, and the Interdependence of Market Structure and Economic Growth [J]. Journal of Monetary Economics, 1999a, 43 (1): 173-195.

[200] Peretto P F. Firm Size, Rivalry and the Extent of the Market in Endogenous Technological Change [J]. European Economic Review, 1999b, 43 (9): 1747-1773.

[201] Peri G, Sparber C. Task Specialization, Immigration, and Wages [J]. American Economic Journal, 2009, 1 (3): 135-169.

[202] Peters M. Heterogeneous Markups, Growth, and Endogenous Misallocation [J]. Econometrica, 2020, 88 (5): 2037-2073.

[203] Phillips C, Bhatia-Panthaki S. Enterprise Development in Zambia: Reflections on the Missing Middle [J]. Journal of International Development, 2007, 19 (6): 793-804.

[204] Poncet S, Steingress W, Vandenbussche H. Financial Constraints in China: Firm-level Evidence [J]. China Economic Review, 2010, 21 (3): 411-422.

[205] Rajan R G, Zingales L. The Firm as a Dedicated Hierarchy: A Theory of the Origins and Growth of Firms [J]. The Quarterly Journal of Economics, 2001, 116 (3): 805-851.

[206] Ramaswamy K V. Understanding the "Missing Middle" in Indian Manu-

facturing: The Role of Size-dependent Labour Regulations and Fiscal Incentives [J]. SSRN Electronic Journal, 2013.

[207] Restuccia D, Rogerson R. Policy Distortions and Aggregate Productivity with Heterogeneous Establishments [J]. Review of Economic Dynamics, 2008, 11 (4): 707-720.

[208] Rocha E A G. The Impact of the Business Environment on the Size of the Micro, Small and Medium Enterprise Sector: Preliminary Findings from a Cross-country Comparison [J]. Procedia Economics and Finance, 2010, 4: 335-349.

[209] Rogerson R, Restuccia D. Policy Distortions and Aggregate Productivity with Heterogeneous Plants [C]. 2004 Meeting Papers. Society for Economic Dynamics, 2004.

[210] Romer P M. Increasing Returns and Long-run Growth [J]. Journal of Political Economy, 1986, 94 (5): 1002-1037.

[211] Rosen K T, Resnick M. The Size Distribution of Cities: An Examination of the Pareto Law and Primacy [J]. Journal of Urban Economics, 1980, 8 (2): 165-186.

[212] Ruhl K J, Willis J L. New Exporter Dynamics [J]. International Economic Review, 2017, 58 (3): 703-726.

[213] Schiffer M, Weder B. Firm Size and the Business Environment: Worldwide Survey Results [R]. World Bank Publications, 2001.

[214] Scholtens B. Analytical Issues in External Financing Alternatives for SBEs [J]. Small Business Economics, 1999, 12 (2): 137-148.

[215] Schumpeter J A. Capitalism, Socialism and Democracy [M]. New York: Harper Perennial, 1962.

[216] Schumpeter J A. The Theory of Economic Development: An Inquiry into Profits, Capital, Credit, Interest, and the Business Cycle [M]. Cambridge: Harvard University Press, 1934.

[217] Shetty S. Shrinking Cities in the Industrial Belt: A Focus on Small and Midsize Cities in Northwestern Ohio [R]. Toledo, OH: University of Toledo Urban Affairs Center, 2009.

[218] Shinozaki S. A New Regime of SME Finance in Emerging Asia: Empowe-

ring Growth-oriented SMEs to Build Resilient National Economies [R] . ADB Working Paper Series on Regional Economic Integration, 2012.

[219] Snodgrass D R, Biggs T. Industrialization and the Small Firm: Patterns and Policies [M] . San Francisco: ICEG, 1996.

[220] Song S, Zhang K H. Urbanisation and City Size Distribution in China [J] . Urban Studies, 2002, (12) : 125-136.

[221] Soo K T. Zipf's Law for Cities: A Cross-country Investigation [J] . Regional Science and Urban Economics, 2005, 35 (3): 239-263.

[222] Sorace C, Hurst W. China's Phantom Urbanization and the Pathology of Ghost Cities [J] . Journal of Contemporary Asia, 2016, 46 (2): 304-322.

[223] Sousa S, Pinho P. Planning for Shrinkage: Paradox or Paradigm [J] . European Planning Studies, 2015, 23 (1): 12-32.

[224] Timoshenko O A. Product Switching in a Model of Learning [J] . Journal of International Economics, 2015, 95 (2): 233-249.

[225] Tybout J R. Manufacturing Firms in Developing Countries: How Well Do They Do, and Why? [J] . Journal of Economic Literature, 2000, 38 (1): 11-44.

[226] VanBiesebroeck J. Exporting Raises Productivity in Sub-Saharan African Manufacturing Firms [J] . Journal of International Economics, 2005, 67 (2): 373-391.

[227] VanBiesebroeck J. Firm Size Matters: Growth and Productivity Growth in African Manufacturing [J] . Economic Development and Cultural Change, 2005, 53 (3): 545-583.

[228] Voudouris I, Lioukas S, Makridakis S, et al. Greek Hidden Champions: Lessons from Small, Little-known Firms in Greece [J] . European Management Journal, 2000, 18 (6): 663-674.

[229] Wang C, Rodan S, Fruin M, et al. Knowledge Networks, Collaboration Networks, and Exploratory Innovation [J] . Academy of Management Journal, 2014, 57 (2): 484-514.

[230] Wiechmann T. Errors expected—Aligning Urban Strategy with Demographic Uncertainty in Shrinking Cities [J] . International Planning Studies, 2008, 13 (4): 431-446.

［231］Williamson J. Some Basic Disagreements on Development ［R］. Presentation at High-Level Knowledge Forum on Expanding the Frontiers in Development Policy, Hosted by the KDI, Held in Seoul, 2012.

［232］Williamson O E. Markets and Hierarchies ［M］. New York：Free Press, 1975.

［233］World Bank. China 2030：Building a Modern, Harmonious, and Creative High-Income Society ［R］. Washington, DC：The World Bank, 2012.

［234］World Bank. Exploring the Middle-Income-Trap ［R］. World Bank East Asia Pacific Economic Update：Robust Recovery, Rising Risks, vol. 2, Washington, DC：The World Bank, 2010.

［235］Zipf G K. Human Behavior and the Principle of Least Effort ［M］. Cambridge, MA：Addison-Wesley Press, 1949.

［236］白俊红, 刘宇英. 对外直接投资能否改善中国的资源错配 ［J］. 中国工业经济, 2018 (1)：60-78.

［237］步晓宁, 张天华, 张少华. 通向繁荣之路：中国高速公路建设的资源配置效率研究 ［J］. 管理世界, 2019, 35 (5)：44-63.

［238］蔡之兵, 张可云. 中国城市规模体系与城市发展战略 ［J］. 经济理论与经济管理, 2015, 296 (8)：104-112.

［239］曹广忠, 刘嘉杰, 刘涛. 空气质量对中国人口迁移的影响 ［J］. 地理研究, 2021, 40 (1)：199-212.

［240］曹跃群, 刘培森. 成渝都市群城市体系规模分布的实证研究 ［J］. 西北人口, 2011, 32 (1)：95-98.

［241］常晨, 陆铭. 新城之殇——密度、距离与债务 ［J］. 经济学 (季刊), 2017, 16 (4)：1621-1642.

［242］晁恒, 满燕云, 王砾, 等. 国家级新区设立对城市经济增长的影响分析 ［J］. 经济地理, 2018, 38 (6)：19-27.

［243］陈斌开, 林毅夫. 发展战略、城市化与中国城乡收入差距 ［J］. 中国社会科学, 2013, 208 (4)：81-102+206.

［244］陈大峰, 闫周府, 王文鹏. 城市人口规模、产业集聚模式与城市创新——来自 271 个地级及以上城市的经验证据 ［J］. 中国人口科学, 2020 (5)：27-40+126.

［245］陈飞，苏章杰．城市规模的工资溢价：来源与经济机制［J］．管理世界，2021，37（1）：2+15-16+19-32．

［246］陈胜蓝，陈英丽，胡佳妮．市场竞争程度、股权性质与公司融资约束——基于中国20个行业上市公司的实证分析［J］．产业经济研究，2012（4）：28-36．

［247］陈诗一，刘朝良，冯博．资本配置效率、城市规模分布与福利分析［J］．经济研究，2019，54（2）：133-147．

［248］陈肖飞，郜瑞瑞，韩腾腾，等．人口视角下黄河流域城市收缩的空间格局与影响因素［J］．经济地理，2020，40（6）：37-46．

［249］陈旭，秦蒙，刘修岩．城市蔓延、动态外部性与企业出口参与——基于中国制造业企业数据的经验研究［J］．财贸经济，2018，39（10）：145-160．

［250］陈钊，陆铭．首位城市该多大？——国家规模、全球化和城市化的影响［J］．学术月刊，2014，46（5）：5-16．

［251］程开明，庄燕杰．城市体系位序-规模特征的空间计量分析——以中部地区地级以上城市为例［J］．地理科学，2012，32（8）：905-912．

［252］程中华，李廉水，刘军．生产性服务业集聚对工业效率提升的空间外溢效应［J］．科学学研究，2017，35（3）：364-371+378．

［253］崔书会，李光勤，豆建民．产业协同集聚的资源错配效应研究［J］．统计研究，2019，36（2）：76-87．

［254］戴若尘，祝仲坤，张晓波．中国区域创新创业指数构建与空间格局：1990-2020［D］．北京大学企业大数据研究中心工作论文，2021．

［255］邓路，谢志华，李思飞．民间金融、制度环境与地区经济增长［J］．管理世界，2014（3）：31-40+187．

［256］邓智团，樊豪斌．中国城市人口规模分布规律研究［J］．中国人口科学，2016（4）：48-60+127．

［257］邓忠奇，宋顺锋，曹清峰．中国城市规模之谜：一个综合分析框架［J］．财贸经济，2019，40（9）：102-116．

［258］丁从明，聂军．城市规模分布对资源配置效率的影响——基于中国23个省级面板数据的分析［J］．城市问题，2016（10）：4-11．

［259］都阳，蔡昉，屈小博，等．延续中国奇迹：从户籍制度改革中收获红利［J］．经济研究，2014，49（8）：4-13+78．

［260］杜小敏，陈建宝．人口迁移与流动对我国各地区经济影响的实证分析［J］．人口研究，2010，34（3）：77-88.

［261］杜志威，李郇．收缩城市的形成与规划启示——基于新马克思主义城市理论的视角［J］．规划师，2017，33（1）：5-11.

［262］段进军．关于我国小城镇发展态势的思考［J］．城市发展研究，2007（6）：52-57.

［263］范斐，戴尚泽，于海潮，刘承良．城市层级对中国城市创新绩效的影响研究［J］．中国软科学，2022（1）：171-181.

［264］方明月，聂辉华．企业规模决定因素的经验考察——来自中国企业面板的证据［J］．南开经济研究，2008，144（6）：27-36.

［265］方明月，聂辉华．中国工业企业规模分布的特征事实：齐夫定律的视角［J］．产业经济评论，2010，9（2）：1-17.

［266］方宇惟，夏庆杰，李实．究竟是什么因素抑制了企业成长？——来自外部融资约束分析的证据：1999～2007［J］．产业经济研究，2014（1）：13-22+110.

［267］傅十和，洪俊杰．企业规模、城市规模与集聚经济——对中国制造业企业普查数据的实证分析［J］．经济研究，2008，43（11）：112-125.

［268］高鸿鹰，武康平．我国城市规模分布Pareto指数测算及影响因素分析［J］．数量经济技术经济研究，2007（4）：43-52.

［269］高康，原毅军．空间视域下生产性服务业集聚的资源错配效应研究［J］．当代经济科学，2020，42（6）：108-119.

［270］高凌云，屈小博，贾鹏．中国工业企业规模与生产率的异质性［J］．世界经济，2014，37（6）：113-137.

［271］高翔．城市规模、人力资本与中国城市创新能力［J］．社会科学，2015（3）：49-58.

［272］顾益康，黄祖辉，徐加．对乡镇企业——小城镇道路的历史评判——兼论中国农村城市化道路问题［J］．农业经济问题，1989（4）：10-15.

［273］官锡强．从台湾农村城市化模式看广西农村城镇化的路径选择［J］．城市发展研究，2007（3）：20-25+31.

［274］郭晓丹，张军，吴利学．城市规模、生产率优势与资源配置［J］．管理世界，2019，35（4）：77-89.

[275] 韩峰，李玉双．产业集聚、公共服务供给与城市规模扩张［J］．经济研究，2019，54（11）：149-164.

[276] 韩剑，郑秋玲．政府干预如何导致地区资源错配——基于行业内和行业间错配的分解［J］．中国工业经济，2014（11）：69-81.

[277] 郝良峰，李小平，李松林．城市体系结构演变、产业动态集聚与空间效率优化协同［J］．重庆大学学报（社会科学版），2022：1-18.

[278] 贺小刚，李新春．企业家能力与企业成长：基于中国经验的实证研究［J］．经济研究，2005（10）：101-111.

[279] 洪世键，张京祥．城市蔓延机理与治理［M］．南京：东南大学出版社，2012.

[280] 黄群慧，贺俊．中国制造业的核心能力、功能定位与发展战略——兼评《中国制造2025》［J］．中国工业经济，2015（6）：5-17.

[281] 黄祖辉，顾益康，徐加．农村工业化、城市化和农民市民化［J］．经济研究，1989（3）：61-63+60.

[282] 纪祥裕．大城市更有利于创新吗？［J］．首都经济贸易大学学报，2021，23（1）：50-59.

[283] 季书涵，朱英明．产业集聚的资源错配效应研究［J］．数量经济技术经济研究，2017，34（4）：57-73.

[284] 江艇，孙鲲鹏，聂辉华．城市级别、全要素生产率和资源错配［J］．管理世界，2018，34（3）：38-50+77+183.

[285] 姜鹏，周静，崔勋．基于中日韩实例研究的收缩城市应对思辨［J］．现代城市研究，2016（2）：2-7.

[286] 杰弗里·韦斯特．规模：复杂世界的简单法则［M］．北京：中信出版社，2018.

[287] 金浩然，刘盛和，戚伟．基于新标准的中国城市规模等级结构演变研究［J］．城市规划，2017，41（8）：38-46.

[288] 金相郁．最佳城市规模理论与实证分析：以中国三大直辖市为例［J］．上海经济研究，2004（7）：35-43.

[289] 金煜，陈钊，陆铭．中国的地区工业集聚：经济地理、新经济地理与经济政策［J］．经济研究，2006（4）：79-89.

[290] 靳来群，林金忠，丁诗诗．行政垄断对所有制差异所致资源错配的影

响［J］．中国工业经济，2015（4）：31-43.

［291］柯善咨，赵曜．产业结构、城市规模与中国城市生产率［J］．经济研究，2014，49（4）：76-88+115.

［292］柯淑娥．城市化道路的再探讨［J］．理论导刊，1996（8）：23-25.

［293］孔令乾，付德申，陈嘉浩．城市行政级别、城市规模与城市生产效率［J］．华东经济管理，2019，33（7）：68-77.

［294］寇宗来，刘学悦．中国城市和产业创新力报告2017［J］．复旦大学产业发展研究中心，2017.

［295］郎昆，刘庆．资源错配的来源、趋势与分解［J］．经济学报，2021，8（2）：1-25.

［296］黎文靖，郑曼妮．实质性创新还是策略性创新？——宏观产业政策对微观企业创新的影响［J］．经济研究，2016，51（4）：60-73.

［297］李洪亚，史学贵，张银杰．融资约束与中国企业规模分布研究——基于中国制造业上市公司数据的分析［J］．当代经济科学，2014，36（2）：95-109+127-128.

［298］李洪亚．生产率、规模对企业成长与规模分布会有什么样的影响？——基于1998-2007年中国非制造业工业企业数据的实证研究［J］．南开经济研究，2016（2）：92-115.

［299］李郇，杜志威，李先锋．珠江三角洲城镇收缩的空间分布与机制［J］．现代城市研究，2015（9）：36-43.

［300］李金滟，宋德勇．专业化、多样化与城市集聚经济——基于中国地级单位面板数据的实证研究［J］．管理世界，2008（2）：25-34.

［301］李京文．中国城市化的重要发展趋势：城市群（圈）的出现及对投资的需求［J］．创新，2008（3）：5-7.

［302］李兰冰，高雪莲，黄玖立．"十四五"时期中国新型城镇化发展重大问题展望［J］．管理世界，2020，36（11）：7-22.

［303］李力行，申广军．金融发展与城市规模——理论和来自中国城市的证据［J］．经济学（季刊），2019，18（3）：855-876.

［304］李澎，刘若阳，李健．中国城市行政等级与资源配置效率［J］．经济地理，2016，36（10）：46-51+59.

［305］李平，简泽，江飞涛．进入退出、竞争与中国工业部门的生产率——

开放竞争作为一个效率增进过程［J］．数量经济技术经济研究，2012，29（9）：3-21.

［306］李松林，刘修岩．中国城市体系规模分布扁平化：多维区域验证与经济解释［J］．世界经济，2017，40（11）：144-169.

［307］李唐，李青，陈楚霞．数据管理能力对企业生产率的影响效应——来自中国企业——劳动力匹配调查的新发现［J］．中国工业经济，2020（6）：174-192.

［308］李威，王珺，陈昊．国际贸易、运输成本与城市规模分布——基于中国省区数据的研究［J］．南方经济，2017（11）：85-102.

［309］李旭超，罗德明，金祥荣．资源错置与中国企业规模分布特征［J］．中国社会科学，2017（2）：25-43+205-206.

［310］李玉红，王皓，郑玉歆．企业演化：中国工业生产率增长的重要途径［J］．经济研究，2008（6）：12-24.

［311］梁婧，张庆华，龚六堂．城市规模与劳动生产率：中国城市规模是否过小？——基于中国城市数据的研究［J］．经济学（季刊），2015，14（3）：1053-1072.

［312］梁琦，陈强远，王如玉．户籍改革、劳动力流动与城市层级体系优化［J］．中国社会科学，2013，216（12）：36-59+205.

［313］梁文泉，陆铭．后工业化时代的城市：城市规模影响服务业人力资本外部性的微观证据［J］．经济研究，2016，51（12）：90-103.

［314］林泉，邓朝晖，朱彩荣．国有与民营企业使命陈述的对比研究［J］．管理世界，2010（9）：116-122.

［315］刘爱梅．我国城市规模两极分化的现状与原因［J］．城市问题，2011（4）：2-7.

［316］刘斌，袁其刚，商辉．融资约束、歧视与企业规模分布——基于中国工业企业数据的分析［J］．财贸经济，2015（3）：72-87.

［317］刘秉镰，杨晨．基础设施影响城市规模分布的作用机理及实证研究［J］．经济与管理研究，2016，37（3）：20-28.

［318］刘风豹，朱喜钢，陈蛟，等．城市收缩多维度、多尺度量化识别及成因研究——以转型期中国东北地区为例［J］．现代城市研究，2018（7）：37-46.

［319］刘贵文，谢芳芸，洪竞科，等．基于人口经济数据分析我国城市收缩现状［J］．经济地理，2019，39（7）：50-57.

［320］刘国新，李勃．论企业规模与 R&D 投入相关性［J］．管理科学学报，2001（4）：68-72.

［321］刘欢，席鹏辉．中国存在环境移民吗？——来自空气质量指数测算改革的自然实验［J］．经济学动态，2019（12）：38-54.

［322］刘林，张勇．科技创新投入与区域经济增长的溢出效应分析［J］．华东经济管理，2019，33（1）：62-66.

［323］刘萌萌．城市规模扩大对区域创新和发展的影响［J］．科学管理研究，2018，36（5）：31-33.

［324］刘妙龙，陈雨，陈鹏，等．基于等级钟理论的中国城市规模等级体系演化特征［J］．地理学报，2008，63（12）：1235-1245.

［325］刘瑞明，石磊．中国城市化迟滞的所有制基础：理论与经验证据［J］．经济研究，2015，50（4）：107-121.

［326］刘瑞翔．区域经济一体化对资源配置效率的影响研究——来自长三角26 个城市的证据［J］．南京社会科学，2019（10）：27-34.

［327］刘晓峰，陈钊，陆铭．社会融合与经济增长：城市化和城市发展的内生政策变迁［J］．世界经济，2010，33（6）：60-80.

［328］刘修岩，李松林，秦蒙．城市空间结构与地区经济效率——兼论中国城镇化发展道路的模式选择［J］．管理世界，2017，280（1）：51-64.

［329］刘修岩，李松林，秦蒙．开发时滞、市场不确定性与城市蔓延［J］．经济研究，2016，51（8）：159-171+186.

［330］刘修岩，宋萍．市场潜能与城市增长：基于中国城市数据的实证研究［J］．东南大学学报（哲学社会科学版），2015，17（6）：74-83+147.

［331］刘学华，张学良，李鲁．中国城市体系规模结构：特征事实与经验阐释［J］．财经研究，2015，41（11）：108-123.

［332］刘玉博，李鲁，张学良．超越城市行政边界的都市经济区划分：先发国家实践及启示［J］．城市规划学刊，2016，231（5）：86-93.

［333］刘玉博，张学良，吴万宗．中国收缩城市存在生产率悖论吗——基于人口总量和分布的分析［J］．经济学动态，2017，671（1）：14-27.

［334］刘云刚．面向人口减少时代的城市规划：日本的经验和借鉴［J］．

现代城市研究，2016（2）：8-10.

　　[335] 柳卸林，杨博旭. 多元化还是专业化？产业集聚对区域创新绩效的影响机制研究 [J]. 中国软科学，2020（9）：141-161.

　　[336] 龙瀛，李郇. 收缩城市——国际经验和中国现实 [J]. 现代城市研究，2015（9）：1.

　　[337] 龙瀛，吴康，王江浩. 中国收缩城市及其研究框架 [J]. 现代城市研究，2015（9）：14-19.

　　[338] 鲁晓东，连玉君. 中国工业企业全要素生产率估计：1999-2007 [J]. 经济学（季刊），2012，11（2）：541-558.

　　[339] 陆铭，高虹，佐藤宏. 城市规模与包容性就业 [J]. 中国社会科学，2012，202（10）：47-66+206.

　　[340] 陆铭，向宽虎，陈钊. 中国的城市化和城市体系调整：基于文献的评论 [J]. 世界经济，2011，34（6）：3-25.

　　[341] 陆铭. 空间的力量：地理、政治与城市发展 [M]. 上海：格致出版社，上海人民出版社，2017.

　　[342] 陆铭. 求解"不可能三角"：理性、公正与效率 [J]. 探索与争鸣，2015（10）：2+64-68.

　　[343] 陆铭. 中国经济的症结是空间错配 [J]. 深圳大学学报（人文社会科学版），2019，36（1）：77-85.

　　[344] 陆旸. 从世界城市规模分布模式看中国未来的城市发展 [J]. 新金融评论，2014（1）：174-186.

　　[345] 陆远权，秦佳佳. 中国城市规模分布对区域创新效率的影响研究 [J]. 经济经纬，2018，35（6）：1-7.

　　[346] 吕薇，刁承泰. 中国城市规模分布演变特征研究 [J]. 西南大学学报（自然科学版），2013，35（06）：136-141.

　　[347] 吕昭河. 人口流动的政治经济学含义 [J]. 经济学动态，2012（8）：15-23.

　　[348] 骆进仁，张琦. 我国城市体系结构剖析 [J]. 农村经济与社会，1991（1）：61-62.

　　[349] 毛其淋，盛斌. 中国制造业企业的进入退出与生产率动态演化 [J]. 经济研究，2013，48（4）：16-29.

［350］苗洪亮.中国地级市城市规模分布演进特征分析［J］.经济问题探索，2014（11）：113-121.

［351］倪鹏飞，颜银根，张安全.城市化滞后之谜：基于国际贸易的解释［J］.中国社会科学，2014，223（7）：107-124+206-207.

［352］倪青山，卢彦瑾，贺筱君，等.中国城市创新绩效的差异及动态演进［J］.数量经济技术经济研究，2021，38（12）：67-84.

［353］聂辉华，江艇，杨汝岱.中国工业企业数据库的使用现状和潜在问题［J］.世界经济，2012，35（5）：142-158.

［354］彭国华.技术能力匹配、劳动力流动与中国地区差距［J］.经济研究，2015，50（1）：99-110.

［355］秦蒙，刘修岩，李松林.城市蔓延如何影响地区经济增长？——基于夜间灯光数据的研究［J］.经济学（季刊），2019，18（2）：527-550.

［356］秦蒙，刘修岩.城市蔓延是否带来了我国城市生产效率的损失？——基于夜间灯光数据的实证研究［J］.财经研究，2015，41（7）：28-40.

［357］沈永建，范从来，陈冬华，等.显性契约、职工维权与劳动力成本上升：《劳动合同法》的作用［J］.中国工业经济，2017（2）：117-135.

［358］盛斌，毛其淋.进口贸易自由化是否影响了中国制造业出口技术复杂度［J］.世界经济，2017，40（12）：52-75.

［359］盛斌，毛其淋.贸易自由化、企业成长和规模分布［J］.世界经济，2015，38（2）：3-30.

［360］史修松，刘军.大企业规模、空间分布与区域经济增长——基于中国企业500强的研究［J］.上海经济研究，2014（9）：88-99.

［361］宋扬.户籍制度改革的成本收益研究——基于劳动力市场模型的模拟分析［J］.经济学（季刊），2019，18（3）：813-832.

［362］苏锦红，兰宜生，夏怡然.异质性企业全要素生产率与要素配置效率——基于1999~2007年中国制造业企业微观数据的实证分析［J］.世界经济研究，2015（11）：109-117+129.

［363］孙传旺，罗源，姚昕.交通基础设施与城市空气污染——来自中国的经验证据［J］.经济研究，2019，54（8）：136-151.

［364］孙久文，张超磊，闫昊生.中国的城市规模过大么——基于273个城市的实证分析［J］.财经科学，2015，330（9）：76-86.

[365] 孙浦阳, 武力超. 城市的最优发展规模: 基于宜居视角的研究 [J]. 上海经济研究, 2010, 262 (7): 31-40.

[366] 孙三百, 万广华. 城市蔓延对居民福利的影响——对城市空间异质性的考察 [J]. 经济学动态, 2017 (11): 32-45.

[367] 孙伟增, 吴建峰, 郑思齐. 区位导向性产业政策的消费带动效应——以开发区政策为例的实证研究 [J]. 中国社会科学, 2018 (12): 48-68+200.

[368] 孙晓华, 郭玉娇. 产业集聚提高了城市生产率吗?——城市规模视角下的门限回归分析 [J]. 财经研究, 2013, 39 (2): 103-112.

[369] 孙晓华, 王昀. 企业规模对生产率及其差异的影响——来自工业企业微观数据的实证研究 [J]. 中国工业经济, 2014 (5): 57-69.

[370] 孙晓华, 周玲玲. 多样化、专业化、城市规模与经济增长——基于中国地级市面板数据的实证检验 [J]. 管理工程学报, 2013, 27 (2): 71-78.

[371] 孙学敏, 王杰. 环境规制对中国企业规模分布的影响 [J]. 中国工业经济, 2014 (12): 44-56.

[372] 谈明洪, 吕昌河. 以建成区面积表征的中国城市规模分布 [J]. 地理学报, 2003 (2): 285-293.

[373] 覃成林, 刘佩婷. 行政等级、公共服务与城市人口偏态分布 [J]. 经济与管理研究, 2016, 37 (11): 102-110.

[374] 覃一冬. 我国城市人口规模分布演化影响因素研究 [J]. 人口与经济, 2012 (4): 21-26.

[375] 唐为. 中国城市规模分布体系过于扁平化吗? [J]. 世界经济文汇, 2016, 230 (1): 36-51.

[376] 陶然, 金勇进. 中国经济普查数据质量评估的改进与完善 [J]. 统计研究, 2009, 26 (11): 8-12.

[377] 万庆, 吴传清, 罗翔, 等. 中国城市规模分布时空演化特征——基于"五普"和"六普"人口统计数据的实证研究 [J]. 经济地理, 2018, 38 (4): 81-90.

[378] 王春杨, 兰宗敏, 张超, 等. 高铁建设、人力资本迁移与区域创新 [J]. 中国工业经济, 2020 (12): 102-120.

[379] 王家庭, 赵亮. 我国上市公司的融资约束及其影响因素的实证分析 [J]. 产业经济研究, 2010 (3): 77-84.

［380］王峤，刘修岩，李迎成．空间结构、城市规模与中国城市的创新绩效
［J］．中国工业经济，2021（5）：114-132.

［381］王丽莉，乔雪．我国人口迁移成本、城市规模与生产率［J］．经济
学（季刊），2020，19（1）：165-188.

［382］王猛，宣烨，陈启斐．创意阶层集聚、知识外部性与城市创新——来
自20个大城市的证据［J］．经济理论与经济管理，2016（1）：59-70.

［383］王鹏，李军花．产业互动外部性、生产性服务业集聚与城市创新
力——对我国七大城市群的一项实证比较［J］．产经评论，2020，11（2）：
17-33.

［384］王贤彬，谢小平，杨本建．国有经济与城市规模分布演进［J］．经
济评论，2014，186（2）：16-27.

［385］王小鲁．城市化与经济增长［J］．经济社会体制比较，2002
（1）：23-32.

［386］王小鲁．中国城市化路径与城市规模的经济学分析［J］．经济研究，
2010，45（10）：20-32.

［387］王垚，年猛，王春华．产业结构、最优规模与中国城市化路径选择
［J］．经济学（季刊），2017，16（2）：441-462.

［388］王垚，年猛．政府"偏爱"与城市发展：以中国为例［J］．财贸经
济，2015（5）：147-161.

［389］王业强，魏后凯．大城市效率锁定与中国城镇化路径选择［J］．中
国人口科学，2018（2）：24-38+126.

［390］王叶军，母爱英．产业协同集聚对城市科技创新的提升效应——基于
多维度的实证研究［J］．河北经贸大学学报，2020，41（5）：78-86.

［391］王永进，盛丹，李坤望．中国企业成长中的规模分布——基于大企业
的研究［J］．中国社会科学，2017（3）：26-47+204-205.

［392］王雨枫．区域城市协同发展测度及影响机制——基于山东的实证分析
［J］．暨南大学学报（哲学社会科学版），2021，43（12）：84-95.

［393］王兆华，马俊华，张斌，等．空气污染与城镇人口迁移：来自家庭智
能电表大数据的证据［J］．管理世界，2021，37（3）：3+19-33.

［394］王振波，徐小黎，张蔷．中国城市规模格局的合理性评价［J］．中
国人口·资源与环境，2015，25（12）：121-128.

[395] 王之禹, 李富强. 城市规模对创新活动的影响——基于区域知识吸收能力视角的分析 [J]. 中国软科学, 2021 (8): 140-151.

[396] 王子成. 农村劳动力外出降低了农业效率吗? [J]. 统计研究, 2015, 32 (3): 54-61.

[397] 魏后凯. 中国城市行政等级与规模增长 [J]. 城市与环境研究, 2014a, 1 (1): 4-17.

[398] 魏后凯. 中国城镇化进程中两极化倾向与规模格局重构 [J]. 中国工业经济, 2014b, 312 (3): 18-30.

[399] 魏后凯. 中国制造业集中与市场结构分析 [J]. 管理世界, 2002 (4): 63-71.

[400] 魏守华, 陈扬科, 陆思桦. 城市蔓延、多中心集聚与生产率 [J]. 中国工业经济, 2016, 341 (8): 58-75.

[401] 魏守华, 孙宁, 姜悦. Zipf 定律与 Gibrat 定律在中国城市规模分布中的适用性 [J]. 世界经济, 2018, 41 (9): 96-120.

[402] 魏守华, 张静, 汤丹宁. 长三角城市体系序位-规模法则的偏差研究 [J]. 上海经济研究, 2013, 25 (10): 94-105.

[403] 魏守华, 周山人, 千慧雄. 中国城市规模偏差研究 [J]. 中国工业经济, 2015 (4): 5-17.

[404] 吴光周, 杨家文. 中国城市规模幂律分布实证研究 [J]. 经济地理, 2017, 37 (1): 59-65+97.

[405] 吴健生, 刘浩, 彭建, 等. 中国城市体系等级结构及其空间格局——基于 DMSP/OLS 夜间灯光数据的实证 [J]. 地理学报, 2014, 69 (6): 759-770.

[406] 吴康, 龙瀛, 杨宇. 京津冀与长江三角洲的局部收缩: 格局、类型与影响因素识别 [J]. 现代城市研究, 2015 (9): 26-35.

[407] 吴康, 戚伟. 收缩型城市: 认知误区、统计甄别与测算反思 [J]. 地理研究, 2021, 40 (1): 213-229.

[408] 吴康, 孙东琪. 城市收缩的研究进展与展望 [J]. 经济地理, 2017, 37 (11): 59-67.

[409] 吴康. 城市收缩的认知误区与空间规划响应 [J]. 北京规划建设, 2019 (3): 4-11.

[410] 吴青山，吴玉鸣，郭琳．区域一体化是否改善了劳动力错配——来自长三角扩容准自然实验的证据［J］．南方经济，2021（6）：51-67.

[411] 吴延兵．创新的决定因素——基于中国制造业的实证研究［J］．世界经济文汇，2008（2）：46-58.

[412] 伍晓鹰．人口城市化：历史、现实和选择［J］．经济研究，1986（11）：25-30.

[413] 武英涛，陈磊，雷晓霆．基于资源配置效率视角的城市规模分布研究——以中国地级市及以上城市为例［J］．城市发展研究，2018，25（10）：18-25.

[414] 肖振红，李炎，范君荻．空气污染对区域创新能力的影响——基于人力资源流动的中介作用与市场化水平的调节作用［J］．系统管理学报，2021，30（5）：994-1004.

[415] 谢小平，王贤彬．城市规模分布演进与经济增长［J］．南方经济，2012，273（6）：58-73.

[416] 谢运博，陈宏民．规模、所有制与中国医药制造业全要素生产率［J］．科技与经济，2016，29（6）：1-5.

[417] 熊瑞祥，李辉文，郑世怡．干中学的追赶——来自中国制造业企业数据的证据［J］．世界经济文汇，2015（2）：20-40.

[418] 熊易寒．城市规模的政治学：为什么特大城市的外来人口控制政策难以奏效［J］．华中师范大学学报（人文社会科学版），2017，56（6）：11-21.

[419] 徐博，庞德良．增长与衰退：国际城市收缩问题研究及对中国的启示［J］．经济学家，2014（4）：5-13.

[420] 徐珊，刘笃池，梁彤缨．大企业创新投入驱动区域产业升级效应研究［J］．科学学与科学技术管理，2016，37（10）：38-48.

[421] 许经勇．建设社会主义新农村：背景、核心和载体［J］．经济学家，2006（6）：50-55.

[422] 许伟攀，李郇，陈浩辉．基于城市夜间灯光数据的中美两国城市位序规模分布对比［J］．地理科学进展，2018，37（3）：385-396.

[423] 许政，陈钊，陆铭．中国城市体系的"中心-外围模式"［J］．世界经济，2010，33（7）：144-160.

[424] 闫永涛，冯长春．中国城市规模分布实证研究［J］．城市问题，

2009（5）：14-18.

　　[425] 阳佳余．融资约束与企业出口行为：基于工业企业数据的经验研究 [J]．经济学（季刊），2012，11（4）：1503-1524.

　　[426] 杨波，朱道才，景治中．城市化的阶段特征与我国城市化道路的选择 [J]．上海经济研究，2006（2）：34-39.

　　[427] 杨东峰，刘正莹．中国30年来新区发展历程回顾与机制探析 [J]．国际城市规划，2017，32（2）：26-33+42.

　　[428] 杨东峰，殷成志．如何拯救收缩的城市：英国老工业城市转型经验及启示 [J]．国际城市规划，2013，28（6）：50-56.

　　[429] 杨孟禹，蔡之兵，王小华．城市规模衡量、变动类型识别与空间联系——基于卫星灯光数据 [J]．产经评论，2018a，9（3）：115-128.

　　[430] 杨孟禹，蔡之兵，张可云．中国城市规模的度量及其空间竞争的来源——基于全球夜间灯光数据的研究 [J]．财贸经济，2017，38（3）：38-51.

　　[431] 杨孟禹，梁双陆，蔡之兵．中国城市规模为何两极分化：一个空间竞争的经验解释 [J]．财贸经济，2018b，39（8）：141-154.

　　[432] 杨其静，李小斌，方明月．市场、政府与企业规模分布——一个经验研究 [J]．世界经济文汇，2010，194（1）：1-15.

　　[433] 杨青，吉赟，王亚男．高铁能提升分析师盈余预测的准确度吗？——来自上市公司的证据 [J]．金融研究，2019（3）：168-188.

　　[434] 杨曦．城市规模与城镇化、农民工市民化的经济效应——基于城市生产率与宜居度差异的定量分析 [J]．经济学（季刊），2017，16（4）：1601-1620.

　　[435] 姚洋，章奇．中国工业企业技术效率分析 [J]．经济研究，2001（10）：13-19+28-95.

　　[436] 叶德珠，潘爽，武文杰，等．距离、可达性与创新——高铁开通影响城市创新的最优作用半径研究 [J]．财贸经济，2020，41（2）：146-161.

　　[437] 叶娇，赵云鹏．对外直接投资与逆向技术溢出——基于企业微观特征的分析 [J]．国际贸易问题，2016（1）：134-144.

　　[438] 叶林．企业规模与创新技术选择 [J]．经济评论，2014（6）：138-148.

　　[439] 尹虹潘，刘渝琳．改革开放以来的"中国式"城市化演进路径

［J］．数量经济技术经济研究，2016，33（5）：65-83．

［440］于蔚，汪淼军，金祥荣．政治关联和融资约束：信息效应与资源效应［J］．经济研究，2012，47（9）：125-139．

［441］余吉祥，周光霞，段玉彬．中国城市规模分布的演进趋势研究——基于全国人口普查数据［J］．人口与经济，2013（2）：44-52．

［442］余淼杰，金洋，张睿．工业企业产能利用率衡量与生产率估算［J］．经济研究，2018，53（5）：56-71．

［443］余壮雄，杨扬．大城市的生产率优势：集聚与选择［J］．世界经济，2014，37（10）：31-51．

［444］袁志刚，解栋栋．中国劳动力错配对 TFP 的影响分析［J］．经济研究，2011，46（7）：4-17．

［445］原毅军，高康．产业协同集聚、空间知识溢出与区域创新效率［J］．科学学研究，2020，38（11）：1966-1975+2007．

［446］张国峰，李强，王永进．大城市生产率优势：集聚、选择还是群分效应［J］．世界经济，2017，40（8）：167-192．

［447］张浩然．中国城市生产性服务业空间布局的演进趋势及特征分析［J］．产业经济评论，2015（3）：78-85．

［448］张杰，李勇，刘志彪．出口促进中国企业生产率提高吗？——来自中国本土制造业企业的经验证据：1999～2003［J］．管理世界，2009（12）：11-26．

［449］张军，吴桂英，张吉鹏．中国省际物质资本存量估算：1952—2000［J］．经济研究，2004（10）：35-44．

［450］张可云，王洋志，孙三百．行政级别、财政支持与城市创新能力——兼论不同区域发展战略的影响［J］．浙江社会科学，2021（12）：13-23+155．

［451］张亮靓，孙斌栋．极化还是均衡：重塑大国经济地理的战略选择——城市规模分布变化和影响因素的跨国分析［J］．地理学报，2017，72（8）：1419-1431．

［452］张明斗，曲峻熙．中国广义城市收缩的空间格局与生成逻辑研究——基于人口总量和经济规模的视角［J］．经济学家，2020（1）：77-85．

［453］张佩．中国工业部门的行业间资源错配研究［J］．投资研究，2013，32（6）：15-27．

［454］张少华，李苏苏，周鹏．中国工业企业规模分布异化特征和效率损失估计研究［D］．工作论文，2019．

［455］张少华，张天华．中国工业企业动态演化效率研究：所有制视角［J］．数量经济技术经济研究，2015，32（3）：22-39+146．

［456］张苏文，杨青山．哈长城市群核心-外围结构及发展阶段判断研究［J］．地理科学，2018，38（10）：1699-1706．

［457］张涛，李波，邓彬彬，等．中国城市规模分布的实证研究［J］．西部金融，2007（10）：5-9．

［458］张天华，董志强，许华杰．大城市的企业资源配置效率更高吗？——基于中国制造业企业的实证研究［J］．产业经济研究，2017（4）：41-55．

［459］张天华，张少华．偏向性政策、资源配置与国有企业效率［J］．经济研究，2016，51（2）：126-139．

［460］张学良，刘玉博，吕存超．中国城市收缩的背景、识别与特征分析［J］．东南大学学报（哲学社会科学版），2016，18（4）：132-139+148．

［461］张自然，张平，刘霞辉．中国城市化模式、演进机制和可持续发展研究［J］．经济学动态，2014，636（2）：58-73．

［462］章韬，孙楚仁．贸易开放、生产率形态与企业规模［J］．世界经济，2012，35（8）：40-66．

［463］赵果庆，吴雪萍．中国城镇化的空间动力机制与效应——基于第六次人口普查2869个县域单元数据［J］．中国软科学，2017（2）：76-87．

［464］赵曜，柯善咨．城市规模、中间产品与异质厂商生产率［J］．管理世界，2015，258（3）：51-65．

［465］中国经济增长与宏观稳定课题组．干中学、低成本竞争和增长路径转变［J］．经济研究，2006（4）：4-14．

［466］周黎安，罗凯．企业规模与创新：来自中国省级水平的经验证据［J］．经济学（季刊），2005（2）：623-638．

［467］周叔莲，吕铁，贺俊．新时期我国高增长行业的产业政策分析［J］．中国工业经济，2008（9）：46-57．

［468］周文．我国现阶段的城市数量与城市规模——与美国比较［J］．经济体制改革，2017（1）：174-178．

［469］周一星．论中国城市发展的规模政策［J］．管理世界，1992

（6）：166-171.

　　［470］周一星．中国城市工业产出水平与城市规模的关系［J］．经济研究，
1988（5）：74-79.

　　［471］周一星．中国城镇的概念和城镇人口的统计口径［J］．人口与经济，
1989（1）：9-13.

附　录

（一）东部、中部、西部和东北地区划分

东部地区包括北京、天津、河北、上海、江苏、浙江、福建、山东、广东、海南 10 个省份；中部地区包括山西、安徽、江西、河南、湖北、湖南 6 个省份；西部地区包括内蒙古、广西、重庆、四川、贵州、云南、西藏、陕西、甘肃、青海、宁夏、新疆 12 个省（市、自治区）；东北地区包括辽宁、吉林、黑龙江 3 个省份。其中，东部地区包括 86 个城市，中部地区包括 80 个城市，西部地区包括 87 个城市，东北地区包括 34 个城市。

（二）《全国资源型城市可持续发展规划（2013-2020 年）》

全国资源型城市——地级市名单 115 个。

河北（5 个）：张家口市、承德市、唐山市、邢台市、邯郸市；山西（10 个）：大同市、朔州市、阳泉市、长治市、晋城市、忻州市、晋中市、临汾市、运城市、吕梁市；内蒙古（5 个）：包头市、乌海市、赤峰市、呼伦贝尔市、鄂尔多斯市；辽宁（6 个）：阜新市、抚顺市、本溪市、鞍山市、盘锦市、葫芦岛市；吉林（5 个）：松原市、吉林市＊、辽源市、通化市、白山市＊；黑龙江（8 个）：黑河市＊、大庆市、伊春市＊、鹤岗市、双鸭山市、七台河市、鸡西市、牡丹江市＊；江苏（2 个）：徐州市、宿迁市；浙江（1 个）：湖州市；安徽（9 个）：宿州市、淮北市、亳州市、淮南市、滁州市、马鞍山市、铜陵市、池州市、宣城市；福建（3 个）：南平市、三明市、龙岩市；江西（5 个）：景德镇市、新余市、萍乡市、赣州市、宜春市；山东（6 个）：东营市、淄博市、临沂市、枣庄市、济宁市、泰安市；河南（7 个）：三门峡市、洛阳市、焦作市、鹤壁市、

濮阳市、平顶山市、南阳市；湖北（2个）：鄂州市、黄石市；湖南（4个）：衡阳市、郴州市、邵阳市、娄底市；广东（2个）：韶关市、云浮市；广西（3个）：百色市、河池市、贺州市；四川（8个）：广元市、南充市、广安市、自贡市、泸州市、攀枝花市、达州市、雅安市；贵州（3个）：六盘水市、安顺市、毕节市；云南（6个）：曲靖市、保山市、昭通市、丽江市＊、普洱市、临沧市；陕西（6个）：延安市、铜川市、渭南市、咸阳市、宝鸡市、榆林市；甘肃（7个）：金昌市、白银市、武威市、张掖市、庆阳市、平凉市、陇南市；宁夏（1个）：石嘴山市；新疆维吾尔自治区（1个）：克拉玛依市。其中，带＊的城市表示森工城市。

其中，资源衰退型城市（地级行政区24个）：乌海市、阜新市、抚顺市、辽源市、白山市、伊春市、鹤岗市、双鸭山市、七台河市、大兴安岭地区、淮北市、铜陵市、景德镇市、新余市、萍乡市、枣庄市、焦作市、濮阳市、黄石市、韶关市、泸州市、铜川市、白银市、石嘴山市。

（三）产业转型升级示范区名单

1. 首批示范区名单

2017年4月，国家发展改革委、科技部、工业和信息化部、国土资源部、国家开发银行联合印发了《关于支持首批老工业城市和资源型城市产业转型升级示范区建设的通知》，支持辽宁中部（沈阳—鞍山—抚顺）、吉林中部（长春—吉林—松原）、内蒙古西部（包头—鄂尔多斯）、河北唐山、山西长治、山东淄博、安徽铜陵、湖北黄石、湖南中部（株洲—湘潭—娄底）、重庆环都市区、四川自贡、宁夏东北部（石嘴山—宁东）12个城市（经济区）建设首批产业转型升级示范区。

2. 第二批示范区名单

2019年8月，国家发展改革委、科技部、工业和信息化部、国土资源部、国家开发银行联合印发了《关于进一步推进产业转型升级示范区建设的通知》，支持北京京西、大连沿海、黑龙江大庆、江苏徐州、江西萍乡、河南西部、广东韶关、贵州六盘水等建设第二批产业转型升级示范区。

后　记

　　本书的写作主要受《规模：复杂世界的简单法则》一书的启发，该书明确指出不仅不同事物各自存在规模幂律，而且事物之间的规模存在相关性。但是，国内外学者还是将城市规模和企业规模放置在两个方向开展研究。关于中国城市规模的研究，主要侧重论证中国城市化发展道路选择、中国城市化的经济影响、中国城市规模分布的不合理性，以及其中涉及的中国城市的过度扩张与城市收缩现象。而国内外学者开展中国企业规模分布的研究相对较晚，主要原因可能在于微观数据的缺乏。因此，直到中国工业企业数据库在学术市场上流行后，关于中国企业的规模分布研究才如火如荼地开展起来。现有研究也主要关注中国企业规模分布状况与影响企业规模分布的因素两个方面。

　　本书受《规模：复杂世界的简单法则》的启发，试图拨开中国城市规模分布异化和企业规模分布异化之间的"迷雾"，采用"资源错配与总量生产率"分析框架系统研究中国城市化进程中这两个经济现象的政策根源、形成机制和效率损失。进一步而言，在中国，企业规模分布异化和城市规模分布异化，存在统一的内在因果关联和政策制约，因此，如何借助目前主要的"资源错配和总量生产率"宏观经济分析框架，从产业维度和城市空间维度，系统分析这两种异化的形成机制、相互影响以及造成的资源错配和效率损失，这是摆在国内外学者面前的一个重要挑战。

（一）规模问题的相关性

　　《规模：复杂世界的简单法则》，第一次对人类社会中不同物种、不同经济现象的规模问题进行了系统的探讨，并且发现这些看似不相关的物种规模之间，其实存在内在的一致性和相关性，而幂律就是隐藏在细胞、生物、城市、公司等复杂系统背后的简单规律。76岁的物理学、复杂理论科学家杰弗里·韦斯特在这本著作中提出有关生物、城市及公司生与死的大问题，总结了他一生对幂律的研究成果。为什么几乎所有的公司只能存活短短数年而城市却能一直增长，甚至连最强大的公司也无法逃脱终有一死的命运？……城市的规模有最大上限吗？或者城市具有最佳规模吗？……为什么生命节奏持续增长？为什么为了维持社会经济生活，创新速率必须持续加速？根据韦斯特的研究，上述大问题有一个简单答案：幂律。这也是过去10~15年，韦斯特和他领导的圣菲研究所韦斯特团队，把规模幂律理论用于研究城市和公司，并试图提出可持续发展的统一大理论。

对企业和城市关系的系统研究甚至可以追溯到古希腊历史学家希罗多德（Herodotus）。20世纪早期，围绕着城市发展特定领域出现不同分支学科：分区理论、公共健康和卫生、交通与交通运输工程学、新经济地理学以及新新经济地理学。圣达菲研究院的研究员Bettencourt进一步探究城市和企业之间的科学关系，尤其是研究两者之间的复杂互动机制。Bettencourt总结城市是一种"特殊的社会反应堆"。并且正因为如此，它们都是根据一套基本原则不断演化发展的，这些原则也能够用于预测任何大都市区域中普遍存在的社会、空间及基础设施性能的问题。城市是由类似的网络系统支持的，如道路、铁路、电线等，以此运输人、能源和资源，其流动构成了城市的新陈代谢。这些流动是城市的物理命脉，其结构和动态变化根据持续不断的内在反馈机制而趋向最小化成本和时间来达到优化。城市内经营和运转的大量企业，同样是保持城市活力和竞争力的"细胞"，城市是企业的集合，城市是国民经济的空间载体，是动态的非平衡耗散结构体系，它的均衡或平衡存在于城市与城市外部的更大系统中，而一个个微观企业就是这样频繁地进入、退出和成长来维持城市这个结构体系的。无独有偶，Wen-Tai Hsu（2012）基于企业的幂次定律，通过层次分析法（Hierarchy Approach）提出了一个城市规模分布的理论。文章通过使用一个企业均衡进入模型（An Equilibrium Entry Model），指出城市规模出现分化的主要动力是不同商品规模经济的异质性；当规模经济分布的变化展现出一定规律性的时候，在中心地等级的条件下城市规模结构服从幂次定律。

总之，城市并非简单的人类聚居区，它是"介于"人与人之间、企业和企业之间、产业和产业之间，联系沟通的纽带所汇集之处。城市所有的属性（包括建造的道路、满足条件的城市密度，以及我们共同创造的经济产品与创意），都源自这一事实。作为一个复杂适应系统，现实经济的资源配置水平和效率不仅取决于单个经济行为主体如何决策，而且取决于经济行为主体之间如何相互联系和作用。

（二）中国规模问题的相关性与现有研究的割裂

综观全球城市化发展历史，城市化是经济发展、劳动分工、集聚经济、专业化、商业贸易等相互作用的产物，城市通过集聚产生效率，现代城市本质上是作为区域、全国或全球贸易体系下的经济生产和交换的中心而存在的，而所有这些活动几乎都是通过企业实现和运行的。这就是为什么新古典经济学、新经济地理学及新新经济地理学特别强调集聚，以及企业之间互动产生的外部性是理解城市的关键。根据新古典经济学和新经济地理学，集聚的经济效益可以理解为分享、匹配和学习机制。集聚不仅是经济地理的技术基础，还是人类生存近乎普适的特征。集聚是城市的基本黏合剂，把人类活动、社会冲突及不同的地方政治糅合成一个复杂的城市堆积体。另外，城市的独特性不在于内部与外部互动的粗略比例，而是这两种互动鲜明对比的特质和区位效应。城内互动通常比长距离互动的单位距离成本更高，信息量也更丰富（因此需要面对面交流），这种人与人互动是城市集聚的主要支柱之一。即使在全球化程度增强的背景下，实证证据表明城市和企业的互动依然充满活力，甚至更加兴盛。

中国的城市化运动是 21 世纪最重要的历史事件之一，而在中国大规模城市化过程中，基于城市空间的资源配置方式和资源配置效率，不仅决定着宏观经济的增长质量和动力保障，而且决定着微观企业的运行方式和运行效率，其产生的影响和各种机制亟须深入研究。然而，令人遗憾的是，现在国内学者在研究中国城市化问题过程中，常常忽略微观主体企业是城市运行的原子，企业的动态演化过程（进入、退出和创新等）是城市功能再造和动态演化的基础，合理的企业生态和企业规模分布对城市演化和功能提升至关重要。同样，现在国内学者在研究中国企业规模分布问题的时候，也忽视了企业实际上是有一个经营活动的空间的，这个空间一方面会帮助企业与各种资源共享、学习、匹配等，另一方面会制约企业的成长和发展，也就是说，合理的城市规模和城市规模分布对企业的运行、企业和城市的互动同样至关重要。

（三）中国问题的系统思考和突破研究

事实上，已有文献认为，城市规模分布会影响整个城市体系外部性作用的发挥。无论是城市规模分布过度集中还是过于分散，都会带来资源配置效率的下降，特别是不利于知识的积累和传播，最终危害经济增长（Richardson，1987；Brakman et al.，2001；Henderson，2002b；Duranton and Puga，2004；Black and Henderson，1999）。这些文献已经注意到城市空间的合理性对于微观企业运行和资源配置的影响。

关于中国存在的问题，实际上，不同的城市规模分布结构会导致绩效高低的经济增长表现已经获得了学术界的共识。无论是沿着新古典城市体系的思路行进，还是从新经济地理学视角出发，中国城市体系结构严重滞后于中国经济增长是不争的事实。如何评估中国城市体系对中国经济增长的"拖累"，学术界大致上沿着两条思路进行：其一，从城市规模及其分布的视角出发研究最优城市规模、城市规模及其分布与经济增长的关系、城市规模分布演进与经济增长，这类文献大多从实证的角度测算并论证了中国城市规模偏离最优状态对经济效率的损失；其二，从城市化路径及其实现方式、城市化路径的制约因素视角出发来研究，这类文献一般论证了不同的城市化道路对经济增长的影响，具有较强的政策意义。可见，学术界对城市分布与经济增长之间关系的研究还未深入，通常都是从数量角度研究城市规模与经济增长的关系，较为缺乏从企业和城市规模关系的角度研究它们之间互动对经济增长问题的研究。

具体而言，我们需要从经济增长的角度系统看待城市发展和企业发展问题，城市化的过程是城市发展、企业发展与经济增长相互促进和交织的过程，城市的发展不光是城市化的过程，还是一个经济增长和价值创造的过程，城市会成为我们将来经济增长的引擎，在互动的过程中我们可以看到大量的企业和组织能够通过城市这个平台来创造更多的价值，促进经济的增长。城市是企业进行经济资源配置的空间载体，是企业构筑产业结构和形成产业集聚的动力装置。其一，从理论上讲，一个国家农业人口城市化的过程，必然伴随着企业成长和发展的过程以及地区产业结构调整转型的过程，城市的集聚规模也需要与其企业/产业配置相适应。在一个城市体系中，不同规模的城市具有不同的职能定位，其产业结构也发挥着不同的经济效应。现有研究要么脱离城市产业结构研究城市的规模经济效应，要么脱离城市的规模讨论产业结构转型，不利于解决经济结构调整和城市化面临的突出问题，不利于考察城市最佳规模随城市产业配置的动态变化规律。其二，根据新古典增长理论，在城市集聚经济机制的作用下，资本在城市间的流动和积累具有不同于新古典模式的内生规律。除产业配置以外，城市规模还会通过资本配置这一渠道影响城市生产率。通过考察城市规模对城市资本积累的影响，能够从城市层面揭示新古典宏观增长差异的微观来源，也有助于我们进一步理解如何通过城市规模发展来推动中国区域经济协调发展。其三，城市生产率最终归因于城市中厂商的生产效率。现实中，同一产业的不同厂商具有内在的效率差异，异质性厂商与不同规模的城市之间存在着相互的"选择效应"，这种效应导致的不同规模城市效率差异，反映的是内在效率不同的厂商在不同城市间的分布差异而非城市集聚经济差异。

然而，中国城市发展过程中已存在的户籍制度和出现的人口政策严重影响了企业在城市中的经济资源配置效率。这种政策干预至少从三个方面抑制了资源的自由流动和优化配置：一是控制人口的直接后果就是导致低学历人口无法进入城市来从事配套产业，城市人口的生活成本及商务成本逐渐增加，同时近几年衍生出来的抢人大战，客观上导致城市之间人才资源的进一步错配。二是人口政策导致城市规模无法扩大，影响了城市的集聚效应、城市的空间布局及大城市之间的协同效应。三是人为助力中小城市和小城镇的发展，采用行政手段迫使资源向中小城市和小城镇转移，无疑会造成资源配置效率的低下，难以形成规模经济和产生集聚效应。这样的制度和政策不仅在中国市场化初期对企业和城市的发展与互动造成不可估量的影响，而且随着我国改革开放的不断深化，随着我国经济密度、市场广度、产业深度等大幅度提升，这种制度和政策对于企业进一步做强做大，对于城市进一步集聚和演化，更是形成严重的"羁绊"，严重影响了中国城市规模分布和企业规模分布的合理性，进而造成各种资源在城市和企业之间的错配，由此导致严重的总量生产率损失。可见，打破原来割裂的研究思维，将中国城市和企业规模分布失衡问题放置在"资源错配和总量生产率"分析框架下，考虑现实经济活动的经济主体维度和经济空间维度，重新估量中国户籍制度和人口政策对企业、产业和城市相互影响、交叉融合及高度发展的影响，就有着重要的理论价值和现实意义。而且去除户籍制度和人口政策的负面影响，不仅有利于提高经济集聚程度，优化资源配置，而且可以在促进中国城市和企业创新力的基础上实现总量生产率的提升。

出版本书，不是一个人的事情。在经费支持上，非常感谢国家自然科学基金委员会对课题的资助，非常感谢广州大学经济与统计学院的傅元海院长帮助解决了剩余出版费用问题。在专业编辑上，经济管理出版社的王玉林编辑，为本书的出版费心尽力，她专业、细致和暖心的编辑工作，为本书增光添彩，给行业树立标杆。

本书出版之时，正是我们伟大的祖国甲辰龙年新年之际，在中国文化体系里，龙是神圣、祥瑞、富贵的象征。当此非常之年，我衷心地祝愿我们伟大的祖国繁荣昌盛，祝愿我们勤劳友爱的中国人民龙行龘龘，前程朤朤，事业燚燚。

张少华谨记于广州

2024 年 2 月 23 日